U0928332

马来西亚华文报的身份转换与本土发展

骆　莉／著

世界知识出版社

图书在版编目（CIP）数据

马来西亚华文报的身份转换与本土发展/骆莉著. — 北京：世界知识出版社，2014.6

ISBN 978-7-5012-4690-8

Ⅰ.①马… Ⅱ.①骆… Ⅲ.①中文—报业—研究—马来西亚 Ⅳ.①G219.338

中国版本图书馆CIP数据核字（2014）第125402号

责任编辑 杨志芬
责任出版 刘 喆
责任校对 陈可望

书 名 马来西亚华文报的身份转换与本土发展
Malaixiya Huawenbao de Shenfen Zhuanhuan yu Bentu Fazhan

作 者 骆 莉

出版发行 世界知识出版社
地址邮编 北京市东城区干面胡同51号（100010）
网 址 www.wap1934.com
电 话 010-65265923（发行） 010-85119023（邮购）
经 销 新华书店
印 刷 北京京科印刷有限公司
开本印张 720×1020毫米 1/16 13¼印张
字 数 240千字
版次印次 2014年7月第一版 2014年7月第一次印刷
标准书号 ISBN 978-7-5012-4690-8
定 价 35.00元

《暨南 东南亚研究文库》序

暨南大学的东南亚研究历史悠久，早在1927年，暨南大学就成立了南洋文化事业部，聚集人才，出版刊物，研究南洋问题，开中国近代南洋研究之先河。

经过几代人的努力和长期的历史积淀，暨南大学的东南亚研究已经形成自己的特色和传统，以政治经济现状、国家间关系、区域合作、华侨华人等研究见长，成为中国东南亚研究的一个重镇。

2011年，暨南大学为加强和突出特色与传统，将东南亚研究所和华侨华人研究院整合，成立国际关系学院/华侨华人研究院，这个重大决策为暨南大学的东南亚研究和华侨华人研究提供了新的动力和源泉。

这几年，中国东南亚研究从冷门发展成为一门显学，各种研究机构如雨后春笋般地涌现出来，专业研究人员大量增加，研究成果成倍增长，呈现一派繁荣景象。作为从事东南亚研究几十年的一位老东南亚研究工作者，我深受鼓舞。然而，欢欣鼓舞之余，也有一些担忧。

担忧之一，专业研究人员的素质参差不齐。

担忧之二，研究成果一般化，高水平的成果不多。

担忧之三，缺少协调与合作，导致低水平的重复和资源的浪费。

如何解决上述问题？关键还是要发挥南方几个老东南亚研究所(简称“南方五所”，下同）的作用，在20世纪90年代，南方五所为发展和繁荣中国的东南亚研究作出过重要的贡献，他们加强合作与协调，相互促进，相互学习，取长补短，共同进步，迎来了中国东南亚研究的春天。今天，南方五所应该继续发挥作用，尤其是要起到孵化器的作用，为各个东南亚研究机构培养高素质的人才，加强协调与合作，避免简单重复，充分发挥各自优势，引领中国东南亚研究走向新的辉煌。

基于上述考虑，我们推出“暨南 东南亚研究文库”，一是展示作为老研究所的实力，二是发现和培养人才，三是凝练学术方向。希望这个文库能够为中国东南亚学术大厦添砖加瓦。

曹云华

2014年5月18日

目 录

附录二

引言

一、选题的意义

马来西亚华文报以及华文传播媒体的存在和发展，是在特定的多元种族的国家和社会中出现的独特的文化现象。它的存在和发展与复杂的社会关系有着紧密的联系。马来西亚是一个以马来族、华族和印度族三大族群为主的多元种族国家，在二战以前英国殖民统治时期，由于英国殖民统治者采取“分而治之”的政策，三大族群相互隔离，各自生存发展。二战以后，马来族民族主义蓬勃发展，联合华族、印度族共同对抗英国殖民统治，最后建立了独立的民族国家。在争取民族独立的过程中，马来人取得了政治上的绝对优势，并开始运用国家权力对各族进行民族整合，以构建马来西亚政治共同体集体身份。在此过程中，由于华人在经济上占有强大的力量，以及坚守文化上的自我特性，使得马来人在建构以马来人为主的政治共同体集体身份时，时常遭到华人的抵制。在政治、经济和文化的不断博弈中，华人的身份常常处于一种不断的变化、矛盾和自我调适之中。马来西亚华文报，作为华人社会表达心声的公共领域，既是华人社会媒介人的集合体，也是华人社会的精神园地，在这样一个复杂的社会环境中，受到不同种族、宗教以及国家文化因素的影响，同时还面临政治监管和商业垄断的挑战。尤其在马来西亚这样一种威权政治的体制中，政府将媒体视为国家发展的工具，在维护国家利益的名义下，对媒体进行严厉的管制。而经济结构以及市场化运作一般都由国家来指导和推动，报业的商业化，往往与政治集团的利益紧密相连，两者在构建媒介市场上形成共谋关系，媒介发展往往会遭到两者的合谋打击。种种因素的影响，使得作为少数族群媒介的马来西亚华文报刊在其身份的转换过程中，遭遇由这种独特的社会关系所引发的困难和挫折，其生存和发展也面临种种挑战。为了生存和发展下去，马华报刊一方面要改变建国前认同中国的政治身份，效忠新的国家，根据社会环境的变化不断地调整自己的立场，以谋求最基本的生存；另一方面，则要尽力地表达华人社会的利益诉求，同时担负起承传华人文化，凝聚华人族群的责任，以延续族群的发展。在其身份演变的过程中，马华报刊也常常陷入难以解决的矛盾冲突之中，甚至在自我身份的寻求过程中出现某种分裂意识，它需要根据社会的复杂变化进行自我调整和适应，为其生存拓展更宽阔的空间。马来西亚华文报在威权政治统治下的多元族群社会环境中，其身份的变换和生存发展，对于我们了解多元族群社会中少数族群媒介的状况，提供了一个很好的案例，同时给我们研究多元社会中少数族群媒介与社会和人的复杂互动关系，提供一个新的视角，具有一定的学术理论价值。

二、研究对象和研究目的

本课题以马来西亚华文报的发展演变作为研究对象，主要探讨马来西亚华文报在发展过程中，如何根据形势的变化调整自己的身份，以适应马来西亚复杂的社会环境，谋求生存发展的问题。也就是马来西亚华文报如何从早期的中国认同转向马来西亚的本土认同，并在这种认同转向所面临的种种困境中，如何进行自我调适，克服种种困难挫折，适应本土化生存，逐步融入马来西亚社会以争取新闻自由，走向现代媒体开放的发展道路。

关于媒介身份的研究，近年来也引起国内一些学者的注意。纵观媒介存在的各种现象，尤其是在多元文化社会中作为少数族群媒体，媒介身份问题的确是一个有特殊意义的文化现象，值得十分关注。一般而言，学界对媒介研究主要有两种思路：一是以美国经验学派为代表，探讨媒介对社会和人的影响，主要研究媒介的功能、效果，并包括议题设置理论、使用和满足理论等；另一种是讨论社会对媒介的影响，主要研究社会各种结构力量如何决定媒介的性质以及怎样影响媒介的行为。这类研究主要以欧洲的批判学派为代表，有法兰克福学派、文化研究、结构主义和后结构主义等。

这两种研究思路各有千秋，经验学派重视媒介对社会和人的影响，但往往会忽视媒介对自身的某种反思意识。因为媒介本身也是一个社会机构，它由社会大系统决定，但是它所影响的对象——人，其行为和反馈可以通过特定途径作用于媒体，同时媒介人具有的某种集体性反思和自觉意识，会导致媒介行为方式的改变，并影响其存在的社会环境变化；批判学派重在批评、揭露和否定。虽然不否认社会对媒介性质的决定性影响，但是过分夸大媒介的消极和否定作用，将许多由于现代性而致的社会弊端归罪与媒介和科技本身，往往陷入一种悲观主义的“反向性”技术决定论的泥淖之中。①

在当代经济全球化和传播全球化的语境中，媒介处于社会—媒介—人之

---

① 邵培仁、李梁：《媒介即意识形态：论法兰克福学派的媒介控制思想》，《浙江大学学报》（社科版）2001年第1期。

间的复杂互动的网络中，面对来自本土或跨国媒介的影响和竞争，媒介正遭遇着全球与地方的双重困境和文化与经济的双重挤压，其中不乏意识形态的介入和人的主观因素发酵。在这种情形下，有的学者提出，如果仍然沿用经验学派和批判学派的方法来研究媒介与社会和人之间的复杂互动关系已经显得捉襟见肘，因此，在吸收和容纳已有的理论基础上，寻找一种能够融合两种媒介研究思路或方法，全面、深入地分析和认识媒介与社会的互动关系，成为现实的需要。而媒介身份研究恰好可以将两者兼容，具有整合的特点，从而为我们研究媒介提供了一种新的思路。[①]媒介身份研究视角的提出，为探讨媒介与社会和人之间的互动关系提供了一个新的切入点，尽管在这种新的探索中可能还存在理论上的不成熟，但是在一个特定的社会环境中，对于大众传播媒介怎样通过与其他的社会结构差异来显示自己的独立性、对属于他者范畴的其他力量如何影响和促进大众传播媒介的变化和发展这些问题的解释，以身份概念作为一种分析工具，还是具有很强的说服力的。因为作为一种分析工具，"身份提供了一种在我们对世界的主体性的经验与这种微妙的主体性由以构成的文化历史设定之间相互作用的理解方式"。"作为一个概念，'身份'已被置于一系列急迫的理论论争和政治问题的核心地位"。[②]由此可见，媒介身份研究为我们提供了对那些处于夹缝和多种参照经验的媒介人或群体必然面临的生活经验和稳定自我感的重建——一种最好的观察方式。[③]

马来西亚由于历史的原因，形成了一个多元种族的国家。马来族群、华裔族群、印度裔族群构成了了马来西亚三大民族，在1957年独立的民族国家建立之后，马来西亚按照现代民族国家的理念开始进行民族整合，以建构一个统一的马来西亚民族。在民族整合的过程中，马来人坚持马来人优先，以马来族为核心来建构统一的国家和民族观念，而华人倡导以西方民主自由的理念构建多元文化共存的民族国家观念，这种矛盾，构成了当代马来西亚相当复杂的种族社会环境。在这种情况下，华人社会不得不重新作出调整，尤其是在国家认同方面，必须进行身份的转向，华文媒体亦不例外。这是一个本土化的过程，华文报可谓历经磨难。首先，民族国家共同体集体身份的建构中内在理念的矛盾，导致了华人身份意识分裂。一方面是必须立足本土，在政治上认同马来西亚，建立新的国家认同；另一方面，由于马来人

---

① 邵培仁、邱戈:《媒介身份研究的可能性与科学性》,《现代传播》2006年第3期，第13页。

② Paul Gilroy, Diaspora and the Detours of Identity, *In Identity and Difference*, Ed.Kathryn Woodward, Ssge Publications and Open University，1997,p.301.

③ 邵培仁、邱戈:《媒介身份研究的可能性与科学性》,《现代传播》2006年第3期，第17页。

与华人所持国家意识与国族理念的差异，对华人的国家效忠深表怀疑，这无疑加深了华巫之间的隔阂。华人在融入当地社会的过程中，需要的不仅仅是认同，更多的是一种承认。加拿大著名的哲学家查尔斯·泰勒在提出“承认的政治”这一命题时认为，认同一词表达的是一个人对自己是谁，以及自己作为人的本质特征的理解；而“承认的政治”则表明：我们的认同部分地是由他人的承认构成的；如果得不到他人的承认，或者只是得到他人的扭曲的承认，不仅会影响我们的认同，而且还会造成严重的伤害。[①]马来人的不承认，使得华人为维护自我权益，不得不加强对自我族群的认同。华人社会这种身份意识的分裂，反映在华文报上，使得华文报在国家认同与族群认同上也呈现出双重性矛盾。除此之外，华文媒体在身份的转化过程中，还遭遇了严厉的政治监管和商业集中化的生存困境，特别是种族压力下所形成的族群困境，使得华文报难以摆脱族群观念的桎梏，也常常陷入国家利益与族群利益的矛盾中，甚至在族群利益和公共利益之间，也陷入迷思。同时，华人社会内部对华文报的毁誉也是它所要面对的问题。在一个多元种族的特殊而复杂的环境中，华文报经历了无数的矛盾痛苦，但是却逐渐地走出困境，探索出融入马来社会的道路。同时，它凝聚华族社会，不断地引导华人社会在坎坷的发展道路上调整自己前进的方向，在争取族群权利方面担当了义不容辞的责任和义务，也展现出作为少数族群媒介的特殊功能。

因此，本书通过对马来西亚华文报身份转换过程中遭遇的种种困境的分析，揭示出在多元社会环境中，少数族群媒介与社会和人之间的复杂互动关系，为我们观察置身夹缝中的少数族群媒介在处于危机时的身份多重性变化以及面临生存困境中的自我调节，提供了一个很好的案例。使我们能在威权政治统治下的多元族群共存语境中，来了解少数族群媒介的跨文化适应与生存发展，这无疑能丰富我们对这种特殊的社会文化形态下的媒介发展进行理论的探讨。

三、研究的基本内容

关于媒介身份研究的范畴，国内一些学者认为，媒介身份研究是以媒介为中心发散式的研究范式，其研究的可能范畴绝不仅仅局限于媒介，而是从媒介这个焦点出发，透视着广泛的社会文化领域，因此，媒介身份研究也包含着一个社会理论的视角。从宏观的角度出发，媒介身份研究应该包括以下

① 查尔斯·泰勒:《承认的政治》，见汪晖、陈燕谷主编《文化与公共性》，三联书店1998年，第290页。

内容：过去的媒介与身份状态描述和评价；当代影响媒介身份构成的种种因素；各种因素之间的关系，包括矛盾、相互间的协调和制约；在各种因素的作用下当代媒介的身份特征等。[①]本书的研究也将围绕以上相关内容而展开。

第一章主要讨论早期华文报的产生与特点，及其特殊的社会环境对其身份认同的影响。我们在任何时候讨论媒介身份，都有一个平衡的参照系，包括过去的媒介身份，不同地域和文化环境中的媒介形态。因此从历史的角度分析华文报的演变状态，并将之作为现代发展的坐标进行比较，就成为本书的研究起点。早期华文报在英国殖民统治下的生存和发展，其政治制度、经济制度决定了媒体的运作和功能发挥。其特殊的生存环境决定了它自我身份的中国认同和变化。本章通过分析这一时期社会政治、经济情况对华文媒体的影响，阐述了华人移民社会产生的华文报的功能与特色和特殊政治环境下的中国身份认同，及其生存发展的状况。

第二章主要讨论媒介环境变化及其对华文报身份变换的影响，阐析了华文报作为少数族群媒介在特定的社会环境下政治身份转向以及族群意识的认同建构，描述其在国家与族群之间的双重身份的情况。

中外学者在研究身份问题的时候，一般都认为身份是处于不断的流变过程中。霍尔曾指出："文化身份既是'存在'又是'变化'的问题。它属于过去也同样属于未来。""文化身份是有源头、有历史的。但是，与一切有历史的事物一样，它们也经历了不断的变化。它们绝不是永恒地固定在某一本质化的过去，而是屈从于历史、文化和权力的不断'嬉戏'。身份绝非根植于对过去的纯粹'恢复'，过去仍等待着发现，而当发现时，就将永久地固定了我们的自我感；过去的叙事以不同方式规定了我们的位置，我们也以不同方式在过去的叙事中给自身规定了位置，身份就是我们以不同方式在过去的叙事中给自身规定了的位置，身份就是我们给这些不同的方式起的名字。"[②]当一个社会处于过渡或者转型期时，社会意识往往处于一种断裂的状态，各群体相对统一的身份也将暂时打破，出现某种认同的紊乱和矛盾，甚至会产生一种深度的自我分裂现象。在马来西亚国家建构时期，华人社会和华文报也面临同样的境况。

媒介环境对华文报的影响是不容忽视的。马来西亚建国后社会政治环境

---

① 邱戈：《媒介身份研究的基本理论框架》，《浙江大学学报》（人文社会科学版）2007年第3期，第197页。

② 霍尔：《文化身份与族裔散居》，罗钢、刘象愚主编《文化研究读本》，中国社会科学出版社，2000年版，第209页。

的变化，使得华文报的身份也发生转变，成为多元族群国家中的少数族群媒介，在政治上也开始效忠马来西亚。然而，政治身份的转变，并不代表文化身份的改变。华人对国家的认同在得不到马来人的完全承认的情况下，华文报反而加强了对自我族群身份的认同和建构。在加强族群意识、维护华文教育和保护华人文化方面，发挥了极大的社会动员作用。

第三章主要探讨华文报在身份转换过程中所面临的种种困境。在马来西亚多元族群社会环境中，以马来人为主体执政者的政府，常常把现实的矛盾冲突转化为种族主义的矛盾冲突。作为少数族群媒介的华文报，其生存的土壤是华人社会，必然要维护族群的利益，才能获得华人社会的支持。然而，要真正做到维护华人社会的利益，又常常可能与政府倡导的国家利益发生冲突，甚至也导致族群利益与公共利益的冲突，陷入族群困境之中。此外，马来西亚是一个威权政治统治的国家，政府将媒体视为国家发展的工具，在维护国家利益的名义下，对媒体进行严厉的管制。这使得华文报在发展的过程中，面临巨大的压力。再有，华文报在激烈的商业竞争中，还不得不面临大财团的集中整合，这使得华文报业的产权日益集中，从多元存在变成独家垄断。政治与经济的双重压力，使得华文报这一华人社会诉求表达的公共领域遭到严重损害。身份被作为一个问题提出，常常是在其面临危机和困境的时候。危机的来临意味着原有身份的平衡状态遭到破坏，然而，危机与困境因素也是身份意识和身份变化的直接动力。马来西亚华文报在身份转换过程中所面临的种种困境，也是促成其自我调适的外在推动力，因此，对其生存困境的分析，是探讨其身份问题的一个必不可少的环节。

第四章研究华文报在多重困境下的身份定位与自我调节。社会初始条件或环境的变迁，导致媒介身份的失衡，同时也会给媒介带来新的刺激和变异，使得媒介系统的自组织能力被激活，重新调整而获得新的身份和谐。在多重困境之中，华文报为了生存，必须要协调好报纸与社会各方面之间的矛盾，找到适合自己生存发展的位置。当然，这种协调常常是处在一种探索之中。华文报不断地进行自我调节，为自身的生存发展不断拓展更广阔的空间。

第五章阐述了马华媒体在新世纪所面临的机遇以及突破自身的局限，走向改革与新的发展过程。一般而言，身份与权力有着一种天然的紧密联系。福柯比较早地阐述过身份与权力的关系，指出身份是权力关系的结果。当然，福柯所说的权力是一种作为社会的结构性动力，是网状的、弥散的，并具有生产性。从这个意义出发，我们在考察马来西亚华文报的时候，也关注作为社会弱势一方的马华人社会与华文报的抵抗与协商，探讨马华媒介的自我超越及其与马来族媒介的合作共进。同时，从历史的角度来看，自我身份的建构是一个他我融合的过程，身份的形成需要吸纳他者的要素来进行自我更新与发展。在本章中，笔者选择了几个重大事件作为个案进行讨论。由于全球化的影响，马来西亚政治社会也发生深刻变化。民主政治发展，促进了公民意识的逐步觉醒，也推动了马来西亚公民社会的发展。社会的变革和世界资讯媒体的迅猛发展，开启了马来西亚的媒体改革，华文媒体面临着一个新的发展机遇。与此同时，网络技术为华人社会提供了新的媒体，更重要的是，它给华人社会获得了表达愿望的更为广泛的空间，并且在很大程度上突破了政府对华人社会舆论的控制。这个时期，华文媒体也顺应时代的变化，开始深入思考新闻自由的问题，并试图超越族群的圈囿，与马来人的媒体改革组织合作，为突破政治和官僚经济对媒体的垄断，给新闻媒体创造一个民主自由的社会环境共同努力。这体现了马华媒介作为一个系统对外在压力和变化的自我修复的“有机”特征，这种在调整中重新建构和谐身份的努力，也表明了媒介反应方式、效果的间接性、复杂性和相对的独立自主性。

四、国内外研究状况

关于马华报刊的研究已经引起了学术界的兴趣。目前，国内学术界对东南亚海外报刊的研究越来越关注，但是总体来说，研究成果为数不多。笔者以“东南亚　华文报”为题名搜索共有研究论文4篇，以“东南亚　华文报纸”为题名搜索的研究论文有3篇，以“星洲日报”为题名搜索有13条，以“南洋商报”为题名搜索，有11篇，国内以“马来西亚 华文报”为题名搜索的研究论文总数 1 篇，以“马来西亚 华文报纸”为题名搜索的研究论文5篇。[①]当然，这些统计不可避免地存在遗漏，但对马来西亚华文报研究的文章确实不多。这些文章主要针对东南亚和马来西亚华文报的历史和当地发展的一些具体问题进行研究。这些研究，大多数是对一些基本问题进行归纳和梳理，在资料占有和深入研究方面，略显不足。在专著方面，相关研究有北京大学程曼丽的《海外华文传媒研究》，阐述了海外华文传媒发展的历史，探索和论述了海外华文传媒业的历史与现状，其中对东南亚华文报状况进行了介绍和阐述；该书从宏观上对东南亚华文报的发展情况进行脉络梳理，为了解东南亚华文报的发展提供了历史背景资料。厦门大学赵振祥主编《东南

---

① 统计结果来自笔者以文中所列关键词，在“题名”、“关键词”选项中，对中国期刊全文数据网（1994年至今），中国期刊全文数据库（世纪期刊网，1979年至今），中国博士论文全文数据库（1999年至今），中国优秀硕士论文全文数据库（1999年至今）的搜索。

亚华文传媒研究》论文集，对东南亚各国华文报的历史发展及现存的具体问题，以及未来的前景进行了分析；该论文集为本文的写作提供了资料上的帮助。暨南大学彭伟步先后出版了《海外华文传媒概论》、《东南亚华文报纸研究》、《新马华文报文化、族群和国家认同比较研究》和《星洲日报研究》。其中《海外华文传媒概论》、《东南亚华文报纸研究》分别对海外华文传媒和东南亚各国华文报纸的历史发展作了较为清晰的介绍，勾勒出东南亚各国华文报发展的一个轮廓;《〈星洲日报〉研究》对马华报刊的发展和社会的关系进行了个案研究，作者在研究期间曾赴马来西亚星洲日报集团进行学术考察，该书关于《星洲日报》资料比较翔实丰富，但在学术观点上不能超越星洲日报集团的自我局限，显得客观性不足，学理性不够。《新马华文报文化、族群和国家认同比较研究》一书，应该说这是国内现今对马华报刊进行专题研究的相对深入的一部专著，作者从族群关系的角度比较新马华文报在国家文化认同方面的异同，具有一定的理论思考，但对报纸文本分析略显不足。这些文章和专著给本文的写作提供了一定的资料帮助。

在国外研究马来西亚华文刊物方面，新马华人对早期新马华文报有一定的研究。马来西亚本土学者及新闻媒体人员对这方面的讨论相当热烈，尤其是在2001年的华文报纸收购案之后，马华报刊及媒体的发展问题被突显出来，成为马来西亚新闻媒体自由发展的重要话题。在这方面，那些经历过报纸收购案的新闻从业人员，以亲身经历者的身份，翔实地记录了一段时期马来西亚报刊媒体所经历的曲折的变动。同时，一些学者，包括马来西亚本土学者，以及到台湾学习的华人研究生也展开了对马来西亚华文报的研究，并取得了一定的成果。马来西亚的在台硕士研究生，一部分是本身在马华报界从业，亲身的经历和体会，加上在台湾接受了比较系统的中外媒介理论的熏陶和训练，使得他们的研究，不仅具有丰富翔实的资料，而且，也有一定的学术理论的阐述。他们能以比较客观的学术态度，对华文报在族群观念和公共利益表达之间进行批判性的分析，使研究达到了一定的深度。如曾丽萍的《西马来西亚华文报业发展的政经分析》，该文从政治、经济、社会文化和国家管制各方面对华文报的影响，逐一探讨华文报在各个历史阶段所呈现的特征。该文资料翔实丰富，涉及问题比较全面，但对华文报某个历史阶段所面临的特殊问题涉入不深。黄国富的《马来西亚华文报纸与族群认同建构以华小高职事件为例》分析了华文报文本语言表达对族群认同的作用，其研究角度有独到之处。他的另一篇学术论文《挣扎在威权政体与族群政治中的媒体改革——以马来西亚“撰稿人联盟”的实践为例》，借助西方的媒介理论，相当深入地分析了华文报作为族群媒介的传播特征及其未来发展的方向，具有较为深入的理论思考。此外，黄招勤的《西马来西亚华文报纸发展与困境多族群环境中报纸角色与功能的转变》、于维宁的《马来西亚〈东方日报〉研究：在报业垄断与政治干预夹击下的生存之道》等相关论文，对华文报具体问题或是具体个案展开的研究，给本文的写作提供了较大的帮助。

本人所在单位暨南大学华侨华人研究院为国家教育部华侨华人研究基地，暨南大学华侨华人文献资料中心收藏图书资料大多来自东南亚华人社会捐赠，其中有较多的关于马来西亚华人研究的图书资料，为本人的研究提供了极大帮助。在本人能接触的相关资料中，涉及马华报刊的研究主要是早期新加坡华文报的研究著作。其中有1993年新加坡文化企业私人有限公司出版，崔国强著的《新加坡华文报与报人》；新加坡新社1987出版，王慷鼎著的《新加坡华文报史论集》；2008年广东科技出版社出版，由陈蒙鹤英文著述、胡兴荣翻译的《早期新加坡华文报章与华人社会》等。由于早期新马合并，这些研究著作对笔者了解马来西亚华文报的早期发展，提供了历史背景资料的帮助。

此外，一批马华新闻研究人员的著述，也为本书相关问题的进一步研究提供了有益的线索。例如，叶观仕的《马来西亚华文报业史》、沈观仰的《报殇南洋报业沦陷评论集》、庄迪澎的《看破媒体》、《强势首相vs弱势媒体：给马哈迪[①]的媒体操控算帐》及其相关论文；而许多马华新闻从业人员的传记、回忆录及其评论杂谈等也为本文的写作提供了丰富的资料。关于现代，尤其是当代马来西亚报刊的研究，马来西亚华人做的专门研究很少，诚如马华媒介资深研究学者庄迪澎所言："有意研究马来西亚中文媒体的研究人员，必然会陷入严重缺乏参考文献的窘境。本地国立大学传播学者以英文或马来人撰述的媒体论述，虽不至于汗牛充栋，然而无论质或量毕竟都让中文著作望尘莫及。虽然过去十年来，有个别几位资深报人零星出版媒体论著，但是主要是以史料收集和个人经验杂谈或一厢情愿的主观陈述，缺乏严谨的理论分析。"[②]这会使本书的研究受到一定的影响，但是也可以使本书的研究在理论探索上开拓出更宽阔的空间。

2000年和2003年，笔者两度赴马来西亚进行学术考查，接触了前《南洋商报》总经理郭隆生先生，以及马华文化协会、中华大会堂的负责人，华人社会资料研究中心的相关学者，对华人社会有了更深入的了解，这对丰富

① 通常译为马哈蒂尔，下同——编者注。

② 庄迪澎：《华人社会、中文报业与新闻自由运动——兼论华人社会对中文报业的"文化事业情结"》，马来西亚《人文杂志》，2003年6月号，第22页。

本书的写作有莫大的帮助。

五、研究方法

本研究力求从历史发展的思路对马华报刊的族群认同转换的过程进行考察，同时从多元族群社会的民族整合以及跨文化传播的角度，并结合大量报刊文本，对马华报刊的发展演变进行分析，尤其关注马华报刊作为少数族群媒体的作用和意义，以及媒介本身在其身份转换过程中所面临的困境及其自我调节的方式。在对马华少数族群媒介的研究中，理论往往是一种启示或是一种沟通的桥梁，所以在本文的研究中，主要是从具体问题出发来进行探讨。具体说来，主要是采用了以下几种研究方法：

1. 问题牵引与现象分析相结合

马来西亚华文报是威权政治下多元族群共存环境中一种具有特殊文化特征的媒介形态，面临的最大问题就在于媒介身份转换过程中的生存问题，而其问题往往与特定的环境和特定的关系有关。因此，只有面对其现实情况，通过对传媒现象和具体问题进行深入细致的分析，才能发现并提出问题进行研究。这样的研究才可能具有现实基础和充分的实践价值和意义。

2. 历史分析与当代研究相结合

历史往往在当代留下自己的踪迹和印记，能为未来提供某种可能性；而当代分析能使我们更清晰地了解事物的现状和轮廓，并给事物发展的可能性提供更加清晰的方向。历史分析强调延续性，而当代分析强调变化。过去媒介体制、媒介文化和媒介观念对当代媒介形态的形成具有重要的影响，当代出现的新情况又可能在一定程度上改变媒介的历史形态和现状。在马华媒介的身份研究中，特别需要两者的结合，这样可以给我们研究其未来和走向，提供一个清晰的线索。

3. 文本分析与一定的量化统计相结合

由于本书比较关注对具体问题和现象的分析，为了能更充分地对一些具体问题进行阐述，在研究过程中，采用了较多的文本分析和一定的量化统计。如在第二章的第二节关于华文报与族群认同建构方面，就是通过文本分析和适量的量化统计来加以说明，以增强文章的具体性和丰富性。

此外，在整个文章的叙述过程中，本书还力图从族群研究的角度和方法进行解读，以更有效地透视马华报刊在其发展过程中的演变动机和脉络，加强文章的历史和社会背景论述的厚度。论文还联系政治、经济以及文化等因素对华文报进行分析，力图展现马来西亚华文报在社会转型中身份变化发展和本土适应生存的全貌。

第一章

早期华文报的身份认同与特征

早期马来西亚华文报，主要是指1815年第一份华文报《察世俗每月统记传》诞生至1945年二战结束这段时间新马地区华文报。由于在二战以前新加坡属海峡殖民地以及1963—1965年间曾归属马来亚联合邦，因此，研究这段时期的华文报，必须是结合新马两地来进行考察。

马来西亚华文报是伴随着马来西亚华人社会的产生和发展而创办起来的。它是华人移民历史的真实记录，它所创办的过程以及它所记录的内容，都真实地反映了华人社会在海外发展过程中所经历的坎坷曲折的生活。

华文报的产生与当时的社会环境密切相关。当时的新马地区处于英国的殖民统治之下，英国殖民者为了开发殖民地，从中国引进了大量的劳工。中国沿海的民众大量移民南来，形成了独特的华人移民社会，这个社会也需要相关的信息流通，华文报也因此产生和发展起来。

早期华文报在英国殖民统治下生存和发展，其政治制度、经济制度决定了媒体的运作方式和功能发挥。本章通过分析这一时期社会政治、经济情况对华文媒体的影响，探讨华人移民社会中华文报的身份认同、特色与功能，及其生存发展的状况。

第一节　移民社会环境与华文报的身份

英国殖民统治时期，殖民政府对媒体的管制相对宽松，使得华文报得以蓬勃发展。这个时期，华人社会由华侨型华人主导，呈现出典型的移民社会特征，加上大量中国南来的政治家在这里兴办报刊，使得华文报在自我身份定位上，具有强烈的中国认同。

一、早期华文报的生存环境及其产生发展

1. 典型的移民社会与重商主义特征

"族群"在本文中是一个涉及华人、马来人社群分类的概念用语，其英文的表述是ethnic group。关于"族群"的定义，马克斯·韦伯在《经济与社会》一书中有过经典的表述：由于体质类型和传统相似，或由于在迁移和殖民化过程中拥有的共同记忆，群体对他们的共同祖先抱有一种"主观信仰"——这种信仰至关重要，它对于群体结构的扩展是必不可少的，这个群体就成为族群，群体内部是否存在一种客观的血缘关系却并不重要。[①]查尔斯·凯斯（Charles Keyes）认为，在族群中，人们的体征常常被当作是区分族籍的标志，但族籍诉求的并不是人们在生物学事实上的世系，而是文化上认定的社会世系。文化常常被当作族群的区分标志，为了表明族界，人们常常是在复活或发明据信是自己祖先曾有的传统文化。[②]

中国人移居海外已有几个世纪的历史，经过几个世纪的海外移民，尤其是19世纪中、后期大量华人的南迁，在东南亚地区形成了规模庞大的华人族群。据有关学者分析，华人移居南洋是在唐代以后，在唐代以前，中国人就开始涉足马来西亚。当然，这些远渡重洋的人仅限于僧侣以及外交使节，但他们的远洋经验，以口述和笔录的方式记载，为唐代以后中国人的南移提供了指南。[③]自唐朝开始，频繁的朝贡活动开启了南洋各国的通商关系，一些华人因为经商而移居南洋，起初是小规模的，但随着时间的推移，人数不断增加。到明代明成祖时期，海外政策相对开放，郑和七次下西洋，游遍南洋、印度洋30多个国家。郑和下西洋，除了与南洋各国进行贸易外，也极力行使敦睦邦交的友好访问使命，其声望远播，也为日后华人移居东南亚奠定了长远的基础。

郑和下南洋已经成为马来西亚华人历史中不可磨灭的一部分。据历史文献记载，郑和七次下西洋中，至少有五次经过马六甲。许多马六甲的华人认为，三宝山就是当年郑和驻扎的地方，三宝井是郑和为了让军队饮水而开凿的井，宝山亭则是为了纪念郑和兴建的。三宝山、三宝井和宝山亭，从此成为凝聚当地华人最重要的精神象征，而当地马来人把三宝山称为中国山。三

---

① Michael Baanton, "Max Weber on 'ethnic communities'", *Nations and Nationalism*, Vol.13, No.1, 2007, p.26.

② 庄孔韶主编：《人类学通论》，山西教育出版社，2004年7月，第339—340页。

③ 曾松华：《华族南移的背景与动向》，林水檺、骆静山编《马来西亚华人史》，马来西亚留台校友会联合总会出版，1984年，第13页。

宝山成为华人移民马六甲的桥头堡和历史见证。在郑和南下的过程中，每次驻留此地都有中国人留下与当地土著通婚，形成了土生的峇峇族群。一直到19世纪60年代，清政府内外交困，战乱频繁，大量中国南部沿海农民因为避难和谋生而迁移至南洋各地。此外，由于鸦片战争后，许多西方国家的殖民主义者占领了东南亚各地，他们需要大量的华工为他们采矿和种植。为了获取大量华工，英、法通过与清政府签订《北京条约》，迫使清政府正式开放海禁，允许国人自由移民，使得华工出国不再受到任何阻拦。在这样的历史背景之下，华人大规模移居东南亚，其中绝大部分聚集在新加坡和马来亚一带，形成了规模庞大的华人族群。

在初来乍到南洋之时，华人都自认为是中国人，只是暂居海外，终究会回到自己的祖国。而在当时的中国政府看来，新移民和在东南亚当地出生的华人，都是中国的侨民，他们都是“华侨”。直到二战结束后，东南亚各国独立之前，华人族群都是以移民社会的形态在当地生存和繁衍。

英国殖民统治时期的马华人社会应该说是一个典型的移民社会。关于华人的移民社会，台湾学者陈其南就指出，台湾的华人社会与东南亚的华人社会形成有很大差别。在荷兰统治者占领台湾时期，台湾华人作为殖民统治者与土著之间的中介角色，与西方统治东南亚时期华人作为统治者和土著之间的中介角色没有什么不同，但是在郑成功统领台湾以后，为台湾华人社会奠定了一个纯农业社区的基础。在台湾的华人社会获得了与传统中国农业社会相同的土地开垦原则和社会结构法则，并经历了一个在心态上认同于本地祖籍的变迁过程，因此，台湾华人社会“成功转型”为一个定居社会，从而与东南亚的华人移民社会正式分道扬镳。[①]东南亚地区华人社会转型则“失败”了，使得它始终保留着“移民社会”的特质，即“是中国社会的延长或扩展”。[②]

在东南亚地区，华人移民社会特质的形成，与华人移民的社会结构有很大关系。华人移民初来马来亚时，在一个完全陌生的地方，为了克服生活方式和文化差异带来的心理焦虑，他们会很自然地按照过去的家乡经验和社会法则组合在一起，以方言、血缘或地缘关系组成社团，作为新移民在一个陌生环境接触异域生活的起点，为移民的漂泊生活提供一个安全的港湾，形成了在商业或职业上的社群。在马新地区，华人帮会、会馆丛生，构成华人

① 陈其南:《家族与社会——台湾和中国社会研究的基础理念》，台北联经出版事业公司，1990年，第58—59页。

② 陈其南，前揭书，第92页。

社会最基本的结构单位，它们之间相对自我封闭，阻碍了华人与原住民的交融。这使得华人族群很自然地形成了一种浓厚的原乡的意识，这种乡土认同构成了华人中国认同的基础，也构成其后中国南来知识分子得以在这里大量兴办具有中国认同的华侨报的肥沃土壤。

华人移民社会形态的形成，与当时的英国殖民统治下的政治经济环境密切相关。英国殖民者在马新地区的殖民统治，是按照阶级和种族来进行分工的。英国殖民者认为马来人是“土地的儿女”，视华人为“过客”，对于两族的交融并不看重。在其统治下，未曾鼓励马来统治者与华人领袖交流。他们只允许马来人拥有土地的权力，在一种“保护土著传统免受破坏”的殖民心态下，土著的下层阶级主要是以传统农业生产为主，以保证供应都会中的粮食需要。对马来土著上层，英国殖民政府则保留他们的合法权，在殖民政府的操控下行使他们的权力。

另外，英国殖民者认为马来人懒散、办事没有效率，无法从事殖民经济的开发，因此才从中国及印度大量输入劳工。这些劳工除了从事丘园经济植物种植外，印度移民大多从事道路、铁路的建筑，中国移民则主要分布在矿业和小商人的行业中。

由于这样的社会结构安排，华人移民与殖民者之间形成了某种特殊的经济关系。即华人移民成为殖民地经济的关键，他们有的成为介于土著和殖民商人之间的中间商，填补了殖民者无法深入被殖民地区收购原产品与分销制成品的角色空缺；有的则成为殖民经济中不可或缺的劳力，为殖民经济进入世界体系发挥了重要的作用，以至于殖民统治者都不得不将华人视为殖民地经济的建基者，并称许华人的“勤劳”。[①]

正是殖民者这种“分而治之”的政治经济分工，导致了马来亚三大族群之间的分离，也成为日后马来西亚“多元种族”社会形成的滥觞。这种分工设计，也使得华人社会呈现出很强的“经济性”，重商主义成为华人社会的本质之一。这一切，对马来西亚华文报的产生和发展及其内容和立场，都具有重要的影响。在英国殖民时期华人具有文人办报和商人办报两种形式，商人办报能一直延续到马来西亚独立后，最终成为华文报的主要经营方式，应该说与华人社会的重商主义特性不无联系。至少这种社会结构给商人办报成功提供了丰厚的土壤。

2. 英国殖民政府相对宽松的媒体管制

---

① 林开忠:《建构中的“华人文化”：族群属性、国家与华人教育运动》,（马来西亚）华人社会研究中心出版，1999年7月，第39页。

早期英国政府对华文报章采取放任的态度，既不干涉报章的运作，也不过多注意其观点和意见。当然，无论政府对华文报业如何宽松，华文报也不能免受其监督，它必须遵守当地相异于中国的法律。例如当时英国殖民政府在新加坡实施诽谤法，而中国并不存在这项法律。当时的《星报》可能出于对法律的疏忽，刊登了一则西方家庭纠纷的新闻，惹上官司，导致《星报》被控诽谤罪。原告指控《星报》的报道含有中伤及诽谤意图，以致她和女儿公然受到侮辱，要求赔偿损失10000元，并请求法官明令禁止该报刊登类似的报道。

负责审理该案的法官高尼(GoNney)判处《星报》酌情赔偿150元。当时尽管报章仅以小额罚款获解决，但它在新马华文报业史上甚为重要，因为它标志着英国法律对华文媒体开始造成冲击。华人记者和编辑自此之后开始认识到公正严肃处理新闻报道的重要性。[①]

英国殖民政府对华文报的管制是随着其对马新两地华人政治活动的管制而开始实施的。早期英国殖民政府对中国南来的政治家在马新的政治活动及其理念宣传并没有太多的干涉。但是，随着1911年中国辛亥革命后，中国反殖民、反封建的民族主义思潮的兴起，新加坡和槟城也呼应中国的抵制日货等反殖民主义运动，相继发动了对殖民政府的抵制运动而与英国殖民政府发生冲突，英国殖民政府开始制定相关法律严格管制华人的政治活动，同时，对宣传中国民族主义的教育机构与媒体机构也开始进行管制。

在1920年以前，英属马来亚已经制定有《煽动出版法令》，根据这个法令，英国殖民政府指使华民卫护司在1911年关闭了革命党人创办的《国民日报》，其理由是该报发表社论批评殖民地政府。

在新马发生抵日运动后，英国海峡殖民地颁布了《1920年印刷机出版法令》，随后马来属邦也颁布了《1924年印刷机出版法令》，以加强对华文出版物的监管。拥护国民党的《南洋时报》在1928年"济南惨案"发生后，因发表了关于"济南惨案"的社论，抨击日本的残酷行为，遭停刊一个月，主笔李素被驱逐出境；1930年《光华日报》因为济南惨案而鼓动反日被停刊3个月；1923年《南洋商报》创刊后，其亲国民党的第一任编辑主任方怀南和经理林青山，因常在报刊上攻击北洋军阀曹锟贿选总统的文章，英国殖民政府便以报纸有关评论违反了创办人陈嘉庚所订立的"开通商情，不涉政治"

---

① 陈蒙鹤:《早期新加坡华文报章与华人社会：1881—1912》，广东科技出版社，2008年10月，第58—59页。

的办报宗旨为由，勒令该报停刊3个月，方、林二人被迫离职。[①]

从1881年到二战前夕，英国殖民政府对华文报的管制，主要是为了遏制国民党的政治宣传活动，以阻止中国民族主义在马新两地的滋长和兴盛。这也对商人办报起到威慑作用，促使商人报纸保持无党派的中立态度，也使得商人办报能在马新两地持久经营下去。

在二战日军占领马来亚时期，许多华文报被迫停刊，抗日的报人惨遭杀害，这是马来亚华文报业所经历的最黑暗的时期。

战后英国人重返马来亚，在检讨日本侵略新马殖民地英军兵败如山倒的原因时，英国人认为是殖民时期英国政府偏袒马来人，造成非马来人的普遍不满和冷漠，因而导致了防卫不利。由于认为华人抗日有功，英国殖民政府取消分而治之的政策，提出了有利于华人获取公民权的“马来亚联邦”计划，制定了宽松的公民权申请法，使大部分华侨都能符合申请资格。在政治上，采取了较为宽松的政策，允许政党自由活动，开放言论，报刊可以自由发展，甚至连马来亚共产党的《民声报》也允许存在。

然而，随着国际政治局势的变化和马共的活动频繁，1948年英国殖民政府颁布了《紧急法令》，在全马禁止马共的政治活动，华人的左倾政治活动自此开始成为非法活动。与此同时，殖民政府加紧了言论管制，制定了《1948年印刷与出版法令》，规定报馆出版人必须拥有出版准证和印刷执照，两个执照必须每年更新一次。此外，还颁布了《1948年煽动法令》来控制言论。在相关法令的实施下，左派的华文报纸在50年代后几乎全部被关闭。

当时影响力最大的左派报纸《南侨日报》，是中国民主同盟的喉舌报，其立场是反蒋反美，拥护中共，认同中国。当时英国殖民政府希望马新华人能培养本土意识，效忠当局。《南侨日报》的立场显然与英国殖民政府的政策背道而驰。尤其是在1950年4月的一篇社论中，《南侨日报》表示了其鲜明的立场，即“拥护中华人民共和国……对于当地（作者按，指马新）的政治斗争，本报则决定不介入，因为当地政府是当地人民的事，而本报是接受中华人民共和国政府辅导的，对所有在当地的政治斗争实在不便干预”。[②]这使英国殖民政府大为光火，1950年9月，英国殖民政府援引紧急条例第三条文，下令禁止《南侨日报》的销售和流通，主要报人被驱逐出境。

战后复刊的其他左派华文报纸，如《现代日报》于1950年9月因注册被

---

① 叶观仕:《马新新闻史》,（吉隆坡）韩江传播学院出版，1997年，第51页。

② 崔贵强:《新加坡华文报与报人》，新加坡，海天文化企业私人有限公司，1993年，第202页。

吊销而遭停刊，报社经理遭囚禁一年；[①]1945年创刊的马共《民声报》，由于其言论大胆激烈，出版两个月，其社长就遭到扣押。1948年殖民当局大力剿共，查封了该报，连同当时另一个马共《战友报》一并遭禁。[②]

英国殖民政府当时对左派立场的华文报，可以说是风声鹤唳，其莫须有的罪名令人啼笑皆非。据有马来西亚报王之称的周宝振回忆，其父创办《钟声报》遭禁时，当时报纸上的一句话“海鸥冲破黑暗的云层”，被报刊审查部门的监管人员解读为：“海鸥，是共产党；冲破，是号召革命；黑暗云层，是指政府。”[③]可见当时英国殖民政府对与中国革命相关的华文报纸的管制是极为苛刻严厉的，这实际上也促使了华文报的本土化转向。

3．华文报的产生和发展

1815年8月5日，第一份华文报《察世俗每月统记传》在马六甲出版，这份报纸开创了现代华文媒介传播史的先河，具有里程碑的意义。而真正具有新闻性的“南洋第一报”——《叻报》于1881年12月10日创刊，它一直出版到1932年，维持了51年，在马来亚华文报业史上具有重要地位。

1880年到1957年是英国殖民时期，这个时期的华文报经历了一个初创和探索发展的过程。

以当时英国的殖民政策，主要是对区域内的各种族实行族群分而治之的政策，它也尽可能地维持族群之间的利益平衡，所以，在新闻媒体的管制方面相对是比较宽松的。

英国殖民时期华文报的兴办，主要有两大类型，一是文人办报，二是商人办报。文人办报主要是由中国流亡南来的政治家和知识分子所办，目的是非盈利的。主要是宣扬当时中国的政治文化思想，更多的是关注当时中国大陆的政治和社会问题。商人办报则是一些华商富豪，为了其商业的发展而创办，主要是为其产品做广告宣传，其目的在于商业利益。它也有自己的政治立场，但只是为了在商业上获得更为平稳的保障，在政治上被认为趋于保守和谨慎。[④]

有学者将英国殖民时期的华文报主要分为：萌芽期（1815—1879）的宗教报刊时期；成长期（1880—1919）的政论报时期；发展期（1920—1941）的商业报时期。其具体情况见下表：

---

① 叶观仕：《马来西亚华文报业史》，（马来西亚）名人出版社，2010年5月，第93页。

② 叶观仕，前揭书，第104页。

③ 周宝振：《从通报生活报到中国报》，（马来西亚）有人出版，2008年5月，第33页。

④ 叶观仕：《马来西亚华人报业史》，（马来西亚）名人出版社，2010年5月。

时期	特性	报刊	立场	创刊	地点	创办人
萌芽时期（1815—1879）	宗教报刊时期	察世俗每月统记传	传教	1815—1821	马六甲	英国传教士马礼逊
		天下新闻	传教	1828—1829	马六甲	英国传教士麦都思
		东西洋考每月统记	传教	1837—1838	新加坡	英国传教士麦都思
		日升报	传教	1858—不详	新加坡	英国人汤普森
成长期（1880—1919）	政论报时期	叻报	保守	1881—1932	新加坡	薛有礼
		星报	保守	1890—1898	新加坡	林衡南
		槟城新报	保皇派宣传报	1896—1936	槟城	林华谦等人
		天南新报	保皇派宣传报	1898—1905	新加坡	邱菽园
		南洋总汇新报	保皇派宣传报	1905—1947	新加坡	朱子佩
		图南日报	革命党人宣传报	1904—1906	新加坡	陈楚楠、张永福
		中兴日报	革命党人宣传报	1907—1909	新加坡	陈楚楠、张永福
		星洲晨报	革命党人宣传报	1908—1910	新加坡	周之祯、谢心准
		槟城日报	革命党人宣传报	1906—不详	槟城	黄金庆
		四州周报	革命党人宣传报	1911—1911	吉隆坡	陈占梅
		光华日报	革命党人宣传报	1910—	槟城	孙中山等
		*国民日报	国民党党报	1914—1919	新加坡	陈新政等
		新国民日报	国民党喉舌，但言论稳健	1919—1938	新加坡	谢文进
		南洋商报	商业性质，拥护南京政府，保守	1923—	新加坡	陈嘉庚
发展期(1920—1941)	商业报时期	新国民日报	国民党喉舌，但言论稳健	1919—1938	新加坡	谢文进
		南洋商报	商业性质，拥护南京政府，保守	1923—	新加坡	陈嘉庚
		星洲日报	商业性质，支持国民党，保守	1929—	新加坡	胡文虎
		*现代日报	左倾，激进	1936—1949	槟城	柯士楚
		马华日报	支持中国抗日	1937—1941	霹雳	梁燊南

续表

时期	特性	报刊	立场	创刊	地点	创办人
发展期(1920—1941)	商业报时期	星槟日报	商业性质，支持国民党	1939—1989	槟城	胡文虎
		星中日报	报道中日战情，支持中国抗日	1935—1941	新加坡	胡文虎
		建国日报	支持中国抗日	1940—1986	霹雳	梁伟华等人
光复期(1945—1957)	小型报全盛期	⋆民生报	支持中国共产党，激进	1945—1948	吉隆坡	李少中等人
		中国报	支持中国国民党，保守	1946—	吉隆坡	李孝式
		⋆南侨日报	支持中国共产党，激进	1946—1950	新加坡	陈嘉庚
		中兴日报	国民党机关报	1945—1957	新加坡	戴愧生等人

该表整理自：叶观仕（1996年）及冯爱群（1967年）。[①]

在报刊旁标示⋆号，代表遭英国殖民政府勒令停刊的报刊。小型报数量众多，发行时间短，因此本表没有加载。

从上表可见，自华文报诞生以来至二战前夕，华文报，各种形式与各种性质的报纸并存，显示了其繁荣发展的景象。

1941年日本发动太平洋战争，12月入侵马来半岛，仅两个多月，就占领了马来亚。日军占领马来亚后，所有华文报被迫停刊，许多爱国报人惨遭杀害，这是马来亚报业最黑暗的时期。

二战后，华文报呈现出复兴的局面。许多战前报刊纷纷复刊，新的报刊也如雨后春笋地出现，显示出勃勃生机。当时复刊的有新加坡的《南洋商报》和《星洲日报》，怡保的《建国日报》和槟城的《光华日报》等，创刊的有吉隆坡的《中国报》和《民生报》，新加坡的《南侨日报》和《中兴日报》等。此外，还有大量的小报出现。[②]正如马华媒介研究者叶观仕所言："这个时期是小型报的全盛时期，马、新两地冒出的小型报少说也有50家以上，各类报刊合共114家左右。数目之多，品类之繁，内容之杂，立场之乱（左倾、右倾、中立、商业、黄色），自动停刊或遭封闭之快，令人眼花缭乱，叹为观止。"[③]

二战后华文报的繁荣景象并没有维持太长时间，随着国际形势的变化，

① 该表引自曾丽萍：《西马来西亚华文报业发展的政经分析》，台湾世新大学新闻研究所硕士论文，2000年1月。

② 曾丽萍：《西马来西亚华文报业发展的政经分析》，台湾世新大学新闻研究所硕士论文，2000年1月，第54页。

③ 叶观仕：《马新新闻史》，（吉隆坡）韩江传播学院，1997年，第2页。

殖民政府严厉打压新马一带的共产党活动，对左派言论报纸严加监管，一些激进的报刊遭查封关闭，加上市场竞争激烈，多数小型报刊因销路不好而难以为继。这个时期的华文日报，主要以《南洋商报》和《星洲日报》引领风骚。由于本研究主要以这两大报为案例，在此简要介绍它们的发展经历：

《南洋商报》：由陈嘉庚先生于1923年9月6日在新加坡创刊，是马来西亚的主流媒体之一。当初取名商报的主旨是试图通过商务与经济的报道和评述，拓展华人在当地的经济活动。1983年3月16日，新加坡《南洋商报》和《星洲日报》合并成为《联合早报》和《联合晚报》。1993年1月，南洋报社收购《中国报》和生活出版社有限公司的全部股权，出版6份报刊。《南洋商报》读者人数达到150万人，占马来西亚华文报读者总人数的60%，成为马来西亚最大的华文出版集团。

1996年11月，《南洋商报》进入互联网领域，成为马来西亚第一家在网上提供现时新闻（Real Time News）的报纸。2001年5月28日，华仁控股收购南洋控股并持有42%股份。华仁成功控制马来西亚两大中文报——《南洋商报》、《中国报》。之后，《星洲日报》、《光明日报》从华仁控股手中购得部分股权，星洲报业集团开始干预《南洋商报》、《中国报》的业务，马来西亚四家主要中文报被商业集团垄断。2006年10月17日，星洲媒体执行主席张晓卿买下南洋报业20.02%股权，控制了44.76%股权，成为南洋报业最大股东。

《星洲日报》：1929年1月15日，《星洲日报》创办于新加坡。其创办者是“虎标万金油”的创研人，东南亚华人侨领胡文虎和胡文豹兄弟。新加坡称星洲，《星洲日报》因此得名。

1987年10月27日，《星洲日报》报道了不谙华文者担任华文学校高职事件，被政府吊销出版准证，被迫停刊。1988年3月，张晓卿与合众银行达成协议，收购《星洲日报》。4月初，通过争取，获得内政部重发出版准证。1988年4月8日，停刊5个月11天的《星洲日报》复刊。

复刊后，《星洲日报》的发行量逐步上升，近40万份，有读者100多万，《星洲日报》成为中港台以外最大的华文日报。

2008年1月，星洲媒体、南洋报业、明报企业通过合并计划，成立新集团，取名“世华媒体”。旗下中文日报包括《明报》、《星洲日报》、《光明日报》、《南洋商报》、《中国报》，以及《亚洲周刊》、《亚洲眼》等30多家杂志。其中，《明报》在北美发行四个地方版本，分别是多伦多版、温哥华版、纽约版与旧金山版，另有张晓卿旗下公司出版的《柬埔寨星洲日报》、《印度尼西亚星洲日报》与巴布亚新几内亚英文报*The National*，其报刊覆盖面扩大。

目前，《星洲日报》已经成为马来西亚最大的华文报之一，在马来西亚华人社会中拥有最为广泛的读者，也具有很大的影响力。尽管它的发展历程相当曲折，但是它继续发展壮大，在华人社会以及马来西亚社会中发挥自己的作用。

1957年马来西亚独立，建立了以马来人为统治主体的国家。华人社会面对新的社会环境，不得不逐渐地调整自己的生存方式。华文报在新的社会条件下也面临重新调整定位的问题。有些报刊继续发展，有些报刊则因为经济和政治等原因停刊，这是一个不断发展和淘汰的过程。

二、早期华文报的身份认同

“身份”这个词，在现代汉语的表述中，一般指的是出身、社会地位①，或者是出身、地位和资格②。在英语“身份”一词的对应是Identity，具有特性和同一性的含义，表示某些事物是相同的，一致的，或者就是它本身。随着社会、政治、经济、心理学，特别是文化研究的话语介入，身份概念已经远远超出了出身或者地位的意蕴，涵盖了许多相互联系、混杂甚至矛盾的话语领域，拥有更加丰富的内涵，隐含有“自我”与“他者”联结为一体的心理过程，体现了外部世界与人的内部意识之间的平衡。早期华文报的身份认同，体现出将自身与中国联结一体的特征。

1. 具有强烈的中国意识，缺乏马来本土意识

在英国殖民统治时期，马新华人的政治思想主要是由华侨型华人所主导，他们通过兴办报刊，大力宣传中国民族主义，因此，该时期的报刊所关心的主要是中国政治的发展，具有强烈的中国意识，在政治身份和文化身份上都认同中国。

就当时办报的人而言，马新华文报的创办人多为中国南来的政治家和知识分子，主要是宣传中国的政治思想和抒发个人理念。

自戊戌变法(1898年)到辛亥革命前后，中国国内各派政治力量纷纷到南洋各地活动，以寻求华侨社会的支持。继梁启超、康有为之后，孙中山也到新马地区传播民主革命思想，组织兴中会、同盟会。此后，各地随着革命形势的发展和广大华侨民族意识的觉醒，掀起了一个创办华文报纸的高潮。《槟城新报》就是中国保皇党于1896年在槟城创办的。

---

① 《汉语大词典》(普及本)，汉语大词典出版社，2000年版，第2286页。

② 《辞海》，上海辞书出版社1990年版，第2217页。

在当时具有进步思想的《天南新报》的创办者邱菽园是深受中国文化影响的知识分子。邱菽园是新加坡富商之子，在中国受教育并考取了科举功名，本可以在中国留任官职，但由于对清政府的失望，26岁南来新加坡，于1898年创办了《天南新报》并兼任主笔。其办报宗旨是"为了宣传进步思想，并阐明西方国家从过去所经历的愚昧中获得提升的方法"。在政治上，该报誓言以"中国民族主义"为立场。[①]相对于本地事务，《天南新报》更关心中国政治的走向。该报出版的年代正是中国动荡不安的时期。首先是戊戌变法，光绪被囚禁，康有为被迫逃亡；紧接着是慈禧企图废帝；随后，义和团运动，八国联军攻入北京。感觉敏锐的《天南新报》设法透过各种渠道让自身和读者关注事态的进展；在百日维新失败后，《天南新报》仍无畏地为政治改革大声疾呼，为其赢得了中国众多保皇派人士的尊敬和赞赏。当时的《知新报》的编辑评论道：

> 总而论之，国变以后，上书力争，请撤帘归政，言官惟扬深秀一人。推翻新政，倡议变法，不避艰险，疆吏惟曾和一人。力持清议，不随流俗，报章惟天南新报一人。[②]

戊戌变法失败后，康有为等一批保皇党人流亡到新马地区，在该地开始宣扬其维新思想。他们在南洋的政治活动及其思想，对南洋华文报业的发展有密切的关系。

康有为南来之后，经常发表救国救民、保皇保种的言论，在华人社会里掀起国家民族意识及历史文化认同的风气。除此之外，他在所到之处都建立了保皇会，马来亚推动孔教会的设置，作为他保教保国的一部分活动；这种活动很快就得到华人社会的响应，同时也得到了报界如《天南新报》、《日新报》的大力拥戴。实际上，康有为抵达新加坡乃出于《天南新报》创办人邱菽园的主动邀请，并寄了1000元大洋的路费。邱氏不但成为新加坡保皇会分会主席，而且捐赠了20万元资助汉口起义。邱菽园的《天南新报》是为康有为的保皇思想服务的，自然成为其宣传的工具。

此外，原来由革命党人所创办的《南洋总汇报》，由于经营不善而被保皇党人接手，在康有为的忠实追随者徐勤、欧榘甲和伍宪子的经营下，成为保皇党的喉舌报。

---

① 陈蒙鹤：《新加坡华文报章与华人社会：1881—1912》，广东科技出版社，2008年10月，第64页。

②《知新报》，第80卷，光绪二十五年二月初一，即1899年2月10日，引自《戊戌变法》中关于1893年的政变史料，上海，中国历史学会汇编，1953年，1955年，第三卷，第311页。引自陈蒙鹤，前揭书，2008年10月，第68页。

辛亥革命前后，孙中山也来到南洋一带活动，发现本区有足够条件开发为革命基地时，很快就策动其同志展开一系列的宣传活动，他们大力兴办报刊，借以教育群众。

在辛亥革命以前，革命党人以新加坡为基地所办的报章先后计有下列十种:《槟城日报》、《光华日报》、《四州周报》、《图南日报》、《南洋总汇报》、《中兴日报》、《阳明日报》、《星洲晨报》、《南侨日报》。尽管这些报纸寿命长短不同，但它们要达到的目的是一致的，其一，是对满清政权及保皇派的维新思想展开猛烈的抨击及思想论战，借以挑起华侨对清廷的厌恨和仇视，进而对革命运动表示同情及响应；其二，宣扬爱民族、爱国家的思想，并无情地指出满清的颟顸无能以及所带来的大灾难，借以恢复真正中国人治理下的中国。①

尽管一些报纸如《南洋总汇报》最后落到保皇党人手中，但是这些华文报纸传播中华文化，宣传中国民族主义思想，激发了当地华人对中国政治的关注。尤其是保皇党的《南洋总汇报》和革命党的《中兴日报》所展开的激烈论战，对马新华人政治思想的启蒙产生了极大的催化作用，对培养华人的中国认同发挥了很大的作用。

由于当时马新两地都缺乏新闻人才，许多本地华商所办的报纸也聘请中国的文人担任主编。诚如一些马华学者所言，“华文报至四十年代为止，之前的编辑部人员不少是来自中国或香港的，特别是高职位的编辑工作人员。理由是这些人中文程度较高，而且到新、马工作之前已经具有新闻工作经验。这些人，不少还是报社聘请而来的，反映出重要的一个事实：当时本地缺乏新闻人才”。②南来的文人其思想情感无不与中国社会紧密相连，这也使得马新华文报呈现出强烈的中国意识。如二战前《南洋商报》的最后一任主编是当时中国著名的政论家、商务印书馆《东方》杂志的主编、爱国人士胡愈之。他在主持《南洋商报》笔政短短一年的时间里，特别强调评论工作，他本人就写了400余篇社论、时评和专论，号召华侨加强民族团结，以国家利益为重，有钱出钱，有力出力，奋起抗日。战前《星洲日报》最后一任总编辑是曾担任《东方》杂志和《申报月刊》主编的俞颂华，他接受主持该报笔政时，日军已占领中国的东三省，南洋风声已紧。俞颂华写的时评、政论，起到了鼓励华侨抗日斗志的作用。可见当地报业从业人员的中国化，也

---

① 颜清湟:《星、马华人与辛亥革命》，台北，联经出版事业公司，1987年，第205—232页。

② 朱自存:《纵观华报五十年——马来西亚华文报发展实况》，吉隆坡，东方企业出版，1994年，第135页。

是当地华文报缺乏本土意识的原因之一。

由于马新华文报基本上是以中国认同作为自我身份的认同，在政治上以中国政治为主导，其内容上都是紧跟中国的大事。

在辛亥革命前后，保皇党和革命党各自的喉舌报《南洋总汇报》和《中兴日报》进行论战，当时的一些小报，其立场观点也无不以中国的命运前途为己任。例如，1928年在新加坡创刊的《青天》新闻周刊，其创刊词就表达了对中国兴衰的强烈责任感：

今日者北伐完成，训政伊始。而青天虽好，尚有愁云。同人等身在南洋，心怀祖国。秉革命之精神，愿办报而努力。命名《青天》，宗旨纯正，对于年来党务之废弛，军事之纷乱，政治之腐败，经济之骚扰，文化之沈寂，外交之失败，以致盗贼并起，饥馑交集，觉得无一非党治下应有之事，无一非青天难容之情。是故《青天》虽小，责任非轻。吾人生于中国，长于中国，中国之成也衰也，于吾《青天》有责，《青天》之光也暗也，于吾祖国有与。所望星洲志士，南岛贤豪，既同一路南来，何妨携手？复遇《青天》之下，更足谈心。则爱《青天》即所以爱国，爱国亦即为《青天》也。①

中国抗日战争时期，东南亚地区创办了许多小报，他们宣传抗日救亡的爱国思想，表达爱国热情。1938年创刊的《南潮半月刊》发刊词就提出：

1．我们想在伟大民族抗战的阵线，本自己能力所及，稍稍尽一些在自己的岗位上应尽之责，对侵略我们祖国的敌人，对于认贼作父的汉奸，对于一切直接、间接帮助凶手与破坏阻碍延宕我们抗战开展到有利条件的外寇内奸，我们将坚持斗争到底的立场，予以最无情的打击。

2．我们对任何民族，只要他不帮助日本法西斯，都毫不仇视，而且愿为更巩固他们与中华民族之间的友谊而努力。我们今后将以推动各民族与中华民族间更紧密的合作，连合共同驱退东方强盗，保御中国和马来亚的反侵略的和平战线为职责之一。

3．我们无党无派无任何背景与成见。

4．冀与各同道共同逐渐提高马华的文化水平，与充实我们为祖国独立解放而斗争的必要知识武器。②

在抗日战争时期，马新的华文报也是同仇敌忾，一致抗日。如创刊于1939年的《狮报》，其发刊词就表达了坚决抗日的决心：

我们为什么要出版这个刊物？理由很简单，因为我们拥护我国抗战到

---

① 杨松年：《大英图书馆所藏战前新华报刊》，新加坡同安会馆，1988年5月，第68—69页。

② 杨松年：《大英图书馆所藏战前新华报刊》，新加坡同安会馆，1988年5月，第160页。

底，以争取最后的胜利。

本报今后不仅尽力提倡赞助一切有利于抗战建国的想法、设施，而且对于一切有害抗战建国事业的障碍，也将勇敢地尽报急警钟的效用。我们不仅要描写我前方浴血抗战将士，在昔年中的英勇的可歌可泣的事迹，更要描写我建国方面的种种成就。我们不仅要写敌国崩溃的情形，还要报道世界大势的进展。①

其刊物内容也多是关于中国抗战问题，例如佚名的《叶挺将军和新四军》、《祖国抗战形势》等。上述例子中“我国”、“祖国”都指中国，足见当时报刊中国本位意识之强烈。

抗日战争结束后，国共两党之争也成为马新华文报关注的焦点。从1945年8月抗战胜利后国共之争爆发，到1949年12月国民党政府退守台湾这段时期，当地的主要报刊如《南侨日报》、《南洋商报》、《星洲日报》和《中兴日报》，围绕着国共和谈、国共内战和国民党败走台湾等问题在言论上互相对立，争执不休。不但在新闻上有长篇累牍的报道，在社论上也频频对时局的演变发表言论，或褒或贬、或谏或讽、或秉公细说、或泼妇骂街，不一而足，反映了报社或报人对国事的关怀与叹惜。这个时期的中国问题，尤其是国共内战问题，是上述四家日报社论最重视、议论最多的问题。

在1946年到1949年间，支持共产党的《南侨日报》与亲国民党的《星洲日报》和《南洋商报》，在1949年1月和5月还发生过两场笔战。

第一场笔战由《南侨日报》首先发难。1月24日，该报发表了一篇署名秦杰的文章，题名《质问<南洋商报>》。这篇文章提出了29个问题，对《南洋商报》的政治立场提出质疑。它援引了《南洋商报》两三年来的社论，批评它对蒋介石的态度是前恭而后倨。当蒋介石权势鼎盛时，《南洋商报》恭颂他为“天纵神武”、“英明果决”、“聪明睿智”、“刚健中正”、“为多数人民公意决定之国家元首”。但他失势时，《南洋商报》的立场便来了一百八十度的转弯，对他严加责骂。《南洋商报》的回应则是，它作为无党派的言论机构，是“以学术态度，综合名实，严正批判蒋总统政治失败史，为海内外华文报批评蒋总统最公允著实的言论”。并且表示该报论蒋评蒋之是非，当亦为民主神圣的权利，不应受任何人干涉。②

同年5月，《南侨日报》和《星洲日报》发生的另一场笔战亦是围绕各自

---

① 杨松年：《大英图书馆所藏战前新华报刊》，新加坡同安会馆，1988年5月，第338页。

② 崔贵强：《新马华人国家认同的转向：1945—1959（修订卷）》，新加坡青年书局，2007年，第137—138页。

的政治立场而展开。由于《南侨日报》批评《星洲日报》在报道中国战况的不慎重，《星洲日报》则表示其对于新闻处理以及对于撰述社论的“一路来的态度”，是“悉依善恶的本身为标准，决不因党派的成见而转移”。

《南侨日报》则引述《星洲日报》的几篇社论，来证实它最近两三年来三度改变其政治立场，“在国民党军占优势的时候，《星洲日报》的言论完全倾向国民党”；后来变为骑墙派，有时也骂一骂国民党，但为稳健起见，它还得和国民党眉来眼去；迨至共军占优势后，《星洲日报》不再倾向国民党那边，“倒向国民党那边溅吐了一口涎液”。①

《星洲日报》对此的回应是：

每一个人应该拥护自己的政府，每一个人应该热爱自己的国家。国民党主持下的政府，是我们的政府，所以我们拥护它，服从它，而且热爱它。后来形势变了，在国民党主持下的国民政府，已不再是我们的政府，所以我们便没有服从它的义务。②

由于秉持上述原则，《星洲日报》认为它的立场是：

在我们正确的理论上所产生的原则下，并没有因前后论调的改变，而发生观念上的冲突。③

《星洲日报》甚至反唇相讥地指出，这种对政府与国家观念的改变，也发生在《南侨日报》的身上。其社长胡愈之何尝不热爱与拥护过国民政府，虽然他后来成了一名反蒋的健将。

从以上例子可以看到，当时的马新华文报政治主导仍是以中国为主，其社论中的“自己的国家”和“我们的政府”都是指中国和中国政府。这种情况，一直延续到20世纪50年代。20世纪50年代，马来亚开始争取民族自治，华人开始转变国家认同，华文报也朝向本土化迈进。

2．强烈的中国文化认同

华文报在新马地区诞生以来，就具有浓厚的中华文化意识。当时许多办报人就具有传播中华文化，开启民智的责任感。早年的华人移民大多数是中国沿海农村的农民、小商贩和工匠等下层阶级，他们南来的目的主要是谋生，其文化水平普遍很低，有的甚至是目不识丁。有些华人在海外长期居住，逐渐融入到当地社会中，其生活方式和行为观念都不同程度地发生变化。

---

① 崔贵强，前揭书，第140—141页。

② 崔贵强，前揭书，第141页。

③ 崔贵强，前揭书，第141页。

在海峡土生华人中，确实存在有西化和峇峇化的倾向，因为他们说英语，穿西服。这种变化对于那些从中国南来的知识分子，形成了一种很沉重的危机感。他们担心，华人的下一代如果不及时教化，则会沦为“蛮夷”。在他们看来，土生华人说的是难以听懂的“夷语”，身着夷服，行为举止已经西化，在其思想观念中，更看不到中国传统的价值观。华人的这种担心，在当地的一家主要华文报纸《星报》中充分地表现出来：

中国移民娶马来土妇为妻，将所生之子送往学西语，以利与洋人交往。此等土生华人一旦要求其阅读我汉文书刊时，则会茫然不知所措。设若几十年甚或几百年之后，彼等便将完全忘却华语矣。届时，成千上万之中国人势将沦为蛮夷，披头散发，左袒右襟也。[①]

当时南来的办报者也看到华侨社会因文化不彰而显得缺乏活力的景象。在1935年创刊的《马来亚月刊》的发刊词中，编者言及创设此期刊之原因，乃鉴于华侨社会是悲观的，暮气沉沉的，衰老蠢笨的，不如欧人之勃勃朝气之情形，其言云：

假如我们以华侨的社会，和欧洲民籍的社会一比较，诚然是汗颜无地；后者带有勃勃朝气的，而前者表现的，是一种可悲观的沉沉暮气。后者人们生活，是青春的，活跃的，而前者所表现的，是衰老的蠢笨。当然，以上所描述的，就大体而言，并不是每个华侨都是如此，实际讲来，多数的生活，都是不合理的、反常的、退化的，而不是进化的；死板的，而不是活跃的。

这一切，编者皆归咎为民智不启和教育的不发达，指出报纸杂志则可担负起这方面的责任，发挥其功能：

“教育为启发民智的利器，那是不容否认的……在欧洲各国，有识之士，认识社会教育和学校教育同等重要，而社会教育利便的工具，就是报纸和杂志，欧洲人士入了社会后，就养成了阅读报章杂志的良好习惯，视报章杂志为良师益友，如此就自然而然剩(把)一切不良嗜好流(疏)远，养成种种高尚的习惯。我华侨社会则不然。”

所以，这些报人以传播中华文化为己任，表达出当时华文报的这种责任感：

“同人等亦鉴于杂志对于社会人群的重要，为尽同侨一分子的责任，不揣简陋，发行本刊，虽不敢以普及社会教育为自，但愿本此精神，勉力担负

① 《论外洋宜公设书院训华人子弟》，载《星报》1891年7月27日，第1版。转引自颜清湟:《新马华人社会史》，中国华侨出版公司，1991年10月，第273页。

此使命，与同侨互相切磋研究。”①

通过办报传承中华文化，教育大众，成为当时华文媒介的一个重要的使命。无论是商人办报还是文人办报，无论保皇党人还是革命党人所办之报，都承担起教育大众的责任。正如当年在南洋担任《星洲日报》副刊主编的郁达夫所言，“南洋是文化水准很低的殖民地，而新闻事业却是文化事业中最有力的开路队”。②

马华学者颜清湟在谈到早年孙中山在马来亚所办的报刊、杂志和书报社对华人社会文化教育的所发挥的作用时，就说到，“这些书报社无论经由文字或非文字的途径，都发生着不小的社会功能。……由于当时新、马英国殖民当局并无公共图书馆的设置，这些书报社即形成为一些文化中心，可为一般民众利用之以汲取知识和提高他们的教育水平”。③

除了宣传革命思想之外，在推动中华文化以及提高知识水准方面，这些无数的媒介机构以及“文化中心”、“中华文化传播站”的确发挥了很大的作用。

报章还为鼓吹新式教育的人士提供了一个绝佳的平台。当一所学堂在策划阶段，报章为创议者进行大量的宣传，由于他们的热心得以在公众中炫耀，创办者更自觉必须完成整个计划不可。当学堂的筹建陷入资金困难时，报章便以大幅版面按捐款金额刊登捐款人的姓名，以示鸣谢；这种做法极大地鼓舞了华商为排上榜首而踊跃认捐。此外，学年结束后，考试合格的学生名单也按科举发榜的形式在报上刊登。

华文报这种强烈的中国文化认同意识，不仅在当时的侨民社会加强了华人社会对中国文化的认同，而且这种文化身份一直延续至今，也使得中华文化传播成为华文报的天赋使命。

第二节　早期华文报的特点与功能

由于特殊的政治和经济环境，早期华文报获得了一个相对自由发展的时期。该时期的华文报在开启华人民智，整合华族意识，沟通华人与中国的关系等方面，发挥了特殊而巨大的作用，也使得华文报成为当地华人所必不可少的精神家园，为华文报今后的发展打下了牢固的基础。

---

① 杨松年:《大英图书馆所藏战前新华报刊》，新加坡同安会馆，1988年5月，第133—134页。

② 秦贤次编:《郁达夫南洋随笔》，台北，1978年，第58页。

③ 颜清湟:《星、马华人与辛亥革命》，（台北）联经出版事业公司，第145—146页。

一、早期华文报的特点

1．各种报刊多元共存，呈现百花齐放的局面

二战之前，华文报就经历了一个繁荣发展时期，二战之后的1945年到1948年间，华文报又迎来了一个新的蓬勃发展时期。在这3年又4个月中，马来西亚华文报共有140种，占全期15年的1/3。在这个时期的首4个月（即1945年9月5日光复后到同年12月31日），共有30种报刊出现，在比例上，这是战后15年华文报出版最多的一段时期。1946年共有51种报刊问世，也是战后15年期间华文报出版最多的一个年度。1947年及1948年，新出报刊的数量显著下降，但也维持在26种(1947年)和33种(1948年)的水平，比起以后各年度的出版数量，还算旺盛。①

对于战后初期华文报的这个出版高潮，当时的文化人，都用“空前”和“雨后春笋”这类字眼去形容。造成这个高潮的因素，当然是多方面的。由战争到和平，由奴役的生活走向解放与自由，这应该是主要因素。

在劫后余生的初期，一般市民大众都需要依赖报章杂志来获取种种消息；文人墨士及社会运动工作者，也有无限的情怀与理想，需要发泄与发挥；过去长袖善舞的商贾，或为重振以往的业绩，或为光复所带来的机缘，毅然在出版事业上大展身手；当然为了谋求生计，而从事小本出版活动的知识分子也大有人在。这些，自然使得战后初期的报刊大量涌现。

另一方面，由光复到1948年7月22日紧急法令开始实施之前这段时期，中国国民党和共产党在新加坡的斗争与冲击，以及英国殖民地政府对言论与出版的开放政策，也是促成这一时期大量华文报出现的两个重要因素。这时期，国共左右两派报刊的并存不悖，作为当时华文报的一个特殊现象，也是上述两个因素所导致的结果。

1949年到I 954年，华文报的出版进入低潮阶段。华文报共出121种。除了1950年有36种报刊出现，形成一个特殊现象外，其他各年新出报刊的数量都在20种或20种以下，出版活动，显得非常低沉。造成这种情况的主要原因是1948年7月实施的紧急法令。

1955年至1959年，新出报刊共153种，平均每年出30种，形成了战后的第二次出版高潮。第二次高潮出现的主要原因也是政治性的。新马两地的民族自决运动于战后初年已经展开，但到1955年才进入成熟阶段。1955年的大选，1957年马来亚脱离英国独立建国，以及1959年新加坡走向自治，

① 王慷鼎《新加坡华文报史论集》，新加坡新社出版社，1987年3月，第129页。

都直接促进了新马华文报的出版活动，造成了一个蓬勃发展的现象。[①]

2. 言论相对自由

这期间的中国与新马正处在大变动的时代。在中国，内战烽烟弥漫全国。在新马，民族主义浪潮汹涌，少数激进的华族左翼分子，高举反殖民的旗帜，要求享有更大的参政权。

这种风云激荡的政局刺激了华文报业的蓬勃发展。这期间的报纸，虽然有以盈利为主的，但主持报业的绝大部分是南来的知识分子，他们的政治思想深受中国传统社会的影响，具有保家卫国的热忱。因此，报纸便成了他们散播爱国思想的工具，报纸也染上了浓厚的中国政治色彩。有些报纸的创办，不计成败，动机是要宣扬某种政治思想，以报纸作为政治斗争的工具。所以有的报纸立场左倾，有的反共，也有的中立。报刊政治立场歧异，或针锋相对，可谓是“百家争鸣”的状况。

有学者以报纸的政治立场分出左翼、右翼与中立或中间偏右的报纸。

所谓左翼报纸，是那些思想激进、主张革命、拥共反蒋的报纸，其中包括马共的报纸。右翼报纸，是指思想保守、积极反共拥蒋的报纸，其中包括若干国民党党报。中立或中间偏右的报纸，其政治立场仍以拥护国民党政府为主。不过，中间偏右的报纸的政治立场也有变化，即当国民政府占上风时，它们坚决拥护国民党，痛斥中国共产党，可是当形势逆转后，它们却又顺风转舵，抨击国民政府贪污腐败，而对中共褒贬兼有。[②]

战后五年间的华文报远超过战前20多年华文报的总和。这期间的华文报界人才济济，风格各异。战前著名报人如胡愈之与傅无闷等人都返回报界服务，同时新人辈出，为华文报的发展作出了贡献。

这时期华文报还发挥了敢怒敢言的精神，其中尤以左翼报纸更为突出。它们对英国殖民地政府的决策方针，民生措施，教育政策，敢于提出严厉的批评，使读者在沉闷的时局里，嗅到一股清新的气息。

当时的英国殖民地政府采取言论较为自由的政策，是报业迅速发展的原因。日本投降后，英国殖民政府卷土重来，推行结社、言论与出版自由的政策，取消了战前的社团注册法令，民间团体不需注册即可成立。一时间社团涌现，良莠不齐。后来由于会党活动猖獗，影响社会治安，1947年底，政府恢复实施社团注册法令。不过，各政党仍享有豁免注册权，马来亚共产党、

① 王慷鼎《新加坡华文报史论集》，新加坡新社出版社，1987年3月，第130页。

② 崔贵强:《新马华人国家认同的转向：1945—1959（修订卷）》，新加坡青年书局，2007年，第114—115页。

国民党与中国民主同盟等政党，仍可公开活动。也许由于马共抗日有功，所以马共属下的言论机关都允许继续出版报刊。不过，言论过激的左翼报纸还是会遭到封闭。那些卷入中国政治旋涡的华文报，不时会受到英国当局的干预。

直到1948年6月，英国殖民政府实施紧急法令，才钳制了舆论的自由。

3．政治性与商业性并存

在英国殖民期间，华文报业具有明显政治性和商业性特征。当时在马新地区的华人移民中，华侨型和华商型华人在华人社会中扮演着十分重要的地位，他们彼此消长地主导着马新两地华人社会的政治活动。如王赓武所分析，在1900年到1950年间，主导马新两地政治活动的主要是南来的华侨型的中国知识分子，在他们的带动下，马新华侨的政治活动异常活跃。①自1911年辛亥革命成功后，中国先后经历了军阀割据、抗日救亡和国共之争，马新华侨可以说是紧跟中国形势的发展，这从当时新马两地的报刊新闻中都可以看到华侨对中国的关切，而当时的报刊则是凝聚华侨爱国意识的重要中介。

在1937年卢沟桥“七七事变”后，马来亚英国殖民政府立即召集华文报记者开会，宣布英国对中日战争保持中立，以钳制华文报的抗日动员和宣传。但是，当时的报纸不惜与英国殖民政府对抗，全面投入了抗战宣传，充满了同仇敌忾的气氛。“全马的报纸，每天都费尽心思去得到中国的情报，遭有重大事件，立刻出版号外，报章一再呼吁当地华人在国难当头必须作出最大的牺牲，不计个人得失，报章劝导华侨努力输捐，资助难民，抵制日货。”②

在东南亚的华人社会构成中，华商作为一种基本的移民类型，在华人社会中占有重要的地位。王赓武先生指出，尽管华侨型移民曾对海外华人生活各方面均有着保护和干涉作用，但在1950年代以后，华侨型华人在新马社会中失去了主导地位，华商移民类型继续成为海外华人社会的主要类型。③在华人重商的社会环境下，商人办报成为华文报的主导形式。从历史上看，华文报的商业性也具有较显著的特点。

因为当时新加坡是东南亚的商业和贸易中心，报章为了生存，不得不迎

① 王赓武：《中国与海外华人》，台湾商务印书股份有限公司，1994年出版，第5—12页。

② 何国忠：《马来西亚华人：身份认同、文化与族群政治》，（吉隆坡）华人社会研究中心，2002年，第29页。

③ 王赓武：《中国与海外华人》，台湾商务印书馆股份有限公司，1994年香港初版，第12—13页。

合商人的需要。因此，所有的报纸每天都必须刊登船期和商品价格，以及和商贸有关的新闻与评论。商人办报主要是缘于商业目的经营报业。《南洋商报》就是当时马新的商业巨子陈嘉庚为了宣传其所产品而办，报纸的定位主要是传递商业讯息，提升华侨的商业知识，带动华人社会的商业发展。

陈嘉庚在《南洋商报》的开幕宣言中就指出：

夫文明国之所谓商者，既能经营天产之原料，兴厂制成器物，后益以行业之交通……分诸商业上种种原理，有莫不洞若观火，而且有世界之眼光……其经济上势力与精神，尤能辅助国家，以培养无数之人才，而使其互相利用获益者，盖商战也，而学战已寓其中焉。

反观我国所谓商者，不特对商业社会各种原理，茫然不知，既对于商业上各种常识，亦付缺如，而徒拥虚名……我国商业之不振，推原其故，地非不大也，物非不博也，人非不敏也，资本非不雄且厚也，所独缺乏者，商人不知商业原理与常识耳。

吾人深知此弊，以为补救之法，莫善於兴学。①

马新当时具有较大影响力的《星洲日报》为当时的“万金油大王”胡文虎所办，其目的也是为了替其商品做广告。

在二战前夕，文人办报和商人办报并存，但随着社会政治环境的变化发展，文人办报逐步衰微，加上不具备良好的经营策略而相继停刊。商人办报由于资金雄厚，加上华商在该地区社会结构所特有的地位和影响，因此能持久经营。由橡胶大王陈嘉庚在1923年创办的《南洋商报》和1929年由万金油大王胡文虎创办的《星洲日报》，以企业化方式经营，都成为马新两地非常有影响的大报。

商人办报能够成功，还与华商在马新两地华人社会中的政治地位有关。由于华人移民具有重商主义的经济特性，他们很善于掌握商业机会，并能很快地通过商业网络融入当地社会，加上他们作为殖民者和土著经济之间的中介角色，他们在马来亚经济上逐步占有了较为重要的地位。成功的华商，往往成为华人社会的领袖，同时是华人与英国殖民政府沟通的中介。他们是马来亚华侨本土政治的参与主体，英国殖民政府往往委任一些有影响力的华商担任州议员或相关职务，如华人甲必丹和华人参事局，都由华商担任，以协助地方事务的管理。尤其是马来西亚独立之后，华人社会结构发生变化，华人社会主导由华侨型转为华商型，华文报结束了文人办报的特殊形态，完全进入了商人办报的时代。而原来就是走商业化路线的《南洋商报》和《星洲

① 叶观仕:《马新新闻史》,（马来西亚）韩江传播学院，1996年出版，第49页。

日报》更能大展拳脚，维持了华文报大报的地位。华文报一直到1990年代之前都是家族企业办报的形式，1990年代之后则呈现集团化垄断形态。

二、早期华文报的社会功能

1. 传递华人社会信息，沟通与母国的联系

美国学者小奥斯卡 · H.甘地指出："移民社区的媒介，常常是移民们和祖国之间重要的纽带。作为一种沟通祖国和异乡客的渠道，这些媒介常常被那些对祖国的政治还抱有积极兴趣的人当作动员某种政治上的支持行为或者反对行为的一种手段。"①

早期华文报是保持华人与中国联系的桥梁。华文报与中国的沟通方式，主要是与文学社和旧式学堂紧密连在一起，通过与清朝政府驻当地的领事馆官员的密切联系，来联系母国，并成为唤起华人对中国政府效忠而团结起来的重要手段。这些报章鼓励华人遵循传统道德，倡导严格依附中国的生活方式。这些现象的发生，源于中国政府对海外华人态度的改变。

在此之前，中国政府都把移居海外当作一项严重的罪行，出洋的人被视为海盗或是自我流放。这些人一旦回国，便将面临死罪。

在与西方国家互动的过程中，中国政府改变了对海外华人的政策，重新认可失落了很长时间的子民。如此一来，一些外交上的安排便属必要。

1881年8月18日，清政府派遣左秉隆出任新加坡首任领事。10年后，清政府扩大编制，将其提升为总领事馆，不仅处理新加坡及另外两个海峡殖民地的华人事务，并且涵盖整个马来亚联合邦。

清政府态度的改变在那个时代极为重要，因为它对海外华人产生了巨大的影响。领事馆成立后，华人对祖国的热爱终于找到了表达的途径，它给分散在南洋各地的华人社群找到了出于同源的依据。当时的领事左秉隆是海外华人和祖国联系的中介，海外华人对他非常尊重。他的思想和价值观代表着中华文化，海外华人努力仿效，以免被"蛮夷"的生活方式所侵蚀。1889年，光绪皇帝大婚并继位时，他代表朝廷在海外举办了一场庆祝会，引起了反响。海峡土生华人给他写了一封谢函：

尽管在新加坡这样的一个小殖民地，却也住着成千上万您中国的子民，辛勤刻苦地为糊口奔忙。而您在此作为圣上杰出的代表，贡献良多；您唤醒了他们与祖国的联系，激发他们表现出极大的忠诚，这可从居住在这遥远国

---

① [美]小奥斯卡 · H.甘地《人种、族裔地位和媒介市场的分层》，[英]詹姆斯 · 库兰、[美]米切尔 · 古尔维奇编《大众媒介与社会》，杨击译，华夏出版社2006年版，第42页。

度的各个宗族对此盛大庆典所表达的深切敬意看出。[①]

1882年，左秉隆试图提高华人对中国古典文学的兴趣，使其重拾固有的传统，创办会贤文学社。左秉隆于每月初拟定作文或诗赋的题目，文学社成员则递交作品由其点评，入选前3名者可获奖金。文学社不但讨论中国对国内和国外的方针政策，还讨论本土及海外华人的事务。

这一时期的报章与新马的文学团体关系密切。当时的一些编辑和记者本身还是文学社的成员。因此，报章不但报道文学社的活动，还挑选其中的优秀文章作为社论刊登。还有获得优胜的文人受邀加入《星报》。

华文报社还与清廷领事馆创办的文学社紧密联系，对中国文化及生活方式进行宣传，使分散于南洋各地的华人宗族有了统一的认同，构建了一个具有强烈中国认同的海外华人的“想象的共同体”。

2．整合族群意识

华文报具有组织和整合华人社会以及华人文化的作用，成为华人社会互相联系的纽带。

迁移到东南亚一带的华人来自中国的各个地方，其中以福建、广东沿海省份为主。在异地他乡生活，面对不同的生存环境，华人社会以不同方式寻求组合，在生存中互相关照，其中主要以宗乡会馆、行业协会等方式进行组合，形成了具有一定力量的集体。华文报的创办，使华人社会在更大的范围联系在一起，形成了具有共同文化和共同利益的族群。他们可以通过这种现代媒体互相沟通，传播信息，在相同的文化基础上面对当地社会的各种各样的问题。在马来西亚民族国家建立之前，华人社会是一个移民社会，多数华人只将自己作为一个暂居他乡的过客，他们常常通过阅读华文报来寄托自己对家乡的怀念。华文报成为他们维系民族认同的重要纽带，使他们情有所寄。

华文报通过华语塑造出族群的“想象的共同体”，使漂泊海外的华人不再感到寂寞和孤独，让他们有了一种族群的归属感。正是这种归属感，华族具有较强的族群力量，使他们能在面对外来压力而身处困境时，团结起来奋起抗争，推动华人社会的发展。《日新报》曾经倡导成立中华商务总会，《南洋总汇报》提出不同方言的海外华人的大团结。在广东会馆宴请潮州会馆的宴会上，《南洋总汇报》主笔徐勤应邀发表演说，其演讲稿作为社论刊登在次日的报纸上。他说自己很高兴地看到各宗族之间的相处比10年前融洽了

① 宋旺相：《新加坡华人百年史》，第250页。转引自陈蒙鹤《早期新加坡华文报章与华人社会：1881—1912》，广东科技出版社，2008年，第107页。

许多，并鼓励举办类似的聚会，海外华人应该把自己看作是中国大家庭的一分子。

华文报还通过宣传民族主义，来唤起华人社会的团结。1906年5月，新加坡第一家鸦片戒毒所设立。这是受到当时中国清政府的禁烟运动影响，对社会进行改良的契机。之后，由福建人所主持的禁烟组织“振武善社”成立，“振武善社”就是要培养男子气概的慈善机构。该会社又称“禁吸鸦片协会”。

英文报刊因为担心政府失去财政税收，猛烈攻击禁烟者乃一群爱管闲事和伪善的狂热分子。而保皇派和革命派的华文报章都给禁烟运动予以全力的支持。在保皇派和革命派眼里，禁烟运动是中国民族运动的一部分。他们抵制鸦片，是因为鸦片使中国负债累累，并影响了国家民族的声誉。因此，《南洋总汇报》和《中兴日报》都着重报道“禁吸鸦片协会”的各项活动。南洋的禁烟运动主要通过华文报章与中国国内的禁烟运动联系起来，并使中国的民族主义思想在华人中广为传播，唤起华人关心祖国的共同意识。

随着社会和政治的变化，华族社群已有能力调节生活方式，并吸纳新的思想和价值观以适应迅速变化的社会。这种变化的推动媒介主要是华文报。在其他大众媒介缺位的情况下，报章的角色变得至为重要。对内，它促进了华族社群在政治、社会和民智方面的发展；对外，则激励了华人团结一致，以捍卫自身的利益。

华文报是伴随着华人移民海外的历史过程而产生的重要媒介，其功能是非常广泛和重要的。它传播信息，是华人社会与外部世界联系和沟通的桥梁；它记载华人社会的历史文化，表达华人的心声；它还起到在华人社会中传播中华文化的作用，是华人与其祖籍国文化联系的纽带。在这个意义上，华人社会的民族文化认同感可以通过华文报更为加强。华文报在现实生活中的重要性更为突出。

3. 反映华人精神世界，构筑华人社会精神家园

马来西亚华人经历了社会发展的巨大变动，在这个变动过程中，他们通过华文报充分地表达了自己的生活诉求，其中的酸甜苦辣、喜怒哀乐，以及在社会中所遭遇的种种问题，都可以在华文报上看到。华文报在很大程度上成为华人社会争取权利的不可缺少的媒介。华人社会通过华文报呐喊诉求，为自己争取更多的生存权利。华文报还成为整合华人族群的重要的凝聚力量，使华人社会成为一个整体，在复杂的社会环境中能够生存下去。

华文报与华人社会密切相连，成为华人的精神家园。反映华人精神和感情生活的马华文学的发轫，主要来自华文报纸文艺副刊的推动。

1919年10月1日，《新国民日报》推出副刊《新国民杂志》，刊登文言、

白话参半的文学作品，成为马华文学的滥觞。其后，《叻报》的《叻报俱乐部》、《新国民日报》的《南洋评论》、《小说世界》、《戏剧世界》，《南洋商报》的《新生活》、《商余杂志》等相继出现，马华文学体裁和内容开始多样化，马华文学也初具形态。①

华文报纸的副刊内容丰富，精彩纷呈。在《星洲日报》的副刊上，从《幸运星期一》到《欢乐星期六》及《星期天周刊》，读者每天都有一份可口的精神早餐。在《星云》栏目里，读者还可以读到娱乐和思想并存的文章。其题目丰富，菜单多元，既有严肃的话题，也有活泼的话题。整个副刊的文章既有思想性，也兼备艺术性，内容丰富，风格各异。在题材上，既有阳春白雪的诗篇，也有小市民的生活；既有为民族命运振臂高呼的感人文章，也有对平凡人生的描述。

华文报还是沟通华人与当地政府的最恰当的渠道。例如《叻报》和《星报》均刊登市议会及政府的告示和招标公告。这些告示大部分与公共事务有关，如缴纳税款和执照费等，以及一些重要措施，如货币问题等。招标公告通常与种植经济作物的农场有关，偶尔也会出现公共工程的项目。②这些信息与华人生活息息相关，华文报也因此而成为他们指导现实生活的文化指南。

此外，华文报还针对华人社会存在的问题，利用新闻和评论，尖锐地批评华人的陋习。华人的习性一般是“各人自扫面前雪，哪管他人瓦上霜”，只关心自己的利益，漠视他人的利益，对社会的一些黑暗面和不合理现象也熟视无睹。1929年10月6日《星洲日报》发表《残忍冷酷的社会》，对华人的冷漠和缺乏同情心进行了批评。华文报对净化社会风气，开发华族民众的心智，发挥了较大的作用。

凡此种种，使得华文报成为华人生活中必不可少的精神产品。在马来西亚，许多读者长年订报甚至数十年如一日，坚持看报，就是被报纸副刊丰富的内容所吸引。副刊上发表的作品，具有鲜明的族群态度，与族群共命运，表达了华人丰富的内心世界，成为华族心灵的寄托。

---

① 林水檺：《马中文教与思想抉论》，艺青出版社，1998年版，第98页。

② 陈蒙鹤：《早期新加坡报章与华人社会：1881—1912》，广东科技出版社，2008年，第104页。

第二章

媒介环境变化与华文报的双重身份矛盾

媒介环境的变化对华文报的影响是不容忽视的。马来西亚建国后社会政治环境的变迁，使得华文报的身份也发生转变。中外学者在研究身份问题的时候，一般都认为身份是处于不断的流变过程中。霍尔曾指出："文化身份既是'存在'又是'变化'的问题。它属于过去也同样属于未来。"[①]当一个社会处于过渡或者转型期时，社会意识往往处于一种断裂的状态，各群体相对统一的身份也将暂时打破，出现某种认同的紊乱和矛盾，甚至会产生一种深度的自我分裂现象。在马来西亚国家政治共同体身份建构时期，华人社会和华文报也面临同样的境况。

我国哲学家赵汀阳曾指出，在以共同体为单位的身份构建中，他者问题是个更深刻和更具难度的问题。他者是自我身份构建的必备条件，是与"自我"联结为一体的心理因素。这样的自身认同既然在实质上是认同他者，那么这种自身认同的成功就反过来依赖他者的允许和承认，如果得不到他者的承认，就必然意味着某种失败。[②]在马来西亚建国时期，华族与马来族携手共同建立独立的民族国家，在其国家认同上，开始效忠马来西亚，表现了与马来人的一致性。然而，在马来西亚建国后，马来人对华人的国家认同和效忠依然深表怀疑，这对华人而言，是一种伴随失落的痛苦，在这种情况下，华族反而会加强自我族群的认同，体现出一种双重矛盾心理。华人对国家的认同在得不到马来人的完全承认的情况下，华文报反而加强了对自我族群身份的认同和建构，在加强族群意识、维护华文教育和保护华人文化方面，发

① 霍尔:《文化身份与族裔散居》，罗钢、刘象愚主编《文化研究读本》，中国社会科学出版社，2000年版，第209页。

② 赵汀阳:《没有世界观的世界》，中国人民大学出版社，2005年4月出版，第72页。

挥了极大的社会动员作用。这也表现出华文报在面临外部压力时，其身份的内在矛盾和双重性。

第一节　媒介环境的变化与华文报的国家认同转向

二战结束以后，马来亚民族主义高涨，在马来族、华族和印度族三大民族的携手努力下，马来亚在1957年摆脱英国殖民统治，获得了独立。在争取独立的过程中，华人也逐渐将马来亚作为自己的永久居住地。马来西亚建国后，华人在国家认同上开始转向效忠马来西亚，华文报的国家认同也开始转变。

一、联盟时期的媒介环境变化

1. 社会经济重组的冲击

马来西亚是一个多元种族、多元文化的社会，马来族、华族、印度族是国家的三大民族。在东南亚国家中，除了新加坡之外，马来西亚华人占国家人口比例最大，他们成为马来西亚国家中的第二大民族。400多年英国殖民统治，使得各民族之间出现很大的差异。土著民族马来人，大多数居住在乡村和山区，从事农耕活动，经济文化发展相对落后。

18世纪后期，由于英国殖民者在马来亚地区大量开采锡矿，种植橡胶，需要大量劳工。大批沿海华人不堪清政府统治下的贫困，来到马来亚谋生。他们多从事采矿、橡胶及其他商业活动，经过近200年的发展，华人在经济方面的成就远远超过马来人。在马来西亚独立前，其经济份额几乎占国家的70%。在马来亚争取民族独立的斗争中，马来人逐渐掌握了国家政权，在政治上获得了强势地位。

1957年，在马来族、华族、印度族三大民族的携手努力下，马来亚联邦摆脱了英国殖民统治，建立了独立的马来西亚国家。

民族国家建立后，马来人掌握了国家政权，如何建立统一的国家意识，构建统一的国家民族，成为摆在马来政府面前的一个首要问题。

在民族整合方面，东南亚的其他国家大多数采取了强制同化政策，这在华人人口比例较少的国家，如印尼、菲律宾等国，强制同化一般可以取得显著的效果。但是在华人人口几乎占50%的马来亚联邦，华人经济又十分强大，马来政府意欲同化谈何容易。

在建国初期，政府在宪法中确立了马来人优先的原则来保障马来人的利益。族群的融合，一般受移民迁徙的时间、经济的力量、人口的数量等因素影响。为了确保马来人在国家中的地位，1965年，马来西亚联邦议会决定将新加坡分离出马来西亚，在人口数量上保证了马来人的绝对优势。

首任首相东姑·拉赫曼在民族政策上采取了自由放任的平衡政策，让马来人掌握政治上的优势，让华人专心从事经济活动，让印度人在劳工界表现实力，以此来维护这个新生的多元种族国家的统一与稳定。

从1957年到1971年新经济政策实施以前，马来西亚为了保护马来人的利益，虽然推行“马来人优先政策”，却没有在行政上采取强制的措施，只是着重为马来人经济提供便利，对华人经济没有进行过多的限制，华人经济的发展没有受到太大的阻碍。

1969年5月13日，以华人利益为诉求的反对党在国会选举中获胜，获得的议席超过了国会的半数，击败了执政的联盟政府，在国会中取得了控制权。马来人不堪忍受华人获胜后的欢庆游行，与华人发生了种族流血冲突事件。

“5·13”种族冲突事件后，国会停止召开，军政统治国家一年有余，马来政府内最大成员党巫统领导层更换，马来激进派崛起，倾向于保护马来人利益。在马来社会，马来学者也指责之前的政府实施的自由经济政策，使得马来人难以与华人竞争，无法享受到国家经济发展的利益。他们还强调，“5·13”事件的根源在于华巫两族经济地位的不平衡，华人凭借独立取得更多的经济拥有权，马来人经济则陷入困境。

改变经济政策已经成为马来社会的一股思潮。马来人政治势力急剧膨胀，在政府中取得了绝对的控制权。新任首相敦·拉萨提出“巫统治国”的原则，在这种政治局势下，华人愿望已经被视为不重要，华人必须从属于以马来人为主的国家利益。

1970年，政府宣布实施为期20年的新经济政策，旨在：（1）不分种族，消除贫困。（2）重组社会，消除以经济地位来识别种族地位的现象，达致全民团结。新经济政策的目标是，到1990年，国家经济财富的分配为土著占30%，非土著40%，外资30%。新经济政策对华文报也直接产生影响。1974年1月24日，马来西亚国会通过了《1974年印刷（修正）法案》，规定外资在本国报纸拥有的股权不能超过1/3，其他股权归本地人所有。如此一来，报业股权流向马来西亚国民，到了80年代，华文报业基本上已经完全马来西亚化。1975年，马来西亚最有影响力的《南洋商报》也被迫马来西亚化。在二战后复刊时，该报为闽籍企业界李光前、李玉荣兄弟所有，按照政府的“马化”政策，该报1/3的股权卖给马来西亚国营企业机构，1/3仍由李氏家族所有，1/3分散于社会其他人士手中。在政府经济杠杆的调控下，该报已经转化为马来西亚人（包括入籍华人）经营的华文日报。

1974年以后，马来人通过议会立法，掌握全国报纸的大部分所有权。之后“巫统”控制了大部分报纸，到1980年代它已控制了《新海峡时报》、《马来邮报》等一系列有影响的报纸，大大地压缩了非马来人的报纸生存空间，不但限制非马来人的言论权，也对非马来文的发表空间进行了压缩。

2. 严厉的意识形态控制

1957年马来西亚独立后，马来西亚面临的最大问题就是三大族群的整合问题。东姑·拉赫曼的自由放任的平衡政策没有改变殖民地时期“分而治之”所形成的各种族职业结构，马来西亚三大民族仍然各自在传统领域内生存和发展，各民族处于平衡对立的关系，彼此之间呈现隔绝失衡状态，价值上缺乏共识。这些政策在民族国家建构上没有发挥作用，反而出现了一些弊端。“5·13”事件凸显了民族国家建构不仅要在社会结构上维持族群的均衡，而且要创造一个共同的国家意识形态，形成一个统一的民族认同。

1970年8月31日，新任首相敦·拉萨公布了“国家原则”，其内容为：“马来西亚致力于促进全体种族间的更大团结，维护民主生活方式；创立一个公平社会，在此社会内，国家财富公正地分享；确保国内丰富和不同的文化传统获得宽大的对待；建立一个趋向于现代科学和工艺的进步社会；兹遵照以下原则的指示，来达致以上的目标：信奉上苍；忠于君国；维护宪法；遵守法治；培养德行。”①

“国家原则”强调维护宪法，对华人和印度人而言，实际上就是表明宪法中有关君主立宪制及马来人特殊地位绝对不可侵犯，再次肯定了“马来西亚就是马来人的国家”。此外，重新修订1948年的《煽动法令》，规定马来西亚任何政党和个人不得提及容易激起种族感情的任何敏感问题。这些敏感问题包括马来语的国语地位，马来人特权以及马来统治者的主权等。凡是公开讨论这些问题均为犯法。初犯的最高惩罚是三年监禁或5000美元的罚款。马来西亚在进行民族整合的过程中，其目的是最大程度地削弱或泯灭华人的民族文化特性，使其完全融入当地民族，成为其中一分子。在社会利益重新分配上，除了实行新经济政策扶助马来人，以平衡华巫经济差异之外，在教育文化上，采取了一系列的措施，以加速民族融合。

在教育方面建立以马来语为中心的国家教育体系，力求同化和消灭其他民族母语教育。在中小学教育上，加大马来语的主导地位。20世纪70年代，

① 杨建成：《马来西亚华人的困境——西马来西亚华巫政治关系之探讨1957—1978》，（台北）文史哲出版社，1983年，第243页。

政府逐渐把一些英语学校改为马来语学校，强化马来语的重要性；还新办大量的马来文中小学，对这些学校给予全面的资助，华文和淡米尔文学校则无法享受此种待遇。

在大学教育上实行配额制，一些特定大学及科系大量录取马来学生，如国民大学、国家工艺大学几乎所有名额都给了马来学生。此外，政府还以优厚的奖学金资助马来学生出国留学。

华文报与文化教育制度紧密相连，政府强硬地实施一系列的“马来化”文化教育制度，使华文报的生存环境遭到很大的打击。尤其是在华文独立中学被大量改制或取消时，华人学习华语人数骤减，这对华文报的生存产生了直接的影响。

华文报纸作为传播中华文化的载体，是联结华侨华人与祖籍国之间的纽带，被认为是华人融入当地的障碍，它被当局视为同化华人，阻断华人与祖籍国文化认同的最大绊脚石。因此，对华文报纸实施严格的管制，成为政府进行国家意识整合的手段之一。

马来西亚一系列严厉的媒介管制法令，是套在华文报头上的紧箍咒，构成了华文报严峻的生态环境。尽管政府表示并未控制媒体，媒体仍然拥有报道与言论自由，在某些事情上，媒体允许拥有各自的立场，如前任首相阿都拉肯定了传媒的贡献，认为媒体在传达资讯方面扮演着重要角色，然而，他也表示马来西亚媒体无法享有绝对自由。

3．族群关系的挑战

马来西亚是一个多元种族的国家，其人口主要由马来族、华族、印度族和其他外来欧亚族裔组成。独立后政府把马来人和当地土著民族统一划为土著，把华族、印度族和外来的欧亚族裔划为非土著。根据马来西亚统计局在2003年第二季度人口统计显示，马来西亚总人口为2500万，其中最大族群马来族有1711余万，占总人口的68.4%；华族则有599余万人，占总人口的24%；印度人为170余万，占总人口的6.8%；其他种族则有20万。①英国殖民统治时期，由于殖民当局采取“分而治之”的方式，不仅在地理上分隔各族群，在社会分工和管理上也对三大族群分别对待，使得马来西亚形成了“区隔和分裂”的多元族群社会，直到今天，马国政府仍然没有一个行之有效的方法来解决各族在各领域中所受的不平等待遇。

族群关系一般受到三种因素影响：经济发展的差异、不同的政治要求和由族群原生意识导致的社会文化差异。

① *Monthly statistical Bulletin Malaysia*. Malaysia：Department of Statistic Malaysia(2003)，p.7.

在自由竞争的经济环境中，华人在亚洲各族群的经济发展最好，其经济势力遍布海峡殖民地和马来联邦各主要城市。面对华人经济上的强势发展，马来人产生了一种弱势群体的意识。

华人经济的发展和人口增加，使得华人开始关注自身的政治权益。一部分华人社会成员非常热心介入中国的政治演变，以致发展出一种挑战殖民统治和土著特权的政治意识。同时，族群矛盾又受马来亚共产党武装抗英的刺激，更加剧了原有的族群紧张关系。

在日据时期，华人与马来人的政治分歧成了矛盾焦点，他们彼此站在对立的阵营互相抗衡。以华人为主的马共抗日武装，和随后的抗英斗争，令马来人担心华人想夺取政权。虽然族群结盟让马来亚从英国人手中获得独立，各族分享政权，但在马来西亚成立初期，华裔反对党依然对马来人的政治支配权深感不满，又因为马来人的反弹，造成族群两极化，最终导致1969年的“5·13”种族暴乱。

社会文化的差异是由各族自身的文化产生的，三大主要族群有不同的宗教、语言和文化，华人与马来人不同的经济表现和政治目标使这种差异更加明显。族群分隔的状况，使得马来西亚各族之间各自使用自己的语言交流，马来学者沙列马吉指出这种情况在马来西亚的校园中格外明显，常见的现象是“马来研究者跟马来研究者结群、华人研究者跟华人研究者结群、印度研究者跟印度研究者结群，大家以各族的语言开怀畅谈”。[①]各族之间的互动被语言、文化等因素所隔绝。

此外，执政党根据国内不同语言、宗教和文化将族群一分为二，分成土著和非土著两大类。境内十多个原住民少数民族被纳入土著行列，而华人和印度人则成为非土著人，这一界线改变了三大族群在政治领域、经济领域、社会领域和文化领域中的地位，华人和印度人成为这种区分的牺牲者，马来人对华人的本土效忠始终心存疑虑，当国家政府要进行“民族建构”时，自然要比其他同质性人口的国家更加复杂与艰难。

马来西亚独立后，宪法规定了马来人优先的特权，规定伊斯兰教为国教。在1957年修改通过的《煽动法令》里就明确规定，任何人不能评论皇室，不能质疑马来人的特权，不能挑起种族情绪，不能打击股市信心。马来人的地位不容挑战。

马来西亚建国以后，宪法对马来人特权的规定，使得种族主义制度化。

---

① 高佩瑶：《多元文化环境下的社会行销策略运用：以马来西亚槟城消费人协会为例》，台湾私立世新大学传播研究所硕士论文，2003年，第72页。

由于在政治、经济和文化教育方面，马来政府对非马来人进行歧视性对待，使得整个社会弥漫着种族区分的气氛。在这种情况下，尽管马来西亚政府想方设法地构建国家意识，促进国民融合，但其效果却适得其反。

马华学者吴德清就指出：年轻一代的马来西亚人，从许多方面——书本、杂志、报章和朋友——学到种族偏见，而家长在他们的儿女面前或在他们的儿女听得见的范围，以种族的观点来阐述日常生活的事情，或者发表丑化其他种族的谈话，也都是司空见惯的。①

马来西亚的种族歧视，直到21世纪，也没有根本的改变。2006年，马来西亚首相阿都拉发表了题为“建立民族团结”的讲话，其中谈到两点，其一是政府决不允许争论社会契约，因为它将破坏种族间的平衡。阿都拉所说的社会契约，实际上就是指宪法规定的马来人特权和伊斯兰教的地位不能受到挑战。这就意味着华人和华文报纸不能挑战马来人的特权。

其二是媒体不能有绝对的自由去谈论宗教、种族、文化和语文等课题，政府为了国民团结、国家安全和社会安宁，决不会妥协，因此，政府会毫不迟疑地对付滥用新闻自由者。②由此可见，在种族主义依然盛行的马来西亚，华文报如游走钢索，在困境中寻求生存和发展。

在马来西亚，种族问题始终贯穿整个社会的政治、经济和文化教育领域。阿都拉明确指出，其他族群必须承认马来人获得津贴和特殊照顾的事实，以协助他们进步，这是政府治理这个国家多年的心得。③

在面对种族问题时，华文报格外留神，一不小心就会触礁碰雷。1963年新加坡并入马来西亚，《南洋商报》办报者为马来西亚人，其言论开始转向当地话题。1965年新加坡脱离马来西亚后，《南洋商报》的言论更加转向当时的内政，并力图争取华文教育的发展，这就触及了马来语国语的地位问题。1971年，报社负责人李茂成、仝道章、李星可及郭隆生被指控违反安全法，被政府下令扣押，史称“五月风暴”。

1987年，《星洲日报》在报道政府委派不谙华文者担任华小高级职务事件时，因为涉及“马华人反对马政府处理华人教育”等敏感问题，于1987年10月28日被政府采取“茅草行动”，吊销出版准证半年。在华小高职事件中，华人记者在采访马来人巫青团举行的集会时，还遭到掷泥块和驱赶的粗

---

① 吴德清：《马来西亚的种族政治》，（吉隆坡）远东出版，1989年，第29页。

② 萧依钊：《多元种族、多元文化和多元宗教社会中，华文报游走钢丝》，见2006年在广州举办的“世界华文传媒高峰论坛”的报告。

③ 彭伟步：《〈星洲日报〉研究》，复旦大学出版社，2008年5月出版，第274页。

暴行为。

当时的玻璃市的州务大臣阿都哈密就警告报社，挑战马来人最高权力，必须面对严重后果。他说马来人在捍卫最高权力时会抱着不妥协的立场，“他们以为马来人是四分五裂的，所以想要挑战马来人的最高权力，他们是错误的，因此他们要面对后果”。

“我们从来没有争论过他们在国内生存及赚取三餐的权力，不过在这儿必须要知道谁是老闾，谁的权力应该要尊重。”①

2005年11月在巫统全国代表大会上，原巫青团长希山慕丁高举马来剑，警告非马来人勿挑战回教与马来人的权利，之后连续三年，他都在集会上举剑威吓华人与印度人。2008年槟州升旗山区部主席阿末依斯迈发表“华人寄居论”，严重伤害了华人的感情。《星洲日报》记者陈云清如实报道了这些种族主义言论，遭警察拘押了18个小时。

在如此强大的种族压力下，华文报不仅在建国时要及时适应社会环境的变化，转换自己的身份，而且还需要在今后的生存发展中不断进行自我调整。

二、华文报的国家认同转向与功能变化

关于身份问题的研究，有学者认为最普遍意义的身份现象是作为一种社会自动意义上的身份，它意味着社会等级、权利、权力和责任，同时也表现为对自身所有利益（物质和心理的）以及各种权利的主观预期。而这种主观预期总是表达为一个价值优越的文化资格论证②。由此而见，在国家范围内，公民身份就是作为一个共同体的成员所具有的一种对自身利益和各种权利的文化资格。马来西亚华人经过几代移民，在马来西亚居住和发展，这里已经成为他们的故乡。民族的独立和国家的建立，也凝聚了他们的血汗和贡献，因此，他们愿意也应该有资格在这块土地上生存发展。建国后许多马来西亚华人都争取加入马国国籍，获得其公民权。华文报也随之而改变其政治认同，表达出对马来西亚国家的认同。

1. 华人国家认同的转向与华文报的身份转向

（1）华人国家认同的转向

早期华人移居到东南亚一带，是以侨居谋生的意识落脚于东南亚。他们仍然以中国作为自己的祖国，许多人把侨居海外作为暂时的居住，因此他们

① 《挑战马来人最高权力 某些集团须面对后果》，《星洲日报》1987年10月22日。

② 赵汀阳：《没有世界观的世界》，中国人民大学出版社，2005年4月出版，第55—64页。

的精神世界基本上还是一个中国世界，并且高度认同中国文化。

然而，在1957年马来西亚独立以后，华人的认同意识开始有了转变。华人生活的社会背景发生了变化。英国殖民统治者退出了马来亚，主要由马来人以及部分华人参与的政府成为统治马来西亚的主导力量。华人社会逐渐地感觉到自己不再是侨居他国的游民，而是本土的居民。他们的生活与马来西亚的国家政策息息相关，也与马来西亚所存在的各种社会关系有着千丝万缕的联系。新中国成立后，中国大陆实行社会主义制度，而这种制度在东南亚地区受到政府的高度防范，所以，华人社会也处在一种对自己身份进行定位的探索之中。

在这个过程中，华人社会的本土化意识逐渐地培养起来，并且越来越强烈。因为，他们的各种生存条件与马来西亚政府的政策密切联系，他们需要在自己所生存的社会中争取到应有的权力。这个时期的华人政治认同发生了明显的改变。根据学者韩方明的分析，华人认同的改变可以从以下四个方面观察：

其一，华人获得公民权的人数逐步增加。

这可以从马来西亚建国之后华人取得公民权的数字可以看得出来：在1950年，华人成为自动转为或申请归化为当地的公民，只占华人总人数的1/4，而到了1958年，华人主动申请成为当地公民的人数激增。在申请公民权的100多万人中，华人就占了80万人，加上之前就已经取得公民权的华人总数将超过200 万人，占当时华人总人口的86%以上。韩方明认为华人取得公民权人数增加的主要原因有二：一是华人社会中的有识之士积极组织活动，并向政府争取公民权条例逐步放宽；二是华人社团与马华工会积极推动华人申请公民权运动，以致申请人数越来越多。

其二，以马来亚政治为中心的华人政党成立。

马来西亚这个时期的华基政党除了马华公会外，还成立了马来亚劳工党、马来亚党、人民进步党等。这一时期成立的华人政党与之前的华人政党本质上的区别是：以前的华人政党是中国政党在马来亚的延伸，其活动是以中国为中心的；这个时期成立的华人政党是以马来亚政治为中心的，从这项变化可以看出马来亚华人从对家乡政治的关心转成对居住地方的关心。这个转变表明了马来亚华人的认同已经明显地由中国认同变成了马来西亚认同。

其三，参与选举的华人人数逐渐增加。

马来亚建国前华人登记参与选举的选民只占华人人口的3%，到了建国期间已经上升到占有选民资格华人的25%，且有逐渐上升的趋势，这个变化反映了华人更多地参与当地政治事务，说明了华人开始将自己作为马来西亚国家的一员，重视自己在居住国的权益，并表明了他们已经将居住国作为自己永久的归宿的态度。

其四，马来亚联合邦华文学校教师总会的态度转变。

以华人为主的华文学校教师总会在1951年成立之时就表明了他们对马来亚的认同，同时要求教师教育下一代：马来亚是他们的故乡，要效忠马来亚。马来亚各民族的人民都是他们的同胞，在遭受外侮的情况下，华人必须挺身而出，紧紧站在马来亚一边，为捍卫马来亚而战。①

从华人上述的变化，可以看到，华人政治身份已经转变，从过去的中国认同，已经改变为效忠居住国，其心态也从“落叶归根”转变成“落地生根”。

（2）华文报的立场和观点的转变

随着社会大环境的改变以及华人国家认同的变化，华文报也逐步开始向本土化转向。在其报道的内容以及一些用词上，都出现了明显的变化，尤其是立场和言论的改变。

新加坡学者王慷鼎对战后华文报作了一项统计，将华文报的用词习惯分成“国”、“侨”及“华”字头。“国”字头的词汇一般是在战前和战后多年指中国或与中国有关的问题或事物时，所习惯使用的“祖国”、“我国”、“国庆”、“国父”、“国人”、“国府”、“国事”、“国运”、“国脉”、“国货”、“国币”、“国军”等字眼；“侨”字头词汇则指华文报章在谈论自身或在新马与自身有关的事物时，所常用的“华侨”、“我侨”、“同侨”、“侨胞”、“侨领”、“侨务”、“侨社”、“侨团”、“侨教”、“侨校”、“侨汇”等字眼；而“华”字头词汇如“华人”、“华人教育”、“华文学校”等则是比较中性的，没有那股浓郁的侨民意识气味，摆脱了“侨”或“华侨”的包袱与心理。

以《星洲日报》在1946年至1959年间的社论标题出现的上述三个字头的统计为例：1946年“国”字头出现了25次，“侨”字头出现了15次，“华”字头出现了1次；到1953年，“国”字头为零，“侨”字头为1，而“华”字头为20。1954年以后，“国”和“侨”字头皆为零。②

《南洋商报》在同期上述用词的出现次数方面，1946年，“国”字头出现11次，“侨”字头出现20次，“华”字头出现0次；在1953年，“国”字头为0次，“侨”字头为1次，“华”字头为11次；自1956年以后，“国”及“侨”

---

① 韩方明《华人与马来西亚现代化进程》，（北京）商务印书馆出版，2002年，第138—141页。

② 王慷鼎：《新加坡华文日报社论研究》，新加坡国立大学中文系汉学研究中心，1995年8月版，第271页。

字头就不再出现了。[①]

从这些国字头词汇，侨字头词汇及华字头词汇使用的消长情况，我们可以了解到华文报侨民意识与当地国民意识此落彼长，交相嬗变的轨迹。

在华文日报的社论内容方面，也相应地起了变化，有关中国问题的社论数量大幅度减少，由主导地位沦为次要地位；相反的，有关新马问题的社论数量大幅度增加，由次要地位变为主导地位。最为明显的是两报特有的"三大社论"的变化。

所谓华文报章特有的三大社论，是指二战前和二战后多年，新马华文报每逢中华民国国庆日、孙中山诞辰日及忌辰，循例发表的专题社论，一般称为"国庆社论"、"国父诞辰社论"及"国父忌辰社论"，合称为"三大社论"。这"三大社论"不但是华文报章固有的特色，而且也蕴含了浓厚的侨民意识。了解这三类社论在二战后15年见报或消长情况，有助于了解华文报章侨民意识与当地国民意识此消彼长的过程。

从王慷鼎的相关统计中，我们可以看到《南洋商报》三大社论中的国庆社论及国父诞辰社论，在战后15年的前8年(即1945年到1952年)几乎每年见报。这期间1945年和1950年没有国庆社论，大概是1945年抗战刚结束，筹谋未周而没有国庆社论；1950年则可能是受了1949年国民党政府偏安于台湾的影响，没有国庆社论，也没有国父诞辰社论。除了这两年之外，战后的前8年，《南洋商报》对于国庆社论及国父诞辰社论，是非常重视的。但是这种态度到了1953年，就完全改变，"三大社论"完全消失，不再见报。1957年虽然发表了国庆社论《纪念双十节》，却从过去专为中国的政治问题或前景立言立场，转向了发挥与宏扬人类酷爱自由平等这种精神的角度下笔，给双十节作了新的诠释。这与传统的国庆社论相比，在性质上与意识上，已经有了很大差别。[②]

《星洲日报》的三大社论，在战后15年的下半期也发生了明显变化，即1951年至1959年，国庆社论及国父忌辰社论，从1951年开始消失。其国父诞辰社论，虽基本上维持每年见报的惯例，到了1957年以后，也告消失。可见《星洲日报》三大社论在战后15年的见报情况，整个趋势是由盛而衰，直至全部消失，这反映了《星洲日报》的中国意识已经有了转变。[③]

---

① 王慷鼎:《新加坡华文日报社论研究》，新加坡国立大学中文系汉学研究中心，1995年8月版，第266页。

② 王慷鼎：前揭书，第263—264页。

③ 王慷鼎：前揭书，第269—270页。

从华文报用词和内容的变化，我们可以看到，战后华文报章的政治身份转变：侨民意识开始弱化，当地的国民意识开始萌芽。

2. 作为少数族群媒介的功能变化

马华报刊身份转变后，作为少数族群媒介，由于其在社会中处于边缘地位，其社会功能与主流媒体具有明显不同。从族群的生存利益出发，少数族群媒介一般在发挥联系族群方面和文化教育传承方面，具有突出的作用。一方面，它作为族群的文化载体，真切记录本族群的现实生活，另一方面它在本民族的文化传承和塑造族群文化身份方面，担有历史的重任；而在意义的表达上，尤以反映族群权益诉求为己任，此外，它对政治的强烈兴趣和关注，也以改善自我生存的环境为依归。因此，在马来西亚这个特殊环境下，华文媒介与华人社会之间形成了一种紧密的关系，报纸以华人社会为生存土壤，它也成为联系华人社会的一个纽带。

（1）表达族群诉求，维护族群权益

在马来西亚建国之后，马华媒介身份转变成为国家的少数族群媒介，华文报成为华族维护权益的重要手段和依靠。马来西亚在东南亚地区所显示出来的一个重要的社会特点就是多元种族的社会。美国学者小奥斯卡 · H. 甘地认为少数族群媒介"可以被看作是用来实现安抚功能的。这种功能对这样一些社区可能更为有效，在这些社区中，各种移民团体或者互相之间，或者与处于种族等级底部的已经定居的少数民族争夺有限的资源"。[①]它"被用来发展一种当地的共识，也可以作为本地社区对更宽泛的东道国社区有所要求的一种表达手段"。[②]

由于历史的原因，在马来西亚的土地上主要生活着马来人、华人和印度人，还有一些其他民族的居民。这些民族或者种族由于其传统文化和生活方式的不同，形成了很大的民族差异性，尽管在长期共同生活的过程中，他们已经尽可能地互相协调，但是，种族的差异性和生存的利益关系也使得马来西亚国家的社会关系处在一种相当复杂的环境之中。

在1957年独立前，英国殖民统治者以自己的方式统治和协调当时马来西亚各个种族之间的关系，尽管英国殖民统治者对不同种族的政策有所倾斜，但是基本上各种族群之间的关系还可以处在一种相对平衡的状态。马来西亚独立以后，马来西亚人自己管理国家，以马来人为主体的政府十分明显

① [美]小奥斯卡 · H. 甘地《人种、族裔地位和媒介市场的分层》，[英]詹姆斯 · 库兰、[美]米切尔 · 古尔维奇编《大众媒介与社会》，杨击译，华夏出版社2006年版。第42页。

② 同上注。

地制定和推行有利于马来人的政策，并抑制其他民族的发展，这就使得本来就十分敏感的种族矛盾更加突出。

在20世纪80—90年代的20年中，华人社会遭遇了大大小小的生存问题，都与种族主义分不开。所以，在华人社会以及华文报上所表现出来的最大的诉求就是种族的平等和公正问题，其根本就是种族的利益分配问题。在政治、经济、文化教育等问题上的矛盾纠葛以及各种争论，其根本都是难以去除的种族主义问题，追求种族平等也成为华文报挥之不去的重要话题，华文报也成为华族伸张权益的重要平台。

华文报强烈表达华人的生存诉求。1957年独立以前，马来西亚处于英国殖民统治之下，华人社会主要是谋求经济上的发展，以获得最基本的生活条件。马来西亚独立以后，华人的身份也发生了变化，为了能够适应社会变化，华人社会就要不断地调整自己的生存立场，在这方面，华文报起到了很大的作用。华人社会关于这方面的讨论不断地见诸报端，并在理论上进行深入的分析，这对华人身份的调整起到了重要的引导作用。在具体生活中，华人社会遭遇的种种问题，他们通过华文报发出自己的声音，以引起政府和社会的关注和重视。尤其是华人社会的利益诉求，常常在华文报上形成强大的舆论力量，从而使华人社会的生存条件得到改变。

马来西亚华文报是华人社会公共的表达空间，最直接地表达了华人的心声，也最能够确切地反映华人的历史足迹。他们在各个时期的生存诉求，哪怕是最细微的情感表达，都可以在华文报上看到。在三宝山事件、柔佛古庙门被拆事件、华小高职事件和工委诉求等诸多涉及华人各种权益的维权活动中，华文报都为华人社会打造舆论，发挥了积极的作用。

在大马华文报中，言论版的开设给华人社会提供了一个公开的论坛，它能帮助华人社会认清形势，确立自己的社会价值目标，推动民主的社会建设。每当有涉及华人社会的重大事件出现，如华小高职事件、两线制等，言论版都会刊登各方意见进行讨论。这一方面表达了华人的心声与诉求，另一方面也有助于培养华人社会的民主精神，启迪民智，对华人文化有积极的贡献。

（2）延续和传播民族文化，维护民族之根

早期华人在异国他乡谋生，仍然怀念和关注祖国和家乡的情况，那是他们情感寄托的所在地；他们把中华文化带到居住地，并将其作为基本的生活方式承传下来。

在生活中，华人需要进行社会生活的交流，了解社会文化状况，华文报应运而生，成为重要的文化信息的传播媒介。在远离中国的地方，华文报在延续和传播民族文化方面所具有的功能，在华人社会是不可低估的。它成为联系中华文化与华人社会的重要纽带。

报纸是社会的公器，也是文化传播的重要工具，具有社会功能和历史责任。马来西亚华文报历经200年的沧桑和磨难，即使在最艰难的环境下，都承担起传播中华文化的责任。当代马来西亚华文报有20多家，每日行销约百万份，读者逾200多万人，在推动和传播华人文化方面做了很多的努力。尤其是近年来，多数华文报社比以往更积极地进行文化教育工作，出钱出力，协助举办各种文化活动，如为华小、独中义演筹基金，举办文学奖，协助华文创作赛、书法赛等等。华文报的文艺副刊，培育了马华文学的发展，造就了大批马华写作人才，还逐渐形成了大马华文文学的特色。特别是《南洋商报》的"商余"、《星洲日报》的"星云"、"艺海"文艺版，以生动活泼的版面，为华人学习华文提供了一个良好的环境。《星洲日报》在提升读者的写作、阅读和欣赏水平方面，具有很强烈的责任心。它不惜血本，主办了一系列的文艺活动，如举办"花踪"文学奖，开办"花踪"文艺营，邀请许多国内外的作家前来演讲，以提高人们对文艺的兴趣和素养。华文报的文化传播和教育功能，推动了马来西亚华人不断延伸中华文化之旅，使之扎根在远离文化母体的土地上。

华人社会为了延续民族文化之根，历来对华文教育倍加呵护。传播华人文化除了开办华文小学和中学之外，华文报也成为传承中华文化的一个重要途径。华文报的主办者也深谙报纸和教育之间是一种唇亡齿寒的关系，如果没有华文读者的支持，报纸自然是难以为继。星洲媒体集团董事主席张晓卿就指出："没有读者的支持，《星洲日报》就不会有今天。""当我们怀着共同的理想，当我们同步迈向目标和共同为文化教育而奋斗的时候，我们可以深深地感觉到，报纸和教育之间所存在的一种互助和共存的相依关系。"①

为了提高华人新一代的华文阅读水平，《星洲日报》在1994年9月开始推行"《星洲日报》学生阅报计划"。该计划为参与阅报活动的小学生制订了阅读计划，增强他们的阅读能力，鼓励他们参加各种比赛活动，如作文比赛、专辑制作比赛、现场知识问答赛、知识竞赛等，使他们能学以致用，提高华文的读写能力。此计划开展之后，1998年加入阅报计划行列的华文小学约有600所，约占华小总数的67%，受惠学生数以万计。1999年，这项计划已推广至西马各州及吉隆坡联邦直辖区。迄今，该项计划实施了十余年，基本上所有的华小都开展了阅报计划，这对于培养学生的学习风气作出了重大

① 张晓卿:《报纸教育互助共存》,《星洲日报》1993年5月8日。

贡献。[①]

华文报既办报，又办教育，资助学校的情况在马来西亚是普遍的。2003年9月25日《星洲日报》报道，马来西亚中华工商联合会名誉会长林源德表示，由于老一代马新华人移民对儒家思想的恪守和坚持，华人儒商不惜花费巨资创办报纸和学校，使得今日的马来华人社会能享有完整的中文教育体系和中华文化环境，这也是中华文化何以能在海外传承、发扬和生根的主要原因。华人企业家如陈嘉庚、胡文虎、李光前、李延年等，都办过报纸，他们边办报边办学，都以弘扬中华文化为己任，有时候还派遣记者、编辑到华文学校言传身教，教育学生要认真学好华文，为中华文化的传播作出了很大的贡献。

（3）华文报成为国家文化交流融合的重要工具

纵观大马华文报，我们还可以发现华文报除了对华裔族群文化的传播和发展作出贡献外，在塑造国家文化，促进多元种族社会文化的交流方面也起着积极的作用。在大马建国过程中，华文报纸灌输国家意识，促进文化交流，催生国家文化，引导华人社会顺应时代的变迁，并寻求自身的革新和发展，帮助华人社会逐步完成了从华侨到马来西亚公民身份的转变。

华文报多年来经常翻译登载马来文报刊的言论或友族新闻，让华人读者及时了解友族对国家问题的看法。一些华文报还在新闻版推出马来学者的专栏，如苏比专栏、沙末伊斯迈专栏，及其他马来作家的专栏，让华人社会了解他们的思想观念。此外，华文报的文艺副刊也常常译载马来作家的作品，把马来社会的文学艺术介绍给华人。在多元种族社会中，华文报对促进种族文化的互相了解作出了很大的贡献。

在马来西亚多元社会中，华人社会面临了来自不同文化力量的冲击，也经历了一次又一次的社会事件。每当处于危难关头，华文报总是能够充分地表达华人社会的诉求；不管在殖民地时代，还是在大马独立后，在沟通政令、上情下达或是下情上达方面，华文报一直扮演着重要的角色，发挥着桥梁的作用。在日常生活中，华文报也总是最有效地把本族文化进行传达，成为传播民族文化的最重要的媒介。此外，华文报还积极介绍马来人的言论，增加华人对马来人的了解。“华文报刊，多年来，每天多有译载马来文报刊的言论，使华文报读者知晓友族对国家问题及相关事件的看法，有助消除隔

① 彭伟步：《〈星洲日报〉研究》，复旦大学出版社，2008年5月，第181页。

阂，促进团结，对缔造国家文化工作的贡献，是值得称颂的。”[①]

一些华文报积极与友族沟通的做法也得到了马来人的赞同。1989年11月26日《星洲日报》报道：马六甲州元首称赞该报“因办报立场中立”而能够获得广泛支持。该州元首哈布丁认为：报章在促进社会与国家进步繁荣方面，扮演重要的角色。在一个多元种族、文化与风俗习俗的社会，报章所扮演的角色更为重要，报章是沟通政府与人民之间的桥梁，通过报章，人民可以了解到政府的施政方针与发展计划。所以该元首劝请各报章努力确保国民团结的目标。认为有一些报章因为忘记了本身所应扮演的角色，而不能发挥其影响力。

（4）培养国族意识

华文报作为华人社会的重要舆论工具，自然承担起对华人社会的观念引导责任。华文报在维护华人权益，凝聚华人力量的同时，充分利用传媒的宣传和动员功能，培养华人的国家认同，使华人更清晰地认识自己的身份，以更协调的方式在马来西亚生存和发展。

从20世纪50年代开始走向独立的时候起，华文报就倡导华人认同马来亚，效忠马来亚，对国家每一个时期提出国家意识观念都表示了积极的关注。1991年11月，时任首相的马哈蒂尔在巫统代表大会上提出了“新马来西亚人”的概念，这个概念的提出，从政治、种族以及宗教文化等方面给马来人提出了新的身份坐标，实际上是给马来西亚各民族作了一个新的身份定位。也就是在国家、种族以及民族文化方面认同马来西亚国家的整体利益和整体文化，是一种新的国民定位，目的就是想整合马来西亚各民族，形成一个统一的国家民族概念。华文报对此极为关注，发表许多相关文章引导华人参与对国家意识这一问题的思考。

1994年1月1日，《星洲日报》对关于新马来西亚人的问题发表了罗正文的评论，《可望可及的新理想主义——“新马来西亚人”理念的提出及其探讨》，从正面的态度肯定新马来西亚人这个理念的提出，支持马来西亚国族建构的基本价值。文章认为，新马来西亚人的理念可以强化民主，20世纪90年代以后马来西亚不需要剧烈地改变，而是渐进式的改变，有秩序地改变。

新马来西亚人的提出，应该是一个可望又可及的新理想主义。把这个理念付诸实现，是马来西亚多元种族政治走出极端的重要一步。《星洲日报》对这一观念的支持和拥护，明确地表明了《星洲日报》对华人社会与政府的

---

① 林景汉：《华文报塑造国家文化》，载戴小华主编《当代马华文存》第5卷，马来西亚华人文化协会，2001年出版，第52页。

合作态度是较为积极的，他们力图从“新马来西亚人”的定位中寻找到华人在现代马来社会中的位置。

“新马来西亚人”的提出对少数族群而言是敏感的，也容易引起分歧，部分华人也认为是以大多数马来人的价值作为核心价值的。所以《星洲日报》的这种言论对于华族而言应该是比较敏感的，它在华人社会也很容易被理解为一种妥协主义。但是从更宏观的层面上看，这是一种更大的国家和文化的视野，它能够从国家整体利益的角度来考虑问题，并且从更大的利益范围提出理想并进行建构，这对马来西亚国家进入全球化时代的建设是有益的。

《南洋商报》也发表言论进行理性的分析。在《从“宏愿”看“新马来人”》一文中，认为首相马哈蒂尔提出了2020年宏愿，为马来西亚跨越世纪的发展定下了基调。华人应该从国家宏观利益的角度考虑，不要将此看作是政客心血来潮的政治口号。如果忽略马来人的变化，以及马来人经过变化以后所具有的竞争能力，那就是认识的不足。20世纪90年代的华人社会要顺应宏观局势的演变，力图求新。一个民族必须要有关于族群的自我反省。[①]

华文报的言论表明了一部分华人也想通过新马来西亚人的塑造，更加适应国家的生存环境，积极地融入国家的机制之中，获得相应的权利，在多元种族的复杂关系中能够协调生活。

在《南洋商报》的言论文章还表达了华人社会国族意识的觉醒。他们一方面对自己的权利积极地争取，另一方面，也在不断地调整自己的身份立场，与其他种族接触交流。由马来人提出“新马来西亚人”的观念，实际上也让华人意识到这是马来人发出的重新整合马来西亚国族的积极的信号。华人社会也作出积极的回应。这也许是一个新时代的种族协调的契机。华人社会的积极回应也是顺理成章的。[②]

《光明日报》也发表具有较强国族意识的言论，指出马来民族的领袖大多受到西方现代文化的熏陶，华人不要用失望的心情来看待马来人的大团结。马哈蒂尔总统不但有坚强的国家主义，还有国际思想，他开了先河要把马来西亚发展成工业发达国，要各个民族团结。华人也应该深思如何团结，以配合马来人的大团结，稳定国家和民族的发展。[③]

从华文报的文章看，尽管马来西亚华人认为受到了政府的不公平对待，

① 翁诗杰:《从“宏愿”看“新马来人”》,《南洋商报》1994年7月8日。

② 张景云:《同心同德塑造马来西亚民族》,《南洋商报》1995年8月31日。

③ 何启斌:《认清马来民族主义》,《光明日报》1996年5月7日。

但他们对马来西亚仍然有很强的国家认同。华文报不断地刊登此类文章，在增强华人的国家意识方面发挥了很大的作用。马来西亚博特拉大学外文系中文专业高级讲师郭莲花曾就马来西亚高中生所阅读的华文文章问题，于2008年9月至10月在巴生县的13所中学进行了问卷调查。结果发现，“学生从多种渠道阅读马来西亚华文文章，但是从华文报纸阅读华文文章的比例最高。有38.0%的学生表示他们阅读的华文文章来自报纸的副刊”。调查还发现，接近一半的学生（占49.9%）认为报刊的选文有助于培养读者的国家意识。①

第二节　华文报与族群认同的建构

在多元族群社会中，华文报也具有双重身份。它一方面效忠国家，另一方面又具有强烈的族群意识。这种双重身份使得它常常处于一种矛盾的状况中，它极力培养华人的国家意识，但是在华人对马来西亚的认同得不到马来人的信任时，华文报又不得不维护华族利益，加强华族的自我认同。

一、华文报与马华族群意识的强化

1. 大众传媒与民族认同

文字媒体是构成社会想象的重要工具。报纸的报道可以使个人超越本身生活与时空限制，个人不必亲身经历，就可以“想象”很多所谓“事实”的存在。同时，报纸对个人的认知内容和判断也有影响：一方面，报纸用分类或排除的方式设定了“想象范围”，例如报纸各版面的划分，读者对于“全国”、“地方”、“国际”等思考的方式重叠，大致构成了“想象的范围”；另一方面，读者的价值判断也常常受报纸对不同价值重视的程度所影响。②

本尼迪克特·安德森认为，民族是想象的产物，语言是最初与最主要的工具。而另一个所需的先决条件，就是“资本主义、印刷科技与语言”三种的结合。资本主义创造了可以用机器复制，并且可以通过市场扩散的印刷语言及其成品——小说和报纸，通过印刷字体和纸张的中介，那些口操种类繁多的各式语言，原来可能根本无法彼此交流的人们，变得能够互相理解

① 郭莲花：《马来西亚高中生马华篇章阅读调查》，2009年复旦大学“马华文学的教学与研究”国际学术研讨会论文。

② 张茂桂、萧苹：《“族群”议题的新闻诠释——兼论报纸与公共领域问题》，《台大新闻论坛》，1994年4月第1期第1卷，第100页。

了。[①]其中报纸更是发挥了奇妙的功能，尽管报纸在印行的次日即宣告作废，但却创造了一个超乎寻常的群众仪式：即几乎分秒不差地同时想象。读者可以在地铁、理发厅等地，看到一模一样的报纸，也持续地相信想象的世纪就存在于日常生活中，[②]从而与那些互不相识的“同胞”建立了特殊且微妙的情感与联系。

马歇尔·麦克卢汉在其《理解媒体》一书中，提到法国政论家托克维尔在其早期有关法国大革命的著作中，曾解释印刷品上的文字具有同一和连续等特性，在18世纪渗透于法国文化，使法国实现了民族同一性。[③]在麦克卢汉看来，印刷媒体是民族主义不可动摇的根基，因为民族主义是一种传递社群命运与地位的视觉形象，它完全依靠印刷媒体在传送信息上的速度，所以在印刷媒体风行前，通过语言整合来凝聚政治上的团结是不可思议的事情。所以，麦克卢汉认为，印刷媒体的大量复制使同质化更为彰显，也使不同区域的差异缩小，这些功能皆有利于民族的形成。[④]

由此可见，大众媒体对一个社群的形成具有重要的意义，它将文化的意蕴化为象征符号，再加以传递和累积，进入人们的现实生活世界，并深植在个人的意识和行为中，进而在情感与信仰上对群体产生归宿感。

马来西亚独立后，在一个多元种族国家中，构建一个各族群所共同拥有的共同体身份认同，成为国家建设的一个重要问题。马来西亚要创造一个统一的民族，必须超越任何一个族群的观念局限，创造一个各族都能接受的共同身份。但是，在这个国家共同体的民族身份塑造过程中，马来人只是以本族群的利益和价值取向为本位，使得其他少数族群很难认同马来人所定义的民族身份。

人类文化学家葛兹(C1Geertz)曾提出，第三世界国家人民的集体身份认同往往包含两种不同的因素：“初级性认同”和“公民性认同”，前者只是唤起人们朴素的“原始情感”，而只有后者才为我们介入“公民政治”提供有效身份。[⑤]如果国家的集体身份建构使公民身份的认同只停留在初级认同上，外来移民形成的少数族群在共同体的集体身份中就找不到归属感，无法体认

① [美]本尼迪克特·安德森著，吴叡人译：《想象的共同体——民族主义的起源与散布》，上海人民出版社，2003年，第51—55页。

② [美]本尼迪克特·安德森著，吴叡人译：前揭书，第34—35页。

③ [加]马歇尔·麦克卢汉著，何道宽译：《理解媒体》，商务印书馆，2001年，第41页。

④ [加]马歇尔·麦克卢汉著，何宽道译：前揭书，第217—227页。

⑤ Clifford Geertz，*the Integrative: Primordial Sentiments and Civil Politics in the New States*，in The Interpratation of Cultures，New York：Basic Books，1973． p. 258.

到“我”作为一个具体的人在“我们”这个集体身份中的存在意义和价值。

自马来西亚建国以后，华人就具有非常强烈的国家认同意识。他们生于斯，长于斯，马来西亚就是他们的故乡，是他们的祖国。马华诗人田思就表述了华人的这种心情：

谁生养我们
谁就是我们的母亲
……
我们不是候鸟
我们永不离开
最最亲爱的土地①

然而，由于马来人对国家共同体身份的建构是建立在一种“初级性认同”之上，与华人根据西方民主自由平等理念建构的多元族群平等共存的共同体集体身份内涵有矛盾，华人对马来西亚的认同和效忠却长期得不到马来人的承认，这无疑加深了华巫之间的隔阂。华人在融入当地社会的过程中，需要的不仅仅是认同，更多的是一种承认。加拿大著名的哲学家查尔斯·泰勒在提出“承认的政治”这一命题时认为，认同一词表达的是一个人对自己是谁，以及自己作为人的本质特征的理解；而“承认的政治”则表明：我们的认同部分地是由他人的承认构成的；如果得不到他人的承认，或者只是得到他人的扭曲的承认，不仅会影响我们的认同，而且还会造成严重的伤害。②华人这种长期不被承认的状况，让许多华人伤心痛绝。马华作家小黑在《十·廿七的文学纪实及其他》一文中表达了“我爱祖国，可是祖国爱我吗”的感叹。他还引用了方昂的诗来表达心中的苦楚：

又有人说我们是移民了
说我们仍然
念念另一块土地
说我们仍然
私藏另一条脐带
这是一个风雨如晦的年代
该不该我们都问自己
究竟我们爱不爱这块土地

---

① 田思：《我们不是候鸟》，沙捞越作家协会，1989年版。

② 查尔斯·泰勒：《承认的政治》，见汪晖、陈燕谷主编《文化与公共性》，三联书店1998年，第290页。

还是我们去问问他们

如果土地不承认他们的儿女，如何倾注心中的爱[①]

华人对马来西亚的热爱，非但得不到马来人的理解和承认，还长期面临着不公平的对待。特别是“新经济政策”实行以来，马来人在政治、经济文化各方面都得到了大幅度的提升，而华人除了在经济上勉强维持原有的优势外，在其他方面都受到很大压制，这使得华人的国家认同有所下降，而族群认同加强。而华文报对华人族群认同意识的强化和族群认同建构，起到了很大的作用。

对于华文报在凝聚族群方面的作用，马来西亚作家张光达给予了很高的评价：

长久以来它已经取代了马华文艺团体，出版界和文学杂志的功能，成功地整合了马华重要作家、文坛、文艺编辑和广大的读者群，对帮助读者了解华人社会的现状与思想，体验华人作家的感受，促进华人对自身身份的认同均起到了相当大的作用。[②]

2. 华文报与马华族群认同

在马来西亚，作为少数族群媒介的华文报，对于族群的整合，凝聚族群意识更具有特别的意义。华文报从诞生的第一天起，就富有一种天生的使命感。

1957年创刊的《通报》，在1994年8月4日停刊前一天，发表了一篇《停刊，不是我们的初心》的社论，里面就提到：“在马来西亚，一份华文报纸比一般媒体负有更多的社会文化责任，这一点只能以民族使命略加概括。”[③]文中描述了马来西亚华文报所肩负的使命和责任，指出这也是许多华文报能在马来西亚前仆后继地展开“神圣办报之旅”的重要推动力量。这种天生的使命感，体现在维护华族利益、为华人社会争取平等的权益等方面。

英国殖民者撤出马来亚后，华人与马来人为了各自的权益和地位曾进行各种谈判和协商，双方订立的契约是马来人在政治上拥有不可挑战的主导权，华人在经济上拥有发展权。在建国初期，为了协调族群关系，马来人和华人在政治力量不平衡的情况下，执政的联盟政府在宪法上规定了马来人优先的特权地位，而华人是以承认马来人的主导地位，寻求自己的发展机会，而获得共同生存的社会条件的。

---

① 小黑：《悠悠河水》，（马来西亚）艺青出版社，1991年版，第135—136页。

② 张光达：《南洋文艺13年回顾》，《南洋商报·南洋文艺》，2008年7月15日。

③ 叶观仕：《马新新闻史》，（吉隆坡）韩江新闻传播学院，1996年，第165页。

“5 · 13”事件以后，马来西亚政府开始全面贯彻马来人优先的政策，在社会各个方面进行利益的重组。华人在政治、经济和文化教育各方面的空间日益狭窄，华人因此产生了忧患意识。作为弱势族群的华人社会，其回应的方式则是凝聚力量，向优势族群争取或保护本身权益。过去华人只管赚钱，以为有钱就能保证生活安定无忧。“5 · 13”事件改变了华人的心态，他们开始了解华人团结的重要性，由此而加深了族群认同。

在所有维护族群意识的文化机构和工具中，华文报纸是最有影响力的大众工具之一。依靠华文报建构族群认同的需求在华人面临外在压力的时候更为明显。正如一些马华学者所言：

华人社会长期来无法通过马华（笔者按，指马华公会）争取权益，也无法通过反对党改变现状，在被边缘化的情况下，华人社会自设范围，形成一个系统，华文报就成为华人社会唯一可以依赖的对象……华文报不仅成为华人社会向政府表达意识的工具，也是凝聚族群力量与共识的工具。①

在民族自救的艰难时刻，华文报担负起团结族群的重任。1970年以后，由于马来人至上的国家政策的实施，使华人充满了不安全感，华人社会在教育、文化方面开展了一次次运动，试图抵挡国家机器的步步进逼，以维护族群的尊严。这一时期，华文报更关注华人社会议题，特别是华人教育和文化问题，甚至成为教育和文化活动的推手。

这个时期，评论文章开始在华文报纸上大量涌现，报社也开辟评论版面，给评论者予以高度尊重，有意无意地塑造了特殊的“时事评论界”，并使其具有其相应的特色，即“华文报纸言论角色的独断，其评论版面的显著，评论作者人数的蜂拥，舆论内容的多样和争论不休”。② 华文报纸提供了华人言论问政的媒介。这些评论大都具有强烈的民族使命感，站在华人社会立场上，充满了“民族自救”的亢奋情绪。它虽无法直接影响巫统决策者，但是对华人社会的决策人也造成了强大的舆论压力。

华文报副刊上经常可以看到维护华人权益、增强族群认同的文章。如《星洲日报 · 星云版》和《南洋商报 · 商余版》周一至周六都刊登马华作家作品。此外，各大华文报还专门开辟纯文艺版，如《星洲日报》设《文艺春秋》、《南洋商报》有《南洋文艺》、《东方日报》的《东方文艺》，每周都刊

---

① 庄迪澎：《华人社会、中文报业与新闻自由运动——兼论华人社会对中文报业的‘文化事业情结’》，（马来西亚）《人文杂志》，2003年6月号，第18页。

② 何启良：《大马华人时事评论的重建》，载何启良《政治动员与官僚参与》，（吉隆坡）华人社会资料研究中心，1995年出版，第142—143页。

载马华作家的最新作品，还有作家访谈、作品评论等。此外，还开展各种文学活动。诚如华人文章所描述，“这几年来，大马多家华文报社，已比以前更积极参加华人社会的文教工作，落实发扬文化，出钱出力，协助主办华文创作比赛、书法比赛、文娱晚会演出等”。①

华文报纸的这种强烈的使命感，正如20世纪80年代一位马华资深新闻工作者所说：“在今日华裔社会的苦难处境，华文报章作为言论的集中地、传达桥梁和思想趋向的推动力，实有挽救大局的义务和使命。”②

在马来西亚的种族环境之下，华文报和华人社会已经建立了一种共生的依赖关系。华人对华文报有一种根深蒂固的“自家人”情结，对其爱护有加，期望华文报能站在华人社会的立场说话。而在20世纪70—80年代，在华人社会“捍卫民族权益”的主调当中，华文报确实发挥了族群报的功能和作用。

（1）维护华文教育

教育是文化的传播媒介和手段，尤其是少数族群维持自己文化之根的最重要的方式，所以，华人对教育的支持和对教育权力的争取是非常用心积极的，甚至投入了巨大的人力物力维护华人的教育事业。在这方面，华文报更是不遗余力地关注支持华文教育事业，并及时地引导华人社会争取教育权力，发展华文教育事业。

在每一个时期，华文报都会围绕一些教育事件发表大量的报道、言论，引起华人社会对华文教育的关注，这种媒体符号不断地增强了华人对华人教育的集体意识。

1951年，政府公布《巴恩教育书》，提出教育“马来西亚化”，华人教育界人士认为这是政府有意消灭华文学校与印校的步骤，对此提出了强烈的反对。当时《南洋商报》就发表社论表示：

马来亚化之教育，其意义应该是教育学生使之成为马来亚公民，能尽忠于马来亚，能为马来亚效劳。欲达到这一个目的，只要在教育内容，以适应马来亚的社会环境的需要为根据，加以教化，绝不需要消灭其他民族文化为手段。③

在1987年教育部提出修改教育法令时，《星洲日报》针对此事发表了许多言论，在一定程度上影响了政府将马来语作为教育最终目标的进程。在

① 林景汉：《大众传播在塑造国家文化中的任务》，载戴小华主编《当代马华文存》第5卷，马来西亚华人文化协会出版，2001年，第58页。

② 潘友来：《华文报章与华裔社会》，林水檺编《文教事业论集》，（吉隆坡）马来西亚雪兰莪中华大会堂，1985年，第174页。

③ 《南洋商报》社论，1951年2月24日。

1987年10月的华小高职事件中,《星洲日报》还进行了高密度的报道。在事件高潮阶段，国内新闻整版内容全是相关事件报道。比如，在10月1日，华文小学开始罢课时,《星洲日报》国内新闻版全部是相关报道，共27条；在第6、7版上则全部刊登华人家长支持华小罢课的示威照片。这些媒介符号，极大地激发了华人维护华文教育的热情。

1985年12月18日，著名华文教育斗士林连玉逝世，马来西亚各华文报连篇登载哀悼和怀念文章，并大量刊登华人万人空巷给林连玉送殡的照片。大量的媒介镜像，构建出华人捍卫华文教育的悲壮图景，深深地印记在华人心中，更加强了华人守护民族文化之根的意志。

华文报不仅在舆论上号召华团捐助华文教育，报社也常常举办各种募捐活动。比如《南洋商报》自1987年起，在皇帽啤酒的赞助下，举办了十大歌星义演，到全马各地巡回演出，至1999年共筹集资金16300万马币，分别资助各地329家中学。

华文报对华文教育的高度关注，各个时期大量的报道和言论，及其本身的作为，成为铭刻在华人心中永不磨灭的集体意象，构建出华人媒体对华文教育的守根共识，推动了华人文化的传承和发展。而华文传媒也常常因此而得到华人社会的支持。

在“当今大马”网站上，黄凌风有篇文章《茅草行动改变中文报业生态：南洋的没落，张晓卿的崛起》，认为《星洲日报》在涉及报道华小高职事件被查封是塞翁失马，获得了华人社会同情，反而在复刊后赢得了大量的华人读者。

曾经在《星洲日报》担任业务总经理的古玉梁认为，“茅草行动”改变了中文报业原来的生态，因为在“茅草行动”之前，中文报业是由《南洋商报》一枝独秀,《中国报》也趁着《星洲日报》停刊期间重新出发。但是在“茅草行动”遭到停刊的《星洲日报》却塞翁失马，获得华人社会的普遍同情，加上报馆在易主后重新振作，这导致该报在短短两三年内就超越了《南洋商报》，张晓卿因此崛起并成为马来西亚报业大亨。

古玉梁说，“从现在来看，中文媒体业在茅草行动的得益者是张晓卿，如果没有茅草行动，张晓卿也不会进入报界。今天中文报业形势，可能还是以《南洋商报》领先”。[①]

这也说明了华文报和华文教育的相互依存关系。

（2）族群媒介在国家文化整合中的自我强调

---

① “当今大马”网站，http://www.malaysiakini.com/news/74046。

1971年，马来西亚文青体育部在马来西亚大学主办了“国家文化大会”，会议提出并通过了国家文化概念，议决了三大原则为塑造国家文化的基础，这三大原则是：

① 国家文化须以本地土著文化为核心；

② 其他文化如果恰当与适合的可被接纳为国家文化；

③ 在国家文化建设中，回教应成为重要的部分。

从这三项国家文化的基本概念来看，所谓的国家文化就是以马来群岛原住民文化为主流，其他的非土著文化元素可以被考虑接纳为国家文化，但不得抵触或违反回教条规或教义。这是个有争议的议题，华人社会、印度人社会和以华印为基础的政党对此政策至终都有不同意见。

在一些华人看来，国家文化政策的提出，是对土著文化的肯定，是巫统建立其“种族威权民主”统治的一种与经济、政治结构互相配合及协调的意识形态结构。因此国家文化政策的三大原则不是偶然提出的，它是巫统统治阶级巩固其政权的意识形态的灌输。第一原则“国家文化应以土著文化为核心”及日后衍生出“一个国家、一个民族、一种文化”的争论，被视为巫统欲通过国家意识形态工具——教育机构、大众传播等来建立其意识形态、经济、政治结构的稳态及统一性。原住民或土著的工业化和商业化社会的概念不仅通过国家意识形态工具（教育体系、国家控制的媒体等）大力鼓吹及制度化。华人有识之士由此而看到巫统通过政治动员及对媒介元素的操控来扮演政治上的重要角色，以获得群众的认可而具有合法性。

国家文化原则在提出时，没有广泛征询各族意见，因而引起华族的强烈不满。德国学者托马斯·梅耶认为：“对全社会有约束力的决策者负责者最终依然是国家。从各社会分系统获得的信息越广泛越精确，各个社会分系统的自我调节越有效，国家就越能胜任自己的任务。对处于复杂社会的政治决策者而言，他们越是能够从社会分系统中，以及在分系统之间的自由信息流中撷取信息，就越有利于作出决定。只有在这一情形下，才能确保他们所获得的信息不会从一开始就被看成是社会特殊利益集团试图对国家决策施加影响。”①

马来西亚政府在提出并制定国家文化政策时，并没有充分地征询各少数族群的意见，没有考虑到各少数族群文化的充分权益，引起强烈的反弹也在所难免。这种反弹，最为突出的就是在少数族群媒体中反映出来。

1971年国家文化提出之初，华族尽管有异议，但当时由于更多地关注经

---

① ［德］托马斯·梅耶：《传媒殖民政治》，中国传媒大学出版社，2009年版，第3页。

济和生存问题，没有太多地关注自身的文化。1982年2月5日，文化、青年、体育部致函国内高等学府以及民间文化组织等有关机构，声称政府在检讨国家文化政策10年来的进展（1971—1981年），并提出相关的国家文化的建设原则。华人社会对此反应迅速，国家文化问题立即引起华裔社会及华文传媒的关注和争论。这个时期的华文报刊也发表了不少文章，表达了华人社会对国家文化问题的认识。

《星洲日报》文章《国家文化与国民融合》认为这个国家文化的定义实际上把马来文化提升为国家文化。国家文化应该是马来西亚所共同具有的文化，否则它只不过是一个族群文化而已。这种做法将导致非马来人把1971年的国家文化定义视为一种同化的思想，这在大马多元种族的社会是不适合的，它不是促进国家融合的一个好办法。①

《南洋商报》也在早些时候发表过《国家文化和华人文化》一文，文章指出这个被政府采纳的国家文化原则本身充满了很多不明确的含义，大多数非土著人民无法接受政府所拟定的国家文化政策及其概念。马来西亚是一个多元种族的国家，多元种族文化或者多元文化主义已经深入到每个社会成员的心里。华人是合法的大马公民，政府有必要尊重华人的文化特征，应该采取开明的态度，宽容的政策，让各族的文化共存共荣，达到百花齐放，万紫千红的境界。②

在《马来亚通报》上，郭仁德的评论《马来西亚国家文化是各族文化的总和》也指出，马来人召开的“国家文化大会”提出的三项基本原则，只是代表了巫族的意愿，这些官员要塑造的国家文化，主要是巫人文化。作者呼吁有关当局应尽早采取各种措施，以消除这种不良印象。③

《南洋商报》言论版文章《国家文化与华人文化》，指出马来西亚的国家文化应该反映人民的文化，国家文化可以以土著文化或者马来传统文化为主流，但并不意味着非土著文化应该受到歧视，那种移民文化威胁土著文化的言论完全不能成立，多元种族国家的国家文化应该把各种不同文化融合在一起，共同享受这种文化资源。国家文化是全体人民的文化，国家文化将形成一种全体人民团结、认同的催化剂。国家文化不应该有种族情绪或者文化沙文主义，阻碍全体人民大团结。

在《南洋商报》上还有一篇言论《从哲学角度看马华文化与国家文化》，

① 陈志明:《国家文化与国民融合》,《星洲日报》1983年7月19日。

② 周泰福:《国家文化与华人文化》,《南洋商报》1980年9月6日。

③ 郭仁德:《马来西亚国家文化是各族文化的总和》,《马来亚通报》, 1988年8月18日。

提出马来西亚的国家文化应该具有马来西亚各族文化的共同价值。要认识国家文化，就要先认识国家文化的各部分，因为国家文化的大体系，是由其各部分组成的。马来西亚是一个多元种族的国家，国人应该研究各族的民族性格、民族行为和民族思想，从文化的结构和精神上进行比较，找出一个共同的价值观。这个共同的价值观，就是国家文化应具备的特质。①

在《马来西亚国家文化是各族文化的总和》一文中，作者指出马来西亚的国家文化是指马来西亚人民的文化。马来西亚人民由华、巫、印三大民族组成，每个民族都有自己的文化。马来西亚多姿多彩的文化正是国家的特征。这些多姿多彩的文化也是马来西亚国家丰富的资源之一。这样的国家文化富于建设性和创造性。在塑造国家文化的过程中，应该小心谨慎地处理各民族的文化问题，尊重各民族文化。政府应该采取文化自由开放的政策，积极鼓励和扶持民族文化自由发展，消除各族间不平衡的情况，以宪法条文给各族权益进行保障，使马来西亚在塑造国家文化方面有一个公平的基础。马来西亚国家文化应该是马来西亚各民族文化的总和。②

在马来西亚国家文化内涵的建构中，马华媒体归纳出三种不同的见解：一种是希望国家文化由马来西亚各族文化平均结合起来塑造；一种是国家文化纯粹以土著文化作为基础；一种是国家文化应以土著文化为基础，但也应该接受其他文化的成分。第一种类型大多数是华人；第二种类型是比较极端的马来种族主义者；第三种类型是温和派的马来人。

在华人的国家文化概念中，没有出现过以华人文化为中心的言论，因为他们明白这是不理智、不符合国情的。尽管他们也有中华文化的优越感，但是他们没有这种极端的言论。而马来人却往往有极端的言论。有些人是基于种族沙文主义的排外心理，有些人是因为宗教狂热，有些人是为了突出自己的形象。华人认为这些极端的言行会影响到全民的团结，政府应该采取管制行动，抑制他们的荒谬言论，让华族同胞安心。公平对待社会不同肤色的各阶层人士，是国家团结进步的基石。一个能够为全民接受的国家文化概念，还需要全国人民共同理智的努力塑造。

通过报刊上相关评论和言论的深度分析，华人社会意识到国家文化对华人文化的忽略，甚至是有意地消弭。

由于担心文化被消融，华人的文化危机感在1980 年代出现了前所未有的高潮。华人的文化活动此起彼伏，他们通过各种文化媒介展示华族文化，

① 陈云深：《从哲学角度看马华文化与国家文化》，《南洋商报》1983年2月20日。

② 郭仁德：《马来西亚国家文化是各族文化的总和》，《马来亚通报》1988年8月18日。

这种展示超过了一般的时期。华文报在此过程中无疑发挥了社会动员的作用。这一阶段的文化展览会不时出现，如寻根系列展览会以及春联、传统中国绘画、书法展览等；许多中华传统技艺或民俗活动都被重新挖掘。中国的棋艺、民族舞蹈、武术、灯谜、地方戏、民歌、诗歌朗诵的比赛或表演时常可见。一些中国传统佳节如春节、端午节、中秋节等，也被马来西亚华人大规模地庆祝。华文报刊大量报道相关的内容，并且参与组织这些活动。华文媒体的大力渲染，使华人文化活动作为华人自我身份的象征，昭示了华人在其他族群遮蔽下的存在。

华人文化在差异中找到了自我存在的意义。华文报对族群文化自我意识的加强产生了不可取代的作用。

（3）三宝山事件中华文报对族群文化的维护

1971年，马来西亚文青体育部在马来西亚大学主办了“国家文化大会”，会议提出并通过了国家文化概念。随后，政府以此为原则，开始进行国家文化整合。国家文化原则就是以马来群岛原住民文化为主流，其他的非土著文化元素可以被考虑接纳为国家文化，但不得抵触或违反回教条规或教义。按照此定义，华人文化基本被排除在外。马来西亚政府所采取的文化整合政策，非但没有加强马、华两族之间的文化融合，反而更凸现了两种文化的差异。文化问题在政治话语权力的宰制下变得敏感而脆弱，在一种自我保护的心态下，族群的边界更加分明，文化的趋同进一步分解，而差异也愈见突出，这在三宝山事件中明显地反映出来。三宝山成为一个文化权力争夺的象征性的符号，成为一种承载华族文化权力的媒介。

1983年10月，马六甲州首席部长致函三宝山业主青云亭管委会，表示要将三宝山铲平。消息传开，华人社会和马六甲州政府对立，开始了一个长达三年的“挽救三保山”的运动。

三宝山，华人亦有人称为三保山，传说是郑和下西洋的驻扎地。山麓下的三宝亭及三宝井，亦传为郑和所建。400年前，第二任甲必丹（马来西亚在西方殖民时期管理华人事务的华人首领）李君常捐献此山为华人葬地，此地共有12500座坟墓，是中国境外最古老的一座华人义山。

它是马来西亚华人的公墓，更是华族的一个认同符号和象征，具有深厚的华族历史文化内涵。中国是传统的宗法社会，中国传统伦理文化的核心就是对祖宗的敬仰和信奉。这种历史文化价值在马来西亚华人社会同样也是根深蒂固的。尤其是东南亚华人，他们侨居国外，仍然认同中华文化的这个核心价值，对祖先的供奉是他们的历史认同的标志。同样，祖先的遗迹，尤其是祖先的古墓是他们确立自己身份的重要的坐标。同时，它也包含华族的尊严，是华族文化认同感的一个聚焦点。

铲平三宝山不仅是对华人文化认同符号的消灭，还意味着对华人祖先的侮辱，这将极大地伤害马来西亚华人的感情。三宝山事件牵涉的问题面广且大，惊动了全马来西亚的华团领导人。许多人为了保护三宝山四处奔走，最为引人注目的是华人斗士陆庭渝，从1984年11月25日开始，每天早上7时至晚上7时绝食，然后每个星期日到三宝亭静坐。直至马六甲州政府宣布拨款5万零吉（马来西亚货币，又译作令吉、林吉特。——编者注）美化三宝山，整个事件才算平息。

三宝山事件是华人文化史中的大事，是华人与马来人对峙的一个典型事例，是马来西亚社会一次相当有规模的政治文化冲突事件。

对于三宝山事件，华文报十分关注。

1984年4月12日，《南洋商报》发表了张木钦的时评《保存三宝山》，向华人社会详细叙述了古城马六甲近来发生了两件备受华人社会关注的事情：一件是被华人社会尊为仙师爷的芙蓉开埠功臣盛明利在马六甲的墓地被州政府征用，其遗骨被迁走；第二件就是华人公墓三宝山将被征用，作为商业及住宅区。日前州议会已经证实，政府有意铲平三宝山。文章指出三宝山是华族的一个文化符号，也是一个承载了华人历史文化的媒介，尤其是作为少数族群的华人社会，更把它看成是一种文化存在的权力，号召华人社会起来抵制这种消除华人历史印记的行为。

1984年7月8日，《星洲日报》发表了赖观福的评论《保存历史文化古迹》，从历史文化的角度透视了三宝山事件的文化意义，论证了三宝山的重要性，表达出华人社会的一种文化诉求。

1984年7月15日，《星洲日报》发表了刘锡通的言论文章《历史·文化·民族》，从三宝山问题感受到了当代华人民族前途所面临的重大忧患。铲平三宝山，如果这个计划被付诸实行，华人的历史将会荡然无存。这个局面对华人社会来说是一种打击，对国家来说也是一项不可弥补的重大损失。

1984年9月21日，《南洋商报》发表了许光道的言论《我对保卫三保山的看法》，文章认为保卫三宝山是马来西亚华裔公民绝对的义务。对于如何保卫三宝山，作者提出了自己的见解，认为应该让三宝山作为一个拓荒的象征。华人社会应该认真严肃地考虑如何长期地保卫三宝山。

1984年10月30日，《南洋商报》言论栏目发表了陈志勤的文章《谈发展三保山问题》，文中提到三宝山这个中国以外地区最大且历史最久的坟场，之所以成为国人热烈争论的课题，因为它与其他普通坟场不同，作为历史文化遗产，它具有很高的价值。三宝山问题很快被涂上了政治色彩，激起了公众的广泛关注。马来西亚报章上也展开了笔战。

1986年2月12日，《星洲日报》第4版，行动党秘书长林吉祥认为马六甲州州长《不应将三保山当作政治足球》，而是应该尽快地解决三保山地税问题和批准青云亭理事会所呈上的三保山美化蓝图，敦请州政府尊重人民及各种族社会的基本权利。

在华人社会的强烈呼吁和抵制下，马六甲州政府迫于华人的舆论压力，最终取消了将三宝山征为商业用地的计划，并开始美化三宝山。

三宝山终于得以保存。2001年底笔者造访马六甲华人文化协会时，参观了三宝山。此时的三宝山已是绿树环绕，整个山坡都覆盖了青葱的绿草，成为人们休闲和晨练的公共园地。在此事件过程中，华文报成为表达华人诉求的重要渠道，影响和改变了政府的最初决策，为争取华人社会权益发挥了积极的作用。

（4）培养华人参政意识

20世纪80年代，华文报刊关于政治方面的言论文章，大多围绕民主人权问题展开。1971年新经济政策实施后，华族在经济上经历了一系列的打击和挫折，在文化教育上遭受被同化的威胁。他们从意志的消沉中重新振作，认识到要突破困境，改变命运，只有通过参与政治权力的竞争才能获得一些出路。为了唤醒华人社会民众的政治觉悟，打破华人社会政治冷漠的僵局，华文报刊发表了许多关于民主人权方面的文章，以增强华人社会的政治意识。

马华报刊非常关注政治选举，每临选举，报纸就会发表大量的政治言论，为华人提供了丰富的新闻内容，还为华人详尽地分析政治形势，鼓励华人积极参政。华文报刊这种强烈的参政意识及其观念表达，激发起华人的政治热情，培育了华人较高的参政意识，使得各个政党在选举过程中都不敢忽视华人的力量。为了获得华人选票，他们都会对华人许下种种诺言。这充分显示了华人在选举中的力量，也显示了华文报纸培养华人参政意识的巨大作用。

这一时期华文报纸发表了许多关于政治与民主的言论和评论文章。例如，在政治与民主问题上，《星洲日报》发表了《处在十字路口的马来西亚政治》（1986年7月31日）、《“政治解决”辨析》（1989年8月21日）、《“求同存异，共赴时艰”的内容和策略》（1989年3月23日）等文章；《南洋商报》发表了《争取民主权利 打破政治垄断》（1987年6月24日）、《认识当前我国政治斗争的复杂性》（1987年10月25日）等文章。

在关于宪制与人权问题上，华文主要报刊针对政府准备修改《1972年官方机密法令》事件，也发表过不少文章。《南洋商报》发表了《立法保障讯息自由》（1986年1月28—29日）、《别让民主坐牢》（1986年11月9日）、《维护独立宪法的精神面貌》（1987年8月17日）；《马来亚通报》也发表了《何谓"官方"？何谓"机密"——浅评官方机密法令与修正法案》（1986年3月30日）等文章。这些政论文章从法律专业的角度针砭民主政治中的弊端，笔锋犀利，毫不容情。

在华团人士参政的过程中，华文报刊对相关问题的关注和讨论，形成了对华人社会的政治动员，各种政论文章激发和培养起华团各个阶层的人士对政治参与的热情。尤其是对妇女和知识分子这两个特殊的阶层，华文报刊给予了极大的关注。

1985年12月22日《南洋商报》有《妇女参政，此正其时》表现出华人社会对华族妇女参政的期待。

在《南洋商报》1989年7月5日发表的《我国妇女参政的历史回顾》一文中，就着重介绍了独立前马来西亚女性参政的历史。而在《南洋商报》刊载的另一篇言论文章《独立之后妇女政治地位的演变》一文中，则可以了解到马来西亚独立以后不同族群妇女参与政治的情况。这篇文章还对不同族群的妇女参政意识和实际情况进行了比较。

尽管妇女参政已经越来越受到社会的重视，但在现实中仍然面临许多困难。尤其是华裔妇女，由于华人政治处于大马政治的边缘，而华人妇女又处于华人政治的边缘，她们站在大马政治的双重边缘位置上本来已经是弱势，同时自身还存在许多需要克服的弱点，要在政坛上大显身手，实属不易。华文报刊发表文章对此问题进行分析。《南洋商报》刊载戴小华的言论文章《妇女参政的难题》，就指出了华人妇女参政存在着三大问题。

20世纪80年代华人知识分子参政问题也在华人社会中引起关注，关于这一论题的讨论主要集中在1987年。是年，学者陈祖排博士代表马华公会参加务边区国会议员的选举，引发了华人社会关于知识分子参政的热议，华文报刊围绕这一事件也发表了相关评论，表达了华人对这一问题的认识。

对于知识分子能否参政和何以参政的话题，华文报刊陆续发表了相关评论。比较突出的是《南洋商报》，先后发表了多篇言论，有代表性的文章有郑良树的《学术人员与华人政治》（1987年6月11日）、同期叶夏贵的《知识分子参政的实现与社会政治的现实》、祝家华的《知识分子与学术研究的反省——从争论到建设之路》（1987年6月21—24日）、陈志勤的《评务边补选形式》（1987年8月13日）等。

关于华人知识分子参政的问题，随着1990年华人教育人士参加大选而再度炙热。1990年8月，董教总主席林晃升带领一批华人教育人士加入行动党参加大选，提出“两线制”[①]观念，并与回教的“四六”精神党结成反对阵线，参加是年大选，这在华人社会引起很大反响。华文报纸对此事极为关注，进行了大量的报道和评论。笔者查阅了《星洲日报》大选前8—9月两个月报纸，涉及华人教育人士参政的特别报道有10篇、“有话直说”栏目和言路版的相关言论文章有18篇，表达了华人对华人教育人士参政的各种不同看法。通过这样的讨论，加深了华人对政治选举的关注，并提高了华人参政的意识。1990年大选，华人推动的“两线制”观念，在华文报的大力渲染下，在大选中形成了对执政的巫统反对力量，对巫统的执政形成了巨大威胁。虽然最后巫统以微弱优势险胜了反对党，但对华文报在华人社会中的政治影响力深感震惊，从此也开始加强了对华文报的关注和监控，并在内政部专门聘任华裔副部长来直接监管华文报。

二、华小高职事件中的认同建构

华小高职事件是马来西亚“5 · 13”事件之后又一较大的族群对峙事件。1987年，马来西亚地方政府教育局指派未具有华文资格证书的华裔人士，到华文小学担任高级行政人员，引起华人社会的不满，认为这是政府有意识消灭华小的前奏。华人政党和民间团体展开串联，一致表示反对。

10月11日，三大华人政党和十五个华人社团在吉隆坡天后宫集会商议对策，而受影响的学校也开始了罢课行动。在马来社会方面，对此事件的回应也日趋激烈。他们也通过报纸，来支持教育部长坚持委派不谙华文者[②]担任华小高职的态度。

10月17日，巫统青年团举行了一个1.5万人的集会，并喊出了“5 · 13事件将重演”，“把剑浸在华人的血液里”等极端口号。接下来借巫统建党41周年纪念的机会，又宣布11月1日将在吉隆坡默迪卡体育场举行50万人的大集会。吉隆坡气氛一时非常紧张。

首相马哈蒂尔一边呼吁国人冷静，一边动用内部安全法发动了一场大规

① “两个阵线”的概念是在1986年由马来西亚“全国民权委员会”提出，主要是希望在马来西亚特殊的族群政治环境里，追求一个当时最可能的民主制衡制度，因为英美的“两党制”对马来西亚而言还是遥不可及。

② 所谓“不谙华文者”，依照当时董教总主席林晃升的说法，至少具有大马教育文凭华文优等，能讲能写华文者才有资格出任华小的行政主管职务。（见《南洋商报》1987年10月5日，第3版），在华小高职事件的语境中，“不谙华文者”并非是对华文一窍不通，而是未具备以上条件，都列为“不谙”华文。

模的逮捕行动，即所谓的“茅草行动”。在这次行动中，一百多名政党和民间团体领袖被捕入狱，其中包括多名华人重要领袖人物。族群之间的紧张气氛得以暂时平息。

在“茅草行动”中，三家报纸即《星报》、《星洲日报》及《祖国报》（Watan）惨遭当时的内政部吊销出版准证，一直到5个月之后，内政部于隔年3月才重新发给这三家报纸出版准证。内政部曾在1988年3月发布白皮书，宣称上述三家报章“刻意突出敏感课题，为个别族群利益斗争，罔顾对族群和谐、公共秩序及国家安全造成的后果”，[①]被令停刊。

在华小高职事件中，华文报纸为维护华人社会利益摇旗呐喊，在凝聚族群意识，构建族群认同方面，起到了广泛的社会动员作用。

1．华文报对华小高职事件的关注

华小高职事件并不是一个孤立的事件，在此之前，也有不谙华文者被调任华小高职，因为人数较少，没有形成很大的议题。1987年华小高职事件发展成为引发种族关系紧张的一个议题，与当时的社会环境有密切关系。

20世纪80年代中期，国际经济低迷，原料性物质售价偏低，对马来西亚的经济造成极大冲击，1985年国家经济首度出现了负增长（–1.0%）。1986年，一些由华人资本成立的合作社，因管理不善，爆发亏空舞弊事件，政府冻结了24家合作社，导致58万名存款户血本无归，其中受害者多为华人，由于该事件牵涉到多名马华公会领袖，引发了华人社会对参与国民阵线（简称“国阵”）执政的马华公会和民政党的不满。这种不满直接反应在1986年的大选上，两党得票率不及在野的华基政党——民主行动党的20.3%，其中马华公会提名32人为国会候选人，结果仅当选17人，得票率仅为12.4%，是马华公会自国阵成立以后表现最差的一次。[②]

为挽回形象，重新争取华人支持，在华小高职事件中，马华公会和民政党也加入了对政府的抗议行列。另一方面，为了回应在国阵内日益弱化的地位，马华公会甚至表明为了华人利益愿意退出国阵，这无疑是向国阵中的“老大哥”——巫统提出挑战。在这种社会政治氛围下，华文报坚决地站在华人社会立场上，通过大量报道、评论，凝聚起华人的族群意识，使华小高职事件成为华人社会维护民族权益的一大运动。

华文媒体关于“华小高职事件”相关的新闻议题，从1987年8月5日

① “当今大马”网站，http://www.malaysiakini.com/news/74046。

② 黄国富：《马来西亚华文报纸与族群认同建构——以华小高职事件为例》，台湾私立中国文化大学政治研究所硕士论文，2000年，第8—9页。

起，到10月28日《星洲日报》因遭遇“茅草行动”而被停刊，一直延续两个月有余。

“华小高职事件”相关的新闻，最早出现在1987年8月5日《南洋商报》的第7版，标题是《反对不谙华语教师出任副校长 加基武吉华文小学董事部决定向玻璃市教育局呈备忘录》。消息出来后，当时并未引起华人社会太多关注。大约一星期后，华人人口众多的槟城传出类似事件，开始引起全国华人的关注。

9月4日，《南洋商报》第6版以明显的版面，并配合照片，报道了槟威华文学校董事的抗议行动。以后《南洋商报》和《星洲日报》媒体都有新闻报道，但为数不多，皆不超过3则。

9月9日，《南洋商报》发表社评《不谙华文者任华文学校高职》，对政府的政策提出了质疑。9月11日，教育部长安华向民政党中央领袖作出保证，教育部原则上将致力解决不谙华文者任华文学校高职的争论性问题。[①]

9月18日，华文报上出现了不谙华文教师被调任华文学校的消息。[②]9月22日，马六甲州也传出同样事件发生。[③]

9月25日，马六甲州教育局长表示，不收回相关决定。[④]9月29日，教育部长安华态度也开始强硬。他重申“教育部绝不会向任何压力低头，因教育部是以大公无私的态度来执行其任务”。[⑤]由于安华的强硬，教育部与华人社会之间的对立日趋尖锐。

从10月1日开始，《南洋商报》和《星洲日报》有关华小高职事件的新闻大幅增加。各地华文学校董事与相关机构的抗议声此起彼伏。10月3日，《南洋商报》和《星洲日报》的头版，都大幅度报道了安华决定不收回已执行的政策。而马华公会也明确表示了与华人社会站在一起，共同维护华小权益的决心。10月4日，朝野华基政党与华人社团决定展开合作，成立联合行动委员会，共同处理这件事情。

从10月7日起，有关事态的报道的强度越来越大。《星洲日报》每天的头版头条都报道关于华小高职事件的事态发展。国内新闻版也以大量篇幅来进行报道。

10月16日，华文小学罢课，《星洲日报》头版头条报道了此事。国内新

---

① 《南洋商报》，1997年9月12日，第6版。

② 《星洲日报》，1987年9月19日，第6版。

③ 《星洲日报》，1987年9月23日，第22版。

④ 《星洲日报》，1987年9月26日，第3版。

⑤ 《南洋商报》，1987年9月29日，第6版。

闻全部是相关的报道文章，共27条。在第6、7版则全部刊登华人家长支持华小罢课的示威照片。

10月17日，8名华裔记者在巫青团群众大会上采访，遭到掷泥块、被驱赶的粗鲁对待。10月23日的报纸上发表了对记者受虐事件的谴责。同时可以看到，华人不断呼吁巫统取消11月1日的大集会。

10月18日深夜，吉隆坡发生枪击事件，造成一死二伤。警方于19日逮捕了嫌疑犯，官方也公布调查报告称该事件与种族冲突无关，但社会情势趋于紧张，民众不断电询报社，极度关注吉隆坡是否发生族群骚乱及实施戒严。①

10月20日，恰逢华文报业公订的假期，各报休假一天，第二天未有出报。华人社会在缺乏更多信息的情况下，更显焦虑不安。

为缓和社会紧张气氛，各界开始出现降温的声音。马哈迪呼吁所有人停止发布不负责的言论，同时指责媒体对族群紧张负有很大责任。

10月27日，警方援引内安法展开"茅草行动"，开始大规模逮捕反对党和华团领袖、职工会人员和教育工作者等。10月28日，马哈迪宣布禁止公共集会，取消原定于11月1日的巫统大集会，同时查封了三家报纸。华小高职事件暂告一段落。

2．华文报对族群的同一性塑造

（1）通过唤起集体记忆，加强对共同体的认同

同一性在族群的认同过程中，具有非常关键的意义。族群成员在血缘、文化、语言、共同的祖先和历史等方面具有的同一特质，就是"我们"与"他者"相异的界线。在族群的自然交往和文化变迁的过程中，族群个体成员与"他族"之间的界线可能会因涵化而慢慢消融，族群边界也逐渐会模糊，而通过一些族群象征符号的人为操控，将会唤起族群成员的共同记忆，可以强化族群成员对群体的认同，并保持自身的特殊性。因此，通过呼唤集体记忆来建构同一性，在族群认同过程中具有重要的意义。

集体记忆指的是一个社会团体或组织所具有的独特记忆，这个经由各种不同社会机制所建构完成的记忆，能使团体成员拥有一个命运共同体的经常感受，并以团体的荣誉和屈辱化为自身的感受，形成一种绵延的一体感。②集体记忆的形成过程中，语言文字与象征符号是重要的元素，它使这种共同

---

① 《南洋商报》，1987年10月20日，第3版。

② 黄金龄:《文化》，王振寰、瞿海源编:《社会学与台湾社会》，台北巨流出版社，1999年，第76页。

的经历和感受得以固化，并通过大众传媒、教育体系跨越时空而流传。

约翰逊（Thomsa J.Johnson）曾在《尼克森的东山再起——媒介对集体记忆的影响效果》一书中，指出了在集体记忆内容的塑造中媒介所起到的重要作用。在他看来：首先，许多事件的记忆会很快消失，通过媒介和其他传播来源的不断重复，记忆的消逝就比较有限。在事件的细节被遗忘之后，很多事件的看法仍会保留下来。事实上，事件在媒介中重新活过来，可以丰富原有的记忆；第二，那些未直接经历事件的人，必然依赖传播去知道这件事，而他们所学到的必然受到事件在媒介中、在书籍中，或其他传播来源中所呈现的图像影响；第三，媒介将持续影响那些直接经历事件的各种记忆，因为事件的参与者，在他们起初的涉入感觉减少时，他们需要借由媒介来把事件的记忆更新。媒介所选择指出的面向，会取代或至少增加他们原始的第一手说明。我们所有世界的资讯似乎都来自媒介，即使那些直接经历过事件者的记忆，也会受到媒介中如何报道的影响。①

在各种媒介中，最常用的方式是通过文本书写，将某些社会希望其成员记忆的“事实”加以刻意凸显，借此形成一种强化族群观念的价值判断标准。在华小高职事件中，华文报就不断通过叙述华族在马来西亚建国过程中，与马来人携手合作、同舟共济摆脱英国殖民统治，走向独立的历史。而国家独立后，政府却不公平地对待华人，华人为顾全大局只能默默忍受。通过历史追忆，唤起华人的悲情，很能让华人团结一致。

例如，《南洋商报》的评论中就有这样的描述：

我们三大民族卅年前共同争取独立，联盟是帆船的标志，象征同舟共济，可是独立卅年来，不论政、经、文化、教育，都采取土著至上的政策，处处产生偏差，先是华文中学被改制，其后华小设备、师资训练，拨款等都样样比不上国小。华文学校为国家育英才，华人在教育方面的贡献不逊他族，为何我们会受到不平等的对待。②

10月14日，《南洋商报》的一篇报道又继续强化了这个话题，该文在报道马来西亚中华工商联合会会长黄文彬对于华小高职事件的看法时，进一步指出：

从我国建国历史来看，当马来社会于建国初期面对贫穷等问题时，巫统顺利地得到当时的联盟以及后来的国阵内的华族成员党的配合。拟定政策和

① Thomas J.Johnsom. *The Rehabilitation of Richard Nixon:the Media's Effect on Colleceive Memory*, Garland Publishing Inc,1995,pp.52—53.

② 《南洋商报》，1987年10月5日，第3版。

具体计划，经过多年的努力和牺牲，终于使马来社会在经济、教育及其他方面取得长足的进展。在这个过程中，由于执行方式不妥善及种种行政偏差，在多方面反而造成华裔的权益被侵蚀。华裔作出巨大的贡献和牺牲，与其他各族携手共进，共建家园，是不可抹杀的事实。①

同样的叙述也出现在《星洲日报》的社论中：

巫、华、印族在这个国家上繁衍、生息也有数百年的历史。三大民族过去在反对外来侵略和争取国家独立的斗争中，并肩战斗，福祸与共。目前我国已经独立了卅年，在这卅年中，巫、华、印族经历了一个崭新的历史阶段。由于历史的因素，马来民族在经济方面较为落后，华族基于国家的利益和民族的团结，对于促进马来民族经济的各种计划都给予大力的支持。现在马来民族有了完整的、即从小学而中学而大学的教育体系，朝气蓬勃的巫青团为甚么不能见容于华族对民族教育，而且是最基本的小学教育的维护呢？②

从这些文本中，我们可以看到，华人与马来、印族携手合作共同建国的历史被不断重复提出，所遭受的压制和委屈也一一浮现。历史议题在节奏性的循环下，使得新闻成为处理集体记忆的关键机制。在这过程中，过去的经验被召唤出来，使得人们共同分享对历史的意象，且能在相互沟通的状态下，形成社会认同的基础，建立起一个被大家所同意的关于过去的说法，并对自己所面临的现实问题形成共识。华文报的这种历史表述，无疑可以激发起华人共同的愤怒，提升抗争的意识和决心。

（2）搁置内部差异，强化同一性

在强调族群共同体的同一性中，族群内部的差异会被有意忽略。在相对平静的社会环境中，族群的共同体虽然其内部也是暗流汹涌，但在形式上呈现出一种封闭和稳定的状态。在遭受外部危机和压力的冲击时，它常常被外界挑战和破坏，而又必须从中获得对自身存在的确认，因此，搁置内部的差异，强调同一性，以凸显与“他者”的区别，是加强族群认同的重要手段之一。在社会利益争夺的现实环境中，族群精英们除了提供集体记忆来塑造同一性之外，还常常发表号召性言论来进行族群动员。

在华小高职事件中，华文报就不断报道华人社会各团体领导人的讲话和观点，其社论、评论中，也不断地出现从“华族”、“华裔”、“华团”利益和大局出发，共同维护华族利益的表述。

① 《南洋商报》，1987年10月14日，第3版。

② 《星洲日报》社论，1987年10月15日，第27版。

如，《南洋商报》就报道过马华公会会长李金狮的此类观点：

马华署理总会长拿督李金狮强调，整个华人社会必须统合朝野政党及一切民间力量，来捍卫现有的华小体制。他说，这项捍卫工作，是全体华裔的天职，不是某些个人或党团的专利。①

马华公会是国阵内部成员之一，李金狮作为马华公会会长参与联盟政府执政，时任劳工部长，是当时积极介入华小高职事件的内阁最高官员。马华公会过去一贯扮演协助政府统治的角色，在华人教育运动中向来与董教总意见相左，不主张以对抗方式进行。在此次事件中，李金狮号召全体华人放下原有的各种歧见，凝聚同一性的力量来坚守族群尊严和权益。其“捍卫华小体制，是全体华裔的天职”的说辞，一改马华公会过去在国阵内部唯唯诺诺的形象，让华人耳目一新，并为之振奋。

《星洲日报》报道了当时华人教师总会主席沈慕羽的观点：

沈慕羽认为在平时没有问题的时候，华人社会可能是一盘散沙，不过当有关民族权益的问题发生时，华人社会是可以紧密地团结在一起，如果朝野的华人政党，能与华团及华人社会人士联成一气，相信有关华人教育的问题，是可以获得解决的。②

沈慕羽一生从事维护华文母语事业，德高望重，深受华人拥戴。在他的谈话中，不断运用“华人社会”、“民族”、“华团”的概念，来强调华人在面临民族危机时，是能够团结一致的。

在当时华文报的文本中，我们还可以看到许多华团领导人类似的讲话和观点。《星洲日报》的报道就有：

吉隆坡及雪兰莪中华工商总会会长林玉静说……“我们任何时候都坚信，团结可以改变局面，这次全国华团、政党能摒弃成见，同仇敌忾的站在一起，设立行动委员会解决华小的不悦事件，印证华人社会本质上是团结一致的。”③

《南洋商报》的社评也指出，华人社会在政经文教各方面面临诸多问题，固然主要是当局的施政偏差，但华人社会内部缺乏凝聚力，党团之间各自为政，缺乏应有的默契和协调，使得种族政治势力有机可乘，也是造成华人社会困境的一个重要因素。因此，“华小高职问题促成华团与华裔政党携手合作，无疑是一个令人鼓舞的开端。华裔族群莫不希望华团与各华裔政党基于

① 《南洋商报》，1987年10月5日。

② 《星洲日报》，1987年10月5日。

③ 《星洲日报》，1987年10月14日，第2版。

这个起点的合作，能推广至维护华人社会权益的各种课题上”。[①]

新经济政策实施以后，马来西亚华人族群日益边缘化，面对这种困境，无论是在朝或是在野的华基政党，都有着很深的无力感。因此，华人社会有志之士也曾呼呼“华人大团结”，虽然这个口号深获民心，但多年来始终无法有效整合华人力量。华小高职事件中，华人社会人士重提华人团结问题，这种“团结一致”的情感神话，可以搁置华人社会内部的分歧，集中力量共同对抗“他者”的强大压力。

华文媒体也从本身的“使命感”出发，通过不断地表达和强化这一理念，使华人社会内部逐渐抛弃相互之间的歧见，形成了一种“同仇敌忾”的气氛。从华文媒体在整个事件的表达中，我们可以看到，原来政见相左的政党、团体或个人，都愿意暂时抛开分歧，共同维护华小权益。当然，这种朝野的合作极不容易，为维护这种团结，华文报的评论，将“民族”列为合作的最高原则，强调不能背叛对“民族”忠诚。

《星洲日报》的评论就这样写道：

为了确保三党真心诚意的行动一致，华团领袖应该扮演监督和协调的角色，政党之间有纠纷，华团领袖应该设法调停，一切以民族利益为依归，倘若有背叛民族利益之事件发生……动员全体华人社会力量制裁，去邪扶正，令阴谋不能得逞，鼠辈匿迹……经过了多年的教训，华人都普遍要求政治力量和民族团结。[②]

从这段评论中，我们可以看到，那些违背“民族”原则的人，被指为“鼠辈”、“邪恶”，其所行之事皆为“阴谋”，是全体华人的罪人，必要受到华人的制裁 。

对一些在华小高职事件中表现不够坚定的华团政党领导人，华文报也毫不留情地进行批评和责问：

……国内受到有关问题影响的四十多间华小，总共超过三万学生，按照原定计划，展开罢课行动。这雄辩地说明华裔家长捍卫民族教育的决心和立场，是不可动摇的，不能改变的……华团政党的一些领导人理直气壮，慷慨激昂于前；畏首畏尾，低手下心于后，给人一种“虎头蛇尾、叶公好龙”的印象。难怪华裔群众要问：华团政党的这些领导人究竟是蛇的后代，还是龙的传人……[③]

---

① 《南洋商报》社评，1987年10月10日。

② 洪松坚:《三党携手合作好》,《星洲日报》评论，1987年10月5日。

③ 《星洲日报》社论，1987年10月17日。

台湾歌手侯德健1979年创作了《龙的传人》这首歌曲，流传到马来西亚之后，“龙的传人”也成为马来西亚华人集体认同的一种象征符号。该社论以“蛇的后代”来隐喻那些临阵退缩的华团政党领袖，实际上就是指出这类人不配为“龙的传人”这种非我族类的谴责，无疑会让那些离心离德的人感到一种强烈的被排斥感。在一个共同体中，这种被抛弃的感觉是很能让人因害怕孤独而归依群体。

3. 强化“他者”形象，凸显族群界线

（1）塑造“他者”形象以凝聚我族意识

在划分族群“我们”和“他者”的界限时，一个有效的方法就是将我族面临的困难归咎“他者”，将“他者”（无论团体或个人）塑造成我族的“敌人”，就可以唤起我族共同抵御外侮的意识。

英国学者埃里克·霍布斯鲍姆曾经说过：

族群或民族认同的最重要功能，是用来判定哪些人是无辜者，哪些人是罪魁祸首，这些罪魁祸首必须为“我们”现今的苦难负责。“我们”痛苦委屈、充满不安、不知未来的方向在哪里，这些都是“他们”造成的，“他们”必须要为“我们”今天的苦难负责。那么，“他们”是谁？很显然的，就是“非我族类”的人，是那些外来的陌生人，因为他们是外人，于是也就成为“我们”的敌人。①

树立“他者”的“公敌”形象，无疑可以更有效地凝聚族群力量，加强族群内部团结，以一致对外。从下面的文本可以看到在华小高职事件中，教育部长安华在华文报的报道、评论中，就成为一个“强蛮自大”、“一意孤行”，公然无视华人社会意见并对抗华人社会的“公敌”。

《南洋商报》的一则新闻报道，就将安华树为华人社会的敌人：

［吉隆坡三日讯］国会反对党领袖林吉祥今日忠告教育部长安华依布拉欣，倘若他继续一意孤行，不调走出任华小高职的不谙华文者，他将是与华人社会、家长、董事部及家教协会为敌。②

《星洲日报》的评论对安华的“一意孤行”也是极为愤慨：

他（笔者按，指安华）掌管教育部才一年多，该部便已经数次公然的跟华人社会对抗，不管华人社会如何反对，如何抗议，仍然一意孤行，在完全无视华人社会的意愿下，实施对华人教育不利的措施。……由于教育部不断

① ［英］埃里克·霍布斯鲍姆著，李金梅译：《民族与民族主义》，上海人民出版社，2000年9月，第206—207页。

② 《南洋商报》，1987年10月4日，第5版。

得逞，以致教长一而再，再而三的蔑视华人社会公义。如果这一次再让教育部得逞，华人教育前途堪忧。在这样的情况下，我们必须做好准备，不能在所谓“互让一步”的情况下妥协，更不能允许安华以巫统内部的权力斗争作藉口，因“体谅其处境”而断送了华小前途。[①]

《南洋商报》的社评指责安华对华小高职事件不负责：

教长（笔者按，指安华）在强调此问题应循协商途径寻求解决之时，他自己亦应扪心自问，在此不应发生的问题发生时，他有没有负起教长的责任，迅速通过行政措施加以纠正？……[②]

《南洋商报》在10月8日报道了霹雳州华人教育董事联合会主席胡万铎的谈话，指责安华是强蛮自大，必须为其言行后果负责。报道引用胡的讲话说：

这次教育部长安华对委派不谙华文华语的教员到华小任高职之事，不理华人社会的感受和强烈反对，竟发出强蛮自大的谈话，……安华谈话语气，塑造他族人认为是英雄气概，却在种族间掀起紧张的情绪，若这个局面继续下去，提升到爆炸点，那安华必须负起一切后果。[③]

《星洲日报》社论针对安华的说辞是：

在这个问题尚处于协商谈判阶段的时候，教育部长安华依布拉欣竟然无视华人社会的意愿，公然声称教育部不会收回委派不谙华文教师出任华小要职的成命。这无异于火上加油，使问题更尖锐化。……[④]

可见，在华文报的话语表述中，安华被指为华人社会共同的“敌人”。

这种身为“他者”的敌人，不仅是个人，也包括团体。在华文报的文本叙述中，马来西亚巫青团也同样成为华人社会的矛头所向。

在华小高职事件中，马来人的巫青团表现激进。10月17日，召开大集会，抗议马华公会和民政党与反对党行动党站在同一战线上。在巫青团召开的集会上，数千马来人情绪激昂，华人教育问题转化成种族问题。集会上“5 · 13事件将重演”、“把剑浸在华人的血液中”等布条标语在空中飘扬。

《南洋商报》的社论就毫不留情地直指巫青团：

巫青团这次举行反抗议大集会，根本就是无理取闹、师出无名；巫青领袖虽自辩大集会“目的不是要破坏国家安定”，但局势若是失去控制，他

---

① 《星洲日报》评论，1987年10月18日，第3版。

② 《南洋商报》社评，1987年10月18日，第2版。

③ 《南洋商报》，1987年10月8日，第18版。

④ 《星洲日报》社论，1987年10月6日，第23版。

们是难辞其咎的。巫青团把华团就华小高职问题采取的一系列行动的陈情性质加以歪曲，显然是有政治意图。华团民权委员会发表声明，义正词严的谴责了巫青团把有关问题政治化和种族化的不当。①

在另一篇社论中，《南洋商报》直接批评巫青团制造事端：

巫青团节外生枝的召开抗议大会，使问题种族化和政治化，徒挑起种族紧张情绪，制造对抗局面，诚令人遗憾……巫青的叫嚣也充耳不绝，一些别具政治意图的巫青领袖，更是利用有关的争论做宣传，不针对根源问题而矛头四指，为遂个人的政治晋升目的。②

《星洲日报》的评论也斥责巫青团的插手是造成种族紧张的根源：

巫青团要在本星期六举行群众大会，目的显然在转移视线，将人们不满当局委派未具华文资格教师出任华小高职的事件，转变成紧张的种族课题。③

马来人在巫青团的鼓动下，出现了极端情绪化、非理性的行为。10月18日巫统召开的“公民觉醒大会”，8名中文报和英文报的华裔记者在采访现场被群情激昂的马来人掷泥块和杂物，且被逐出会场。华人将这种种族紧张的局面，归因于巫青团。在华文报的文本中就提到：

这个“危急”的场面，主要是因为巫青团于本月十七日召开群众大会，以及十八日巫统召开展示力量集会后发生。④

华文报还通过报道他族的非理性言论，强化“他者”的对立形象。在华小高职事件中马来人的极端言论无形中也成为华文报塑造“他者”的方式之一，敌对情绪的加强，同样是维系族群共同体团结一致，共同抗争的纽带。

在华文报报道马来人的言论中，不断出现了马来人使用“外来移民”、“非土著”等词，这显然是一种“非我族类”的排除表述，这种排除对于支配者而言，常常是用来凸显差异进而强化其统治地位，这在马来人言论中表现得极为充分。

例如，《星洲日报》的报道：

《新闻部长称大马是马来人领土 其他人为外来移民 倘不尊重主人地位即缺乏教养》

① 《南洋商报》社评，1987年10月16日，第2版。

② 《南洋商报》社评，1987年10月15日，第2版。

③ 《星洲日报》，1987年10月15日，第3版。

④ 《星洲日报》，1987年10月20日，第3版。

[吉隆坡十八日讯]新闻部长拿督莫哈默拉末今天在巫统集会上，再度称华人为“外来移民”，而外来移民应尊重马来人为主人的领导地位。他说，若不承认及尊重马来人的主人地位，就是没有文化及缺乏教养。马来人将展示力量，叫其他人害怕及尊重……从前马来人处处要照顾其他种族的感情，而如今马来人已经不能忍耐，其他种族必须照顾马来人感情……我们要巩固马来西亚是马来人的领土，其他人是外来移民，他们缺乏教养，胆敢说主人是外来移民。马来人作为土著，将不惜一切保卫每一寸土地。①

《南洋商报》也有类似报道：

[吉隆坡十七日讯]新闻部长拿督莫哈默拉末说，非土著应记住和了解独立时他们的领袖许下的诺言。他说，非土著也应了解到，国家宪法已给予他们的保障及当时他们做出的诺言。他强调，如果他们（非土著）想否定这些许诺，马来人当然也一样可以否定许下的诺言。②

这种“主人”/“外来移民”、“土著”/“非土著”的划分，显然将华人排除在国家主流之外。华文报对马来人这种很明显的族群划分言论的披露，显然会加强华人与马来人的间隔，更让华人体认到马来人“非我族类”的现实，为了维护我族利用，则必须团结一致，共同对外。

（2）通过污名化策略加强对“他者”的排斥

在建构一种自身认同时，他者是个必不可少的参考系，而且他者在原则上只能是个被贬损的对象，否则不利于自身认同的积极建构。面对马来人的排异，华人的自我防卫就是通过对“他者”的污名化攻击来维护族群的利益。

美国学者戈夫曼首先将“污名”这个概念运用到社会科学的研究里，他认为“污名是特性与成见之间的一种特殊关系”。③这里指的“关系”，是指已具污名的一方与不具污名的一方之间的互动关系。也就是说，当某人感受到他人以既有的刻板印象（如黑人与“贫穷”、“依赖”等有密切关系）视之，并深以为耻时，即为污名化的产生。污名化实际就是通过贬低或丑化他者，凸显我族的优越、光荣或重要性，从而让族群成员采取一种“族群荣誉”来提升凝聚力。

在华小高职事件中，华文报的新闻论述成为丑化他者形象的重要工具，

① 《星洲日报》，1987年10月19日，第3版。

② 《南洋商报》，1987年10月18日，第7版。

③ [美]欧文·戈夫曼著，宋立宏译：《污名——受损身份管理札记》，商务印书馆，2009年12月，第4页。

对马来人“他者”的污名化的策略是，为华人社会营造出一种共识，即整个事件演变成族群争端，是马来族群中的少数“极端分子”故意挑起的，是“机会主义政客”的阴谋，而华人社会只是被动应对挑衅。这样就为华人社会的抵抗找到了合法性依据。①

华人社会是在体制内寻求解决问题的方法，因此必须建立起能证明本身行动的合理合法性的完整论述，避免被对方认定为“语言沙文主义”而造成族群间非理性的纷争和冲突。而污名化的方式，则可以把“敌人”的面目清楚地展现出来，凸显对方的不公和不义。

在一个抵抗运动中，要动员整个族群成员参与，尤其需要在观念上去定义统治者和制度是错误和不符合正义的。

在《南洋商报》的社评中，我们就可以看到对巫青团的污名化论述：

巫青团大会强词夺理的把华小升职问题的本质加以歪曲，风马牛不相及的硬扯为挑战马来人的尊严，把教育行政问题与少数社群的请愿扩大渲染为种族问题，只能说是机会主义政客的一贯手段，不幸竟然有国家领袖级的政治人物涉及这种浑水摸鱼之事，诚然令人痛心之至……国家领袖要培养泱泱气度，须从少谈“我们、你们”，多说“咱们”开始。②

《南洋商报》的新闻报道对巫青团的论述：

[吉隆坡七日讯]马华公会副总秘书长兼务边区国会议员陈祖排博士表示……委派不谙华文者出任华人教育行政职位风波，乃紧接着学生被迫诵读祷文，国大舞狮表演被取消及马大选修科媒介语等事件之后，它不应被视为孤立事件。……更令人遗憾的是，这些接二连三发生的事件，都出自同一个政府部门。我们有理由怀疑，它们是由某个政治野心家策划的。因此，效忠国家的公民，必须提高警惕，抗拒到底。③

《星洲日报》的相关论述是：

极端政客只想充当“民族英雄”，在华小教师调职问题上添油加醋，制造一个大课题。巫青团的选举即将来临，但国内AB阵线分明，而同个阵容又有不同的派系，十分复杂。为了要“出人头地”，不惜牺牲别人的利益自肥，无疑是政客的最丑陋的嘴脸。④

10月15日《星洲日报》的一则新闻也写道：

① 黄国富：《马来西亚华文报纸与族群认同建构——以华小高职事件为例》，台湾中国文化大学政治研究所硕士论文，2000年，第151页。

② 《南洋商报》社评，1987年10月19日，第2版。

③ 《南洋商报》，1987年10月8日，第3版。

④ 《星洲日报》，1987年10月15日，第3版。

全国华团民权委员会指责巫统巫青团的极端种族主义分子，将“华小高职问题”政治化、种族化，并且有意无意地在鼓励种族对抗情绪。[①]

从以上文本中，我们可以看到“极端政客”、“极端种族主义分子”、“政治野心家”、“机会主义政客”、“自私分子”等概念，这些概念的指涉，很容易在华人的观念中形成一种简单的对比，让“好”与“坏”，“正义”与“邪恶”清楚呈现。当“邪恶势力”试图要打击和夺取华人应用的权益时，华人绝不能让这个“阴谋”得逞。在这种“黑”“白”分明的表述下，“我群”与“他者”之间的界线分明，使华人社会内部更能凝聚力量。

台湾学者倪炎元综合国外研究，也发现在陈述涉及他者的事件上，通过单词和词汇的选择，可将他者置入一个经过重建的脉络中，使之形成某种被扭曲的刻板印象，如英国报纸报道非洲战争史，几乎是毫无例外地提到部落主义，这个概念经常与非洲紧密串联在一起，塑造了对非洲落后的印象。[②]他还特别指出西方学者温·里文（Van Leeuwen）在利用语言、符号建构他者的观点值得重视。温·里文认为，“他者”作为一个角色在语句中如何被称谓，经常成为区隔我群与他者的策略。在同时再现我群和他者时，我群是一个有知识的人格化主体，而他者则经常被非人格化，包括被抽象化或被客观化等。[③]

在上述华文报的文本中，我们可以看到，诸如“机会主义”、“极端种族主义”、“政治野心家”等概念对巫青团及其领导人的污名化论述，强化了我族的人格化主体，加上马来人一些领袖人物的极端言论，让华人早已心存不满，华人社会自然很容易团结起来，并产生同仇敌忾的集体意识。

在华小高职事件中，我们可以看到，族群认同的形成，除了一种天赋的因素（如人种、血缘等）之外，还需要通过族群认同符号的创建来进行人为的建构，在这个过程中，华文报扮演了极其重要的角色。在我群方面，一方面是大量呈现华人社会内的共同性意见，并通过大量的新闻报道来吸引族群成员的广泛参与，另一方面通过“呼唤集体记忆”来强调同一性，

---

① 《星洲日报》，1987年10月15日，第28版。

② 倪炎元：《再现的政治：解读媒介对他者负面建构的策略》，（台湾）《新闻学研究》第58期，1999年1月，第93—94页。

③ Van Leeuwen Theo，The ripresention of social actors，in Caldas-Coulthard & M. Coulthard(Eds), *Test and Practices: Reading in Critical Discoures Analysis,* (London & New York：Routledge，1996), p.44.引自倪炎元：《再现的政治：解读媒介对他者负面建构的策略》，（台湾）《新闻学研究》第58期，1999年1月，第93页。

从而加强本族成员的认同意识。[①]

族群为了维系和生存下去，就必须唤起族群成员对群体的认同。认同感越强，族群的凝聚力就越大，就更能面对其他族群所施加的外在压力。华文报在面对外族强大的压力时，自觉担负起了这种族群认同建构的使命。

① 黄国富:《马来西亚华文报纸与族群认同建构——以华小高职事件为例》，台湾中国文化大学政治研究所硕士论文，2000年，第153—154页。

第三章

华文报面临的族群困境与生存困境

华文报在马来西亚身份的本土化转换中，由于马来西亚社会的复杂情况，使其面临种种困境。在马来西亚多元族群社会环境中，以马来人为主体执政者的政府，常常把现实的矛盾冲突转化为种族主义的矛盾冲突。作为少数族群媒介的华文报，常常可能与政府倡导的国家利益发生冲突，甚至也导致族群利益与公共利益的冲突，陷入族群困境之中。此外，马来西亚是一个威权政治统治的国家，政府将媒体视为国家发展的工具，在维护国家利益的名义下，对媒体进行严厉的管制。这使得华文报在发展的过程中，面临巨大的压力。再有，华文报在激烈的商业竞争中，还不得不面临大财团的集中整合，而报业的商业化集中，往往与政治集团的利益紧密相连，两者在构建媒介市场上形成共谋关系，这使得华文报业常常遭受政治与官僚资本的合谋打击，从而导致产权日益集中，从多元存在变成独家垄断。政治与经济的双重压力，使得华文报这一华人社会诉求表达的公共领域遭到严重损害。

第一节　种族政治下华文报面临的族群困境

在马来西亚这样一个以马来人和华人为主要族群的多元社会，两大族群之间各有完全不同的文化体系及社会结构，两者之间缺乏共同性，很难进行种族同化与融合。对于马来人而言，建国伊始就一直在寻求建立马来族为主的国家，“5 · 13”事件加大了政府权力干预的强度。直到今天，马国政府也未放弃以马来人主流文化主导马来西亚多元社会的企图。马来西亚华人所要求的马来西亚国族认同特征，是更少马来人特征而更多其他族群的特征，但国家实行的很多政策或核心思想却并非如此，而是朝着单一语言、单一文化的目标前进。

加拿大学者泰勒·查尔斯（Taylor Charles）在《认同的政治》一文中强调，“让不同文化在一个合理的界限下自我保护……更迫切的需求是所有歧视文化都获得价值平等的承认，我们不仅应让他们生存，且承认它们的价值。”[①]但是，“5·13”事件之后，马来西亚不利于多元文化发展政策的不断通过和施行，政府干预下的多元文化整合，完全消除了多元文化社会在马来西亚实现的可能性，并导致之后马来人和华人之间缺乏共识及不曾间断的冲突和矛盾。这使得华文报面临着强大的种族压力，常常陷入一种族群困境之中。

一、公共利益与族群和谐的迷思

马来西亚立国时采用了英国式民主政制，是民主政治的一种试验。在这种体制下，应付种族紧张的方式，就是以多个单元种族性的政党，组成多元种族性的执政联盟；种族之间的利益分配，不是通过社会的民主方式商谈，而是由加入执政党联盟的各族群的政党内部协商。这个联盟形式，决定了马来西亚数十年来种族政治凌驾民主政治的格局，这种格局也使得许多政客利用种族问题作为玩弄政治权术的手段。而种族问题一经某些政客的煽动，的确给马来社会带来动荡和不安。1964年7月22日新加坡的种族骚乱和1969年的“5·13”种族流血冲突事件就是明证。

在这种族群政治的氛围下，族群和谐成为马来西亚各族的最为需要和迫切的首要问题，也成为巫统执行严厉社会管制的主要凭借。它为政府的许多立法和政策的制定提供了合法性基础。

在维护族群和谐的论调下，官方严厉管制媒体也就顺理成章。政府常常指责媒体为了刺激销量而玩弄族群课题，结果造成族群纠纷和社会动荡不安。于是，为了“维持族群和谐”，“避免挑起可导致族群不满情绪的敏感课题”，以及“太大的新闻自由会造成社会动荡不安”等观点，成为政府管制媒体的合理化理由。政府长期对此进行宣传，成功地营造了“新闻自由=社会乱源”的观念，使新闻自由这种本来是媒体应该竭尽所能争取和捍卫的权利，成为族群政治斗争的殉葬品。

“为了维护族群和谐”的说法也很容易得到一般民众的认同，即使媒体新闻工作者有疑问，也不敢“冒天下之大不韪”与政府对抗，甚至是附和政府。例如，在1987年政府开展“茅草行动”时，《马来前锋报》就赞扬政府的行动是为了国家安全的适时举措。

① Taylor Charles，*the Politics of Recognition*. In Amy Gutmann(Ed)，Multiculturalism Examing the Politics of Recognition，New Jersey：Princeton University,1994，pp.25-73.

2001年5月3日,《星洲日报》在响应“事件新闻自由日”发表社论时,提到马哈迪提出修订《印刷与出版法令》以管制网络新闻,并考虑重罚造谣者时,就表示“首先有意加强管制网络法令,对付没有根据或煽动性的报道,这对社会和国家的安宁,是无可厚非的”。①

在这种情况下,华文报常常难以理清公共事务与族群和谐的界限,对族群利益的过度关注有时会模糊了媒介对公共事务的视线,使华文报难以站在超越族群的立场上,恪尽社会公器之责。

而在华人社会方面,由于华人一直对族群权益问题投注过多心力,也经常陷入对华人社会内部众多议题的纷扰之中,相对减少了对其他公共事务的关心与参与。华人的这种心态对华文报不无影响,加上报业因商业利益对政府的屈从,在无关族群利益的公共利益问题上,华文报有时是站在政府的立场上,表现出对新闻自由的背离和反动。

在1999年马来西亚被称为“烈火莫熄”②的民主运动中,华文报站在政府的立场上发言,这种在公共事务中的身份缺失,或许是少数族群媒介所面临的难以克服的困境。

1997年,马来西亚在应对亚洲金融危机时,首相马哈迪与副首相安华之间由于政见相异,导致安华被捕。安华被捕事件点燃了马来西亚挑战马哈迪威权统治的烈火莫熄运动,大批马来人走上街头要求政治改革,掀起了声势浩大的公民社会运动。这场运动也带来了马来西亚媒体改革的曙光。这场运动从长远来说,对华文报的发展也将开拓广阔的空间。无论是从马来西亚社会进步和政治发展的角度来看,这场运动是极具进步意义的。然而,“5·13”事件的阴影,以及1997年由于金融危机带来社会危机并导致印尼排华事件的震颤,使华文报沦陷于族群矛盾的圈子中不能自拔,无法站在公众的立场上看待这场运动。这从当时的《星洲日报》和《南洋商报》的社论及其记者的新闻评论,都可以窥见一斑。

《星洲日报》在关于安华事件社论中有如下表述:

在安华革职事件发生后,我们一直坚持着一个理念:执政的当权者对其行动要有负起政治责任的担当,而政治的反对者亦应在法律的游戏规则内从事政治活动,使国会民主的列车在责任政治与法治政治两条并行不悖的轨迹上快速进行,这才是社会稳定最有力的保障。因此我们对安华案的态度是从

① 庄迪澎:《华人社会、中文报业与新闻自由运动——兼论华人社会对中文报业的“文化事业情结”》,(马)《人文杂志》,2003年6月号,第15页。

② 烈火莫熄,为马来文Reformasi的译音,原意为“改革”。

政治责任的角度善尽言责，认为应以法律规范解决安华的行动所应负的法律责任。目前这个为国人关注的案件政府处理的原则都朝这一方向发展，惟社会大众对安案以及在这个大选可能提前的敏感时刻，无论认知抑或行动的方向都有朝向法律以外途径诉求的发展倾向，这是我们感到忧心与关切的。①

这篇社论认为政治反对者的活动应该在“法律的游戏规则内”，对“社会大众”“有朝法律以外途径诉求的发展倾向”深感担忧。该社论从文字言语看似比较冷静、理性，然而如果结合当时民众要求民主改革的社会语境来看，却暗合了执政者的意图。社论还表示：

当民众要求改革的呼声有强烈阶段性的诉求意义时，则行为的评断应以对国家有利的一面作为考虑的基础，而不必拘泥于不利国家发展因素的考虑。一切行为有利于社会稳定的发展则是国家最大的利益。②

从这段文字可以看到，《星洲日报》对民众改革的呼声，其价值意义的评判，主要是依照“有利于社会稳定的发展”这个“最大”的国家利益作为标准的。从字面上看，似乎不无道理，然而，任何以社会稳定来阻止社会改革的意识，无疑都更贴近当权者的意识形态要求。

如果说社论的言语还比较隐晦和迂回的话，那么在《星洲日报》上发表的该报记者郑丁贤写的“及时评论”就更加直白了：

不同意见的政治团体，选择以“大集会”作为政治竞赛的方式，这显然是一个违反常理的现象。

城市已经拥挤的吉隆坡，政治气氛已经紧张的大马，还要负荷这些动辄十几万，甚至百万人的集会吗？

答案显然是“不必要”。③

在一个民主法治的国家，集会和言论自由是合法的，但由于马来西亚执政者的威权统治，大集会常常会遭到政府的恶意阻止。在烈火莫熄的民主运动中，民众通过集会表达不同民意，这在任何一个标榜民主的国家中，都不是违反常理的事情，更是民主社会的常态。华文报《星洲日报》的观点和立场显然有悖于公众利益。

当时的《南洋商报》在此事件上也表现出同样的立场和态度，只是表述更为明白：

目前由于安华的支持者一再举行大规模集会，使到当局难以把安华带上

---

① 《星洲日报》社论，1998年9月22日。

② 《星洲日报》社论，1998年9月22日。

③ 《星洲日报》，1998年10月8日。

法庭公开审讯。马哈迪医生说，警方本来要尽快把安华控上法庭，并且让他保外候审，但由于骚动事件，导致警方无法按照原订计划行事。他也指出，安华的支持者不断发动示威和制造动乱，会令法官感到害怕，而导致在审判时受到影响。首都一再发生示威事件，也影响到社会的安宁和商业的正常操作。

因此，安华的支持者和同情者有必要冷静下来，停止展开示威，使国内局势安定下来，让当局在不受干扰的情况下在法庭上公开审讯安华，通过法律程序来决定他是否有罪。他们应该信任法律之前人人平等的原则。①

这篇社论转述马哈迪的话时，基本上是站在马哈迪的立场上，认为社会动荡的问题是出自示威行动上。马哈迪指责示威行动拖延了司法审讯，影响了司法公正和社会安宁，而《南洋商报》对执政者的价值评判是照单全收，显然有悖于媒介的公共立场。

《南洋商报》记者张明光撰写的新闻评论，更是直接表达了反对示威行动的立场。这篇题为《破坏国家安宁、诉求成效低，街头政治得不偿失》这样写道：

举行集会和游行示威的街头政治风气，在许多国家相当盛行，尤其是西方国家，这是不可否认的事实，也有许多国家把这种方式生搬硬套，往往却是以大悲剧收场，国家陷入万劫不复之绝境。

换句话说，并非所有国家适合展开街头政治，条件不够成熟，勉强而为只会收到反效果，这正是所谓的国情不同也。

我国长久以来社会稳定，政党摒弃街头政治，应是一个促成因素，为免破坏这种难得的稳定格局，反对党切忌利用“安华事件”和安华鼓吹的所谓“政改”走回头路，再搞街头政治。②

这篇评论以“国情不同”的简单理由，武断地否定了马来人主导的民主改革运动的价值意义。《南洋商报》这两篇文章，沿袭了执政者的思维，一再以国家发展和国家稳定的诉求看待烈火莫熄运动，却未引领读者反思国家民主和自由问题。

尽管社论和评论上有所顾忌，唯恐引起政府不满，但在对这个事件的报道上，华文报比其他语文报却是比较全面而详尽。不能说这是一种幸灾乐祸的表现，但多多少少透露出一些事不关己的隔岸观火心态。

---

① 《南洋商报》社论，1998年9月28日。

② 张明光：《破坏国家安宁、诉求成效低，街头政治得不偿失》，《南洋商报》1998年10月12日。

二、国家利益与族群利益之间的矛盾

为争取族群权益，华文报以自由平等观念来构建国族意识，却得不到马来人的承认；而如果不遗余力地维护本族群利益，又常常被指责违背国家利益。这也是华文报作为少数族群媒介面临的又一族群困境。

马来西亚独立后，华文报完成了从华侨报到华人报的本土化转向，开始效忠马来西亚，除了在报刊内容上大量报道本土的相关新闻之外，还大力培养华人的国家认同意识。但由于在马来西亚国族的构建过程中，马来政府一直奉行马来人至上的国家政策，使得华人为了维护族群利益，常常以自由平等的观念来塑造国族意识，试图以此改变华人在国家中的地位。例如，华人关于国家的观念是反对"马来人的马来西亚"，认为国家是各个不同族群和文化背景的集团超越本族群的认同而结合的一个共同体。在这个共同体中，各族都拥有平等的地位。然而，马来人的国家概念是，马来西亚是"马来人的马来西亚"，坚持马来人优先和拥有特权的理念。华人不愿意也无法接受这种完全由单一种族主导的国家意识，华文报也常常对这些问题展开讨论，致力构建具有多元种族特性的国家意识。这在华文报对国家文化定义的讨论上就得到充分地体现。

1971年8月16日，马来西亚文青体育部在马来西亚大学举办了"国家文化大会"，这次大会确定了国家文化的三原则：国家文化须以本地土著文化为核心；其他文化如果恰当与适合的可被接纳为国家文化；在国家文化建设中，回教应成为重要的部分。这三大原则，成为国家文化政策制定的基础。1974年之后，马来西亚政府将其作为国家文化内涵，纳入国家文化政策。

国家文化概念内涵被政府框定之后，华文报对国家文化的定义发表了各种看法。

《星洲日报》发表的评论文章认为这个国家文化的定义实际上把马来文化提升为国家文化。可是如果国家文化只被视为马来文化，而忽略了它应该是全马来西亚所共同具有的，那么它便没有什么意义了，因为它仍然只不过是一个族群文化而已。而且这种定义会起到一个负面作用，即"非本土文化"被视为非马来西亚的文化。这种做法导致非马来人把1971年的国家文化定义视为一种同化的思想，以马来文化同化他族文化，在大马多元种族的社会是不适合的，它不是促进国家融合的一个好办法。[①]

《南洋商报》也发表文章对官方的国家文化原则提出了批评。一些文章认为，这个被政府采纳的国家文化原则本身充满了很多不明确的含义。大

① 陈志明：《国家文化与国民融合》，《星洲日报》1983年7月19日。

多数非土著人民无法接受政府所拟定的国家文化政策及其概念。马来西亚是一个多元种族的国家，它就必须接受多元种族性的国家文化，也就是多元语言、文学、宗教、政治、教育及其他的生活方式。多元种族文化已经长期在马来西亚扎根盘踞，也已经深入到每个社会成员的心里。不承认华人的文化特征，就是不尊重华人的学识与贡献；歧视华人的民族尊严和公民权利；无视华人的地位和角色；压制华人的愿望与理想。华人是合法的大马公民，政府有必要尊重华人的文化特征。只要华人的文化特征对国家的发展及人民的团结有利无害，政府则必须采取开明的态度，宽容的政策以及容忍的精神，兼收并蓄，去芜存菁，让各族的文化共存共荣，达到百花齐放，万紫千红的境界。[①]

《马来亚通报》也发表评论指出，马来西亚的国家文化是指马来西亚人民的文化。马来人召开的"国家文化大会"提出的三项基本原则，只是代表了巫族的意愿。文章还批评有关官员在处理文化问题时的表现不良，其态度和当年英国殖民地官员一样，让华族文化和印度族文化自生自灭。作者呼吁有关当局应尽早采取各种措施，消除这种不良印象。[②]

在华人看来，国家文化，顾名思义，就是大马人们共同的文化。国家文化必须获得广大人民的支持、接受以及拥戴。国家文化必须真正反映大马多元种族的生活实况，得到全体人民的支持与接纳才能有效。[③]

《南洋商报》的文章《国家文化与华人文化》，指出马来西亚的国家文化应该反映人民的文化，国家文化可以土著文化或者马来传统文化为主流，但并不意味着非土著文化应该受到歧视，那种移民文化威胁土著文化的言论完全不能成立，多元种族国家的国家文化应该把各种不同文化融合在一起，共同享受这种文化资源。

有的华人认为，马来西亚的国家文化应该具有马来西亚各族文化的共同价值。在《南洋商报》上有一篇文章《从哲学角度看马华文化与国家文化》，提出要认识国家文化，就要先认识国家文化的各部分，因为国家文化的大体系，是由其各部分组成的。马来西亚是一个多元种族的国家，国人应该研究各族的民族性格、民族行为和民族思想，从文化的结构和精神上来进行比较，找出一个共同的价值观。这个共同的价值观，就是国家文化

① 周泰福:《国家文化与华人文化》,《南洋商报》1980年9月6日。

② 郭仁德:《马来西亚国家文化是各族文化的总和》《马来亚通报》，1988年8月18日。

③ 陈祖排:《国家文化与华人文化》，载戴小华主编《当代马华文存》第5卷，马来西亚华人文化协会出版，第43页。

应具备的特质。[①]

然而，华文报提倡的国族意识不被马来人所接受。报纸上发表的对国家文化的观点，被马来学者指为“傲慢无理与不顾历史事实。……至于他们（非马来社会）如何把他们的民族文化注入国家文化主流的问题，那应该是移民社会本身问题，而不是国家问题”[②]。

对此，马来西亚文青体育部长安华依不拉欣发表言论说“文化多元论及文化平行论，会妨碍国家融合及同化”。[③]

由于在国族意识上的观念分歧，使得马来西亚在国族与族群之间，非但没有形成一个各族融合的共同体，族群边界反而因对立而更加清晰和明显。在此情形下，华文报对政府的一些批评常常被指责称违反国家利益，使华文报常常陷入国家利益与族群利益的困境之中。

这实际上反映出马来西亚在进行国族塑造时的包容性问题。如何平衡各族的利益，形成一个具有共同国家意识的民族国家，这是对其国家领导人智慧的考验，威权主义的政体结构，本身就不是一种对话式的协商框架，强力压制下的均衡，难以构筑相互的信任，也就不能达成真正的团结。因此，在一种由政治框架而提供的平等对话所达成的国民融合未能形成之前，马来西亚华文报所面临的族群困境亦无从化解。

第二节　严厉的政治管制

自建国伊始，马来西亚政府就对媒体开始了严厉的管制，不仅通过立法来监管媒体，还通过产权收购来控制新闻机构。在马哈迪执政期间，更是加强了对媒体的操控，不惜用严厉的手段来打击媒体，压缩其新闻自由的空间，这也使得华文报的发展面临重重困难。

一、独立后联盟政府的媒介控制

“5 · 13”事件发生之前，联盟政府对媒介的管制还不算太严厉，政府将媒体视为协助国家发展的工具，20世纪60年代兴起的“现代化理论”成为政府控制媒体的一个理论依据。当时的资讯部长就曾经指出：“电视将是一

① 陈云深：《从哲学角度看马华文化与国家文化》，《南洋商报》1983年2月20日。

② 朱自存：《从历史资料与纪录看国家文化政策的转变》，载戴小华主编《当代马华文存》第5卷，马来西亚华人文化协会出版，第162页。

③ 朱自存：《从历史资料与纪录看国家文化政策的转变》，载戴小华主编《当代马华文存》第5卷，马来西亚华人文化协会出版，2001年，第164页。

个协助我们社会改革的重要工具。它的作用是告知人民国家各领域及国外的发展。”①“国家发展”的需要使政府开始限制媒体报道的内容。

“5·13”事件之后，政府对媒介管制愈加严格。如当时的《中国报》因为刊登了一则法庭新闻被指违法印刷及出版法令而被停刊30天，后经报社董事主席敦李孝式与内政部长沟通争取，减轻为停刊10天。报纸在复刊后刊登了一则新闻披露了内政部长对此事的态度，由此可见内政部长对媒体所拥有的生杀大权。

内长发表谈话　准许本报复版

（马新社十四日讯）内政部长敦义斯迈医生今日宣布，准许吉隆坡中国报在明日复刊。

中国报是在本月五日，以据谓违反报章执照条例为由，被令停刊三十日，到今日为止已停刊十日。

内政部长敦义斯迈医生表示：这是随着昨日中国报董事主席敦李孝式爵士向他提出请求后所决定的。

敦义斯迈医生向马新社表示，他决定给予中国报以“另外一个机会”。

敦义斯迈医生说：“敦李曾经向我表示报馆已进行若干改革。”

“他也向我保证报馆将遵照政府指示，不再刊登任何煽动性的文章。”

敦义斯迈说：“我表示如果他们继续重复刊登对协助恢复正常局势无补的报道，则我将毫不犹豫地在紧急期内将该报停刊。”②

联盟政府对报业内容的审查由内政部负责，关于当时内政部的作业方式，周宝振在回忆录中提及：

那时候，内政部对报社的各种惩罚，间接上，是完全根据检查小组的报告行事，比较小的课题是口头警告，大一点的则发出书面警告。……由于上司不懂华文，检查主管的影响力无限度膨胀，也因为这些主管没有实质上的惩罚权利，使得他们放胆的写报告，他们是给予罪名而无需负责的判官。

老实说，从我出道第一个十年，我根本没有写过“透明度”三个字，那时候的社会没有人喊透明度，特别是对内政部的检查组。没有人知道自己长期做对了什么和做错了什么。每一个年尾，如果报社的准证获准更新，也只能说你可以继续做下去，倒并不是内容的健康报表。③

---

① Zaharom Nain(2002). Globalized Theories and National Controls：The state，the market，and the Malaysian media. In James Curran & Myung-Jin Park(eds)，*De-Westernizing Media Atudies*. London：Routledge. P.146.

② 《中国报》，1969年6月15日，第3版。

③ 周宝振：《从通报生活报道中国报》，（马来西亚）有人出版，2008年，第62页。

周宝振指出，“通常受检查组看中的都是一些批评时事的大小言论”。此说法说明了为何进入60年代华文报的社论越写越保守。[①]

在报章出版与印刷法令的控制下，马来西亚各报章必须每年更新出版准证和印刷准证，1984年以后，出版准证必须每年重新申请。政府如果不满某些报章的表现，可以拒绝批准，无须解释理由。同时内政部长还有一项权力，如果他认为有关报社触犯出版准证所附上的守则，可以随时吊销准证，或者加以惩罚：轻者口头或书面警告，重则暂停出版。

马来西亚建国以后，联盟政府主要通过两项途径来控制媒介，一是立法管制，二是所有权控制。

1. 立法管制

马来西亚的媒体管制法令、条例有六项。即《印刷与出版法令》、《内安法令》、《煽动法令》、《官方机密法令》、《诽谤法令》、《通讯与多媒体法》。

1984年通过的《印刷与出版法令》，规定了在马来西亚境内的任何印刷出版物，不管是定期还是不定期出版，必须每年向国内安全部申请出版准证。这项法令赋予了内政部长绝对的审核权，他可以根据自己的判断来决定是否发出准证，也可以随时冻结或撤销任何出版准证。这项法令随意性很大，只要哪家报纸不听话，随时就有可能关门停刊，对报纸的生存威胁很大。

1960年通过的《内安法令》，是1948年颁布的《1948紧急条例法令》的延续。《1948紧急条例法令》是马来政府为了对付马来亚共产党的游击活动而制定，至1960年7月31日解除，同年8月1日以《内安法令》取代。该法令赋予内政部长绝对的权力，只要内政部长怀疑或认为某人破坏马来西亚的安全，就可以签发逮捕令，毋需经法院判决，即可对其进行拘留。《内安法令》的初衷是应付马来亚共产党的武装游击斗争，如今却成为压制媒体的法令。1987年，在华小高职事件中，政府动用《内安法令》对华文教育人士进行逮捕，《星洲日报》就是因为报道华小高职事件以及华人教育领袖被捕事件，遭到政府查封。《内安法令》毋须通过司法程序就可以扣押任何人，被认为是传媒业者最为恐怖的法律。

《煽动法令》是在《内安法令》之后，又一个压制媒体与舆论的有力工具。该法令于1957年通过实施。该法令规定任何人不能评论皇室，不能质疑马来人的特权，不能挑起种族情绪，不能打击股市信心。上述法令范围宽泛，定义笼统，令记者编辑难以把握审稿尺度，只能凭经验行事。该法令如

① 曾丽萍：《西马来西亚华文报业发展的政经分析1888—2008》，台湾世新大学新闻研究所硕士论文，2010年，第81页。

果把握不好，极易引发种族问题，获罪者很轻易被政府告上法庭。

1972年通过的《官方机密法令》是对公众知情权威胁最大的一份法令。文件盖上OSA的官印，就属于官方机密。新闻报道中如果有一段文字被证明是取自官方机密文件，罪名就会成立，并被判两年监禁。《官方机密法令》是英国殖民者遗留的法令，许多英联邦的国家已经废除这类法律，但马来西亚至今仍然实施这项法令。该法令语义宽泛，量刑严厉，令传媒从业者胆寒。记者和编辑有时不知道或者无从判断哪些内容属于官方机密，为避免定罪，便不予报道，这就剥夺了公众的知情权。

《诽谤法令》于1957年制定，该法令第三条规定，文字诽谤无需证明起诉人的特别损失就能构成起诉行动。法令还规定，在知道或有理由相信将发生伤害他人的情况下，仍有意通过口头或显而易见的话语、文字、信号、发表或印刷对他人的诋毁，破坏他人的声誉，将担负刑事责任，最高刑罚监禁两年，或罚款，或两者兼施。这个法令使得传媒在尊重人身自由和维护言论自由之间很难找到平衡点，对马来西亚言论和新闻自由构成了严重威胁。1992年，与马哈迪关系密切的企业人亨陈志远起诉一家杂志、编辑及作者对他进行诽谤，索赔马币2000万，1994年法院裁决原告获赔1000万元，创下了马来西亚地方史上最高额的名誉损失赔偿记录。这个案件掀起了“巨额诉讼”潮流，从1994年至2001年共有超过88宗诽谤诉讼入禀法院，索赔额合计高达马币72亿元。据马来西亚律师公会2001年的报告书指出，同期至少有5宗是起诉本地媒体的诽谤案，索赔金额合计11亿元。[①]《诽谤法令》成为另一个有效营造“寒蝉效应”的法规。

在大马，媒体工作者一般都不属于高收入者，如果要他们本人作出赔偿，其面对的将是破产的命运，个人及家庭的生活也受到影响。如果是媒体机构，即使是那些财力雄厚的媒体机构，1000万的诽谤赔偿也是沉重的，更遑论那些依靠炒作新闻吸引读者的小报或杂志，巨额赔偿将是它们的灭顶之灾。

在马来西亚的一些华人报人看来，诽谤法令把控制言论自由的权利交给了普通人，间接地帮助政府牵制言论自由。

马来西亚律师公会前任主席苏莱曼阿都拉曾表示，“法庭判决巨额赔款，可能会导致新闻媒介不敢再揭露对人民、环境、国家带来不利影响的种种活

① 庄迪澎:《强势首相vs弱势媒体：给马哈迪的媒体操控算帐》,（吉隆坡）媒体事业社,2004年,第79页。

动或计划”。[①]他还说道：“如果法庭根据以往的庞大巨额赔偿的案例判案，最终只会令人们对言论自由的保障失去信心，并且也对‘诽谤’起诉产生恐惧的感觉。”[②]一个民主社会里，政治人物、企业、经济、社会及其他公众生活圈子的掌权者，都应该接受公众及媒体的批评、指责，公共事务需要大家辩论，这种辩论该是公开的、激烈的，辩论者的言论难免有失误之处，这种失误是正常的，如果一讲错误就被告诽谤，那么就没有人愿意参加辩论了。[③]

在西方，只要媒体证明其新闻报道没有恶意，是出于公众利益，法庭就会判媒体胜诉。然而，在马来西亚，情况却大相径庭，法庭并不因为媒体报道基于公众利益，而对媒体从轻处置或是网开一面，这对媒体在报道揭发性新闻方面困难重重。记者缺乏权力，法律又缺乏对媒体舆论监督的保护，使得媒体在进行舆论监督时，常常处于弱势地位，这就给媒体的舆论监督设置了许多障碍。

2．政党收编

为了稳定政权，除了严厉的法令监管之外，马来西亚执政集团还通过收购报业来控制舆论。在所有权控制方面，则有直接控制和间接控制。直接控制就是政党收购媒体，将媒体变成政党的喉舌。

巫统是最早进行媒体产权收购的政党。早在1961年，部分巫统领袖就控制了有“马来民族主义喉舌”之称的《马来亚前锋报》。由于巫统不满《马来亚前锋报》对政府的批评，强力介入该报的采编工作，引发了有百多名新闻工作者参与的长达93天的罢工抗议，最后巫统还是成功地收购了该报。

政党收编经营报业，使报纸成了政党的附庸和舆论工具，其舆论性质发生了很大的变化。

间接控制就是将媒体产权收归政府朋党所有。在1972年，巫统青年团强烈抗议国内的新闻业被英国人和新加坡人控制，要求首相敦·拉萨拿下《海峡时报》的控制权。敦拉·萨便委托其好友东姑拉沙里进行收购，同年从新加坡人手中收购了《海峡时报》80%的控股权，将原《海峡时报》更名为《新海峡时报》，并成立“新海峡时报”集团，通过纵向和横向的投资，目前该集团已经成为马来西亚最大的传媒集团。80年代后，该集团又将掌握在新加坡人手中的另外20%股权全部收归已有，旗下拥有六家报纸，一家电

① 《南洋商报》，2001年3月16日，第12版。

② 《南洋商报》，2001年3月16日，第12版。

③ 邓晓璇：《浅谈诽谤法令在马来西亚传媒中的现状及其影响》，《新闻与传播研究》，2002年第3期，第78页。

视台，出版、分销及零售期刊和书籍。

《马来亚前锋报》和《海峡时报》被收编后，这两个曾经激烈批评国阵、巫统的媒体机构，立刻转变成为巫统牢牢控制马来人思想的机器。而且这两大报业集团控制了市场上超过70%的杂志、刊物，影响力很大。

作为执政联盟成员之一的马华公会，也参与了对报业的直接控制。1976年，马华公会旗下的华仁控股有限公司收购了英文报纸《星报》，此后经营规模不断扩展。星报报业集团成为上市公司，拥有了一份报纸和一份司法杂志，以及一家电视台。马华公会在收购英文报纸的同时，也开始了对华文报的收购。

在英文和马来文报纸悉数被执政集团收购之后，华文报纸也难逃被收编的厄运。1976年，马华公会党员陈群川收购了华文版的《新明日报》，自任执行董事。1986年陈群川担任马华公会总会长，但同年又犯案入狱，《新明日报》因而出现危机，难以为继，转售给"新海峡时报"集团，成为巫统掌控华文报的第一个例子。1994年，《新明日报》不敌市场激烈的竞争而停刊。

1981年，马华公会又通过华仁控股公司以1200万零吉收购了由拿督周瑞标于1957年创办的《马来亚通报》，收购之后易名《通报》刊行，与《星报》一起成为华仁控股有限公司属下的姐妹报，亦成为马华公会的"党报"。由于《通报》受制于马华公会，内容过于偏重政治宣传，报社管理人员随着马华公会领导层的变动而更迭，人事不稳，加上政治味道太浓而遭到华人社会唾弃，以致报纸销数锐减而年年亏损。1987年由《星报》接管时，亏损累积达3000多万零吉。由于无法改变亏损局面，1991年转售给经成有限公司，1993年更名为《新通报》。《新通报》最终因无法扭亏为盈于1994年停刊。

被政党收购的华文报与被收购的英巫文报相比，其结果大不相同。英巫文报日益发展壮大，影响力与日俱增。而华文报却日益萎缩，最后不得不停刊倒闭。究其原因，主要是华人社会将华文报视为其重要的文化精神家园，将其与华文教育置于同等重要的地位，不容许外来势力或是外族干预。

这种强烈的族群意识使华人社会对被政党收编的《新明日报》和《新通报》表现冷淡，最终使这两份报纸因为没有市场而消亡。华人对华文报的特殊情结，使得政府无法随意收购华文报，至少在20世纪90年代以前，华文报仍然具有相当的独立性。

2001年，马华公会故伎重演，又开始收购马来西亚最大的华人报业集团——《南洋商报》和《中国报》，引发了华人社会的反收购案运动，对华文报业的发展产生了深远的影响。

二、马哈迪政府对媒体操控的强化

马哈迪于1981年就任马来西亚第四任首相，直到2003年退位，任期长达22年。马哈迪执政伊始，就面临着许多危机。如1983年的宪政危机、隔年巫统党内分裂而发生派系斗争，1997年亚洲金融风暴、安华事件等。但马哈迪是一位具有铁腕手段的领袖人物，在一连串的挑战其权威的危机中，展示出高超的威权手段，化解了一个个危机，最终形成了其牢固的威权统治。

1. 马哈迪的媒体控制理念

马哈迪在任期间的威权强势执政，也使马来西亚的媒体陷入更严酷的环境之中。这位曾被“保护记者协会”评为“世界十大新闻自由的公敌”的国家领导人，重新诠释西方的“社会责任论”，认为具有民意的政府当然有权力管制媒体，以免其破坏社会的和谐，阻碍国家的发展。

马哈迪反对媒体过度自由化。1989年，在为“世界媒体大会”主持开幕仪式上，马哈迪发表了题为《社会责任的报业模式》的演讲。在演讲中，他重点肯定了媒体的社会责任论，同时对自由主义模式进行了批评，他表示，“自由主义理论认为人是理性的动物，拥有永不厌足追求真理的愿望……（但）自由主义有必要进一步论证人是理性或不理性这个基本命题。（事实上）人类耗尽时间追求真理的想法是错误及愚蠢的”。[①]在马哈迪看来，言论自由是根本不可能实现的，因为媒体只是掌握在少数人手里，只有他们才拥有公开表达意见的机会，“有多少家报纸开放版位给愚蠢及思考能力弱的人发表看法？”[②]

他一再强调新闻控制无所不在，“无论在什么地方，报纸不单只是被政府控制，也被报社的编辑及其他员工、广告商和报老板所控制。各方面都拥有各自的立场和利益，新闻自由不过是在为这些团体服务罢了”。[③]

马哈迪批评西方媒体的新闻自由，和西方的民主自由一样，会给社会带来许多不良后果，他认为：

> 自由的媒体并不给予他人自由。他们对目标对象穷追猛打，直到揭露所有让目标对象深感耻辱的事情，那比任何法律刑罚更要让人难堪。淫秽的

---

① Mahathir Mohamad (1989). Tanggungjawab Sosial Model Akhbar. In Mohd Safar Hasim ed, *Mahathir dan Akhbar*. KL：Utusan Publications & Distributors. pp.171-174. 引自曾丽萍《西马来西亚华文报业发展的政经分析》，台湾世新大学硕士论文，第150页。

② 同上注，第175页。

③ Mahathir Mohamad (1987). Kebebasan Akhbar Bukanlah Mutlak. In Mohd Safar Hasim ed, *Mahathir dan Akhbar*. KL：Utusan Publications & Distributors. pp.140-153.

图片和新闻到处散播，污言秽语不再隐藏，暴力行为被渲染直到影响社会文化。犯罪者用钱收买媒体将他们形塑成英雄。政府机密被揭露以致危害国家安全。①

马哈迪还进一步指出，西方所倡导的新闻自由，是西方对第三世界推行其普世价值的一种手段，是一种新的殖民控制：

当殖民统治结束，帝国主义者必须寻找一种殖民方式，而众多方式之中，国际媒体是维系帝国主义最有效的工具。为了使国家媒体有效地殖民世界，西方势力需要随心所欲报道新闻的自由，这就是他们所称之的新闻自由。②

在马哈迪看来，马来西亚是一个发展中国家，全体人民，包括新闻媒体工作者，都有共同建设国家的责任。因此，他常常强调媒体的责任和角色，他认为“如果马来西亚要迈向繁荣，各方都有必要配合政府的政策，共同努力建设国家。不容置疑，大众媒体在国家建设上扮演重要的角色”。③在他看来，社会责任模式是媒体最好的模式，它能扮演上下沟通的角色，为国家和社会作出贡献。通过诠释西方关于媒体的“社会责任论”，马哈迪为他管制媒体找到了合法性。

此外，他认为通过民主程序由全体人民投票选出的政府，绝对有权力管制不负责任的媒体。“政府必须要劝说记者利用他们的权力来协助政府发展国家……这并不是意味着必须支持政府，而是因为责任，因为爱护自己的国家，因为渴望这个国家繁荣和幸福。”④而且，“当媒体滥用他们的权力，民选的政府有责任纠正他们的错误”。⑤由此可见，马哈迪是极其不信任媒体的，他只是将媒体视为治国的工具之一，而根本不相信媒体有它自己的职业操守。他公开表示，当今的媒体“并没有自律”，“唯一可行的方式就是政府通过法律来管制媒体”。⑥

---

① Mahathir Mohamad (1988). Kebebasan Untuk Kebaikan. In Mohd Safar Hasim ed. Mahathir dan Akhbar. KL：Utusan Publications & Distributors. pp.154—163.

② Mahathir Mohamad (1979). Mencari Had Kebebasan Akhbar. In Mohd Safar Hasim ed. Mahathir dan Akhbar. KL：Utusan Publications & Distributors. pp.65-71.

③ Mahathir Mohamad (1987). Kebebasan Akhbar Bukanlah Mutlak. In Mohd Safar Hasim ed. *Mahathir dan Akhbar*. KL：Utusan Publications & Distributors. pp.140-153.

④ Mahathir Mohamad (1982). Akbar dan Perubahan Sikap. In Mohd Safar Hasim ed. Mahathir dan Akhbar. KL：Utusan Publications & Distributors. pp.98-102.

⑤ Mahathir Mohamad (1989). Tanggungjawab Sosial Model Akhbar. In Mohd Safar Hasim ed. Mahathir dan Akhbar. KL：Utusan Publications & Distributors. p.179.

⑥ Mahathir Mohamad (1981). Peranan Akhbar Dalam Demokrasi. In Mohd Safar Hasim ed. Mahathir dan Akhbar. KL：Utusan Publications & Distributors. p.86.

马哈迪强调政府有控制媒体的必要性，他曾公开表示："媒体不是民选的，即使它们没有满足人民的需要，也不会像民主社会里的领袖那样，必须定期面对丧失地位的威胁。所以当媒体明显滥用其权利时，民选的政府应有权力管制不负责任的媒体，以维护民主。"[①]这暴露出当政者对新闻自由的漠视，也显示出政府对媒体的管制态度，与民主社会的精神背道而驰。

2. 马哈迪政府对媒体的监控方式

马哈迪任职期间，媒体环境出现了两项重大变化，一是政府通过制定法律与修改法令来更严密地监控媒体；二是媒体所有权的集中化与集团化。

在修法部分，马哈迪政府先后修订了多项不利于新闻自由媒体发展的法规，如《内部安全法》、《官方机密法》和《印刷报业与出版法》等，严格控制媒体。

在马哈迪执政的前10年，先后两次修订 1948 年英国殖民政府制定的《印刷及出版法令》，使该法令更为完备及严厉地压制出版及新闻自由。

1984 年修订《印刷及出版法令》的幅度不大，但赋予内政部长更大的权力，管制不良出版物的出版与入口，同时对违例者加强刑罚。1987年，政府再次修订该法令，修订的条文更为苛刻，因而引发许多争议。

政府于1987年修法的动机，缘自非政府组织"国民醒觉运动"（Aliran Kesedaran Negara，简称 Aliran）对内政部的指控。该组织向内政部申请出版一份双周刊失败后，向法院要求发出书面训令，指示内政部长在 30 天内聆听该组织的陈情，结果高等法院批准了该组织的申请。这一判决让内政部大为光火，决定修订《印刷及出版法令》，禁止遭否决之申请被带上法院。

该法案通过后，内政部长在发放或吊销任何出版物执照或准证方面，享有绝对的权力，且内政部长的决定是最终裁定，有关决定不能在任何法庭受到质疑。对于他吊销或暂时中止有关印刷出版执照或准证的决定，没有人能有机会提出上诉[②]。修法后，内政部成功向最高法院推翻了高等法院对"国民醒觉运动"上诉案所下的判决。

另一方面，该法令第 8 项条文（a）（1）规定：任何出版物如恶意刊登任何虚构新闻，印刷商、出版人、总编辑及作者将属犯法，若罪名成立将面对监禁最高三年或罚款最高二万仍或两者兼施。[③]

---

① 庄迪澎：《强势首相vs弱势媒体：给马哈迪的媒体操控算帐》，（吉隆坡）媒体事业社，2004年，第15页。

② 叶观仕：《马来西亚华文报业史》，（吉隆坡）名人出版社，2010年，第7页。

③ 叶观仕：《马来西亚华文报业史》，（吉隆坡）名人出版社，2010年，第6页。

这款法令的修改显然是加强了对新闻媒体的控制。在该条文下，新闻记者不能以罚款了事，必须承担刑罚。这对没有编辑权的记者极为不公，也使记者不敢主动挖掘“具风险性”的新闻，在无形中给他们的言论套上了紧箍咒。

1986年马哈迪政府又开始修订《1971年官方机密法令》。促使马哈迪修改此法令的直接动因，是1985年英文报《新海峡时报》一名记者的军购报道。由于该报道触及到政府的直接利益，该记者被控触犯官方机密法令。同年，一名《远东经济评论》记者 James Cladd因揭露一份保密的内阁文件被控触犯内安法令。当时法庭判两人有罪，处以罚款。政府认为刑罚太轻，对此判决大为不满，进而着手修法，提高刑罚严惩触犯法令者。

此次《官方机密法令》主要修订的内容是扩大“官方机密”的定义。被通过的修订法案授权内阁部长、州务大臣、州首席部长或他们所授权的官员，随时可将任何文件列为“官方机密”或解密，无须由国会批准，法院也无权以任何理由推翻。

该法案最引人注目且遭人诟病的是“强制性监禁”一项，法案规定触犯者的最低刑罚是监禁至少一年，最高七年，一旦法官判处有罪，无论罪行轻重，皆必须监禁，不能以罚款了事。

这项法案对新闻自由伤害极大。法案提出后，马来西亚新闻从业员职工会（National Union of Journalists）和“国民醒觉运动”发动了全国性的“反对官方机密法令”运动，并获得了非政府组织、在野党、工会的支持，也成功收集了三万多个签名，但是却无法阻止国会通过法案。法案通过后，新闻媒体为避免触犯官方机密法令，不敢报道未由政府公开的信息，更不用说进行新闻调查，执行监督政府的职责。被驯化后的新闻媒体沦为政府的政令宣传工具，首相或部长说什么，报纸毫无批判地照登，在野党揭露的政府丑闻，报纸则未必敢写。官方机密法令和印刷出版法令对媒体的伤害，不啻是对新闻自由的伤害，更是对整个新闻业的严重打击。①

马哈迪在 1986年开始兼任内政部长一职，一直到 1999年才让位给接班人阿都拉·巴达威（Abbulah Badawi），在这 13年间，马哈迪直接掌握媒体的生杀大权，随其意志来对付媒体。

马哈迪除了在法令上对媒体进行严格限制外，在1987年的“华小高职事件”中，以“避免引起种族冲突”为由，援引《内安法》对媒体采取了“茅

① 曾丽萍:《西马来西亚华文报业发展的政经分析》，台湾世新大学新闻研究所硕士论文，2010年，第117—119页。

草行动”，逮捕了百余名异议人士，取消了三家报社的出版许可证。这三家报社是马来文《祖国报》、英文《星报》和华文的《星洲日报》。其时马哈迪正面临着巫统严重分裂，其本人领导的新巫统被法院判为非法，加上他个人又陷入南北大道私营化工程的丑闻中，马哈迪采取的铁腕行动，将其自身的危机转嫁到了“华小高职事件”所引发的种族矛盾中。在华人看来，这是一个严重损害民主和法治的行动，对于华人社会而言，是心里无法抹去的伤痛，是继“5·13”事件后“再次受到了极大的冲击与心灵创痛”。①

在媒体所有权方面，马哈迪政府将媒体逐步整合形成多个传媒集团，由国阵成员党和与其关系密切的财团经营，除了控制言论、协助政府维系政权之外，还能从中获取巨大的商业利益。

3. 加强对华文媒体的监控

对于华文报纸，马哈迪政府开始是采取较为间接的方式进行管控。1988年与国阵关系密切的伐木业巨子张晓卿接手《星洲日报》，取得了经营权；1991年与安华及巫统内部关系密切的商业巨子郭令灿入主《南洋商报》，并在半年内收购了《中国报》与生活出版社，组成了当时马来西亚最大的中文报业集团。在1980年后期到1990年中期，多家中小型华文报纸停刊，逐步集中到与政府关系密切的商人手中，使原来多元化的报业市场，变成由两大报业集团主导的竞争。

20世纪90年代以前，马哈迪政府对华文报的监管还不是十分注重。因为马来政府的权力核心主要来自马来人，执政者向来注重英文和马来文，不注重华文，也不懂华文，因而，他们对华文报不甚了解，只认为这是少数族群的报纸，其作用也只是传递族群信息。加上这一时期，由于华人社会政治参与意识尚未激发，华文报更多的是关注华人社会事务，对政治选举还不曾发生很大的影响，相对于英文报纸和马来文报纸，政府对其管制并不十分严厉，华文报业经历了一个比较顺利的发展时期，其言论立场相对地有较大的空间，甚至反对党领袖林吉祥每周都有专栏文章在华文报上发表。

在1990年的全国大选中，多个在野党结盟组成“反对党联合阵线”（简称“反阵”），挑战执政多年的国阵，当时社会充满了对“两线制”的期待和幻想，希望“反阵”能对强势傲慢的国阵进行制衡。在选举过程中，华文报也以大量的篇幅报道有关“反阵”的消息，最后国阵是仅以五成略多的微弱优势获胜。华人选票的大量流失，使政府惊觉华文报的影响力，甚至将其视为反政府、煽动族群紧张关系和破坏国家安宁的媒介，从此以后，过去因为

① 王国璋：《马来西亚的族群政党政治（1955—1995）》，（台北）唐山出版社，1997年，第167页。

被边缘化而能拥有一定言论空间的华文报纸，成为政府进一步监管的对象。

在1991年12月发生的“柔佛古庙山门被拆事件”中，华人社会对政府的所为非常不满，华文报纸也以显著的版面刊登相关新闻和评论，结果遭到当时的副首相安华的批评，他指责华文报是“夸大小课题，以丑化华人政党（马华公会）”及“激起华人对政府的憎恶”。结果使得华文报淡化处理相关议题，许多评论文章都不能刊登。[①]

90年代后期，由于“安华事件”导致了马来社会的再次分裂，严重打击了国阵的执政基础，华人选票开始在选举中扮演关键性的角色，政府对华文报越来越关注，尤其是华文报关于反对党的报道常常会引起内政部的关注。由于执政当局不懂华文，内政部专门成立了一个小组负责每天翻译华文报。

为了加强对华文报的监管，国阵任命马华公会会长黄家定为内政部副部长，让他专门负责监管华文报的言论。黄家定在担任内政部副部长之后，对华文报纸的监督比较紧密，华文报的主编们会不时接到他的电话，被约去“喝咖啡”、谈话。政府对媒体采用一种较为委婉、柔性的方式来控制，使得报馆人员会进行自我调整，常常去揣摩他的底线。

在政府态度的逐渐转变之下，华文报纸的自由度开始大打折扣，尤其在涉及华人社会的敏感议题上，华文报纸发挥的空间日愈被压缩。

政府在以公权力扼制某些被视为敏感议题时，一般采用多种方式和手段。其中最直接和粗暴的方式就是查封报馆。在1987年的茅草行动中，内政部就采用了这种做法。此外，就是要求报馆编辑抽版，比如针对某个议题所进行的一系列报道或评论，在讨论到一定程度时，当局突然喊停，报纸上的相关议题就骤然消失。

面对官方的各种法令，比如机密法令、煽动法令、刑事法令、医药广告法令、房地产法令、诽谤法令等，华文报社总编辑以及高层职员日日提心吊胆，唯恐踩着地雷，以至于职位不保，甚至吃官司，还牵连到报社关门。这些条令更加让投资者，尤其是大报刊的投资者害怕无形资产在被吊销出版准证之后荡然无存，所以，他们对政府的态度也与这些利益密切相关。

正因为这样，报社不得不与内政部搞好关系。“各报总编辑偶尔相聚时，往往都会探问对方近期是否被‘请去喝咖啡去’（被内政部传去轻者提醒或劝告，重者训诫或传去开会，更严重的便是发警告信，甚至暂时吊销或完全撤销准证）。”[②]这对报社上层管理人员而言是心理压力很重的事情。

---

① 庄迪澎：《看破媒体》，（吉隆坡）破媒体传播事业社，2002年，第79页。

② 古玉樑：《南洋报变大揭密》，马来西亚大众科技出版有限公司，2006年5月版，第119页。

在政府的严密监管下，华文报不得不定期评估国内政局。古玉樑回忆：南洋集团在丰隆时代都定期召开特别会议，由三位高层人员讨论当时的社会问题、政治局势、经济状况等。在会上，还有一位退役的华裔高级警官，他曾经在皇家警察政治部服务多年，熟悉国内政治局势，能够有条理地分析社会课题以及推测可能演变的方向。在他的专业指导下，报社领导能够更准确、深入地剖析各项社会动态，特别是如何回避政治敏感地带，避免闯入地雷阵，或者所谓的报界禁区。①

这正是华文报生存环境的真实写照。华文报随时面临着吊销出版证的生死裁判，所以，华文报在其运作过程中不得不左顾右盼，随时应对来自政府的各种压力，并要不断地调整自己的发言分寸。

第三节　商业集中垄断对华文报业的影响

20世纪90年代以后，马来西亚报业市场竞争日趋激烈，报业集团的集中整合成为报刊求取生存的一个发展趋势。在马来西亚这样一个威权社会中，经济结构以及市场化运作一般都由国家来指导和推动，报业的商业化集中，往往与政治集团的利益紧密相连，两者在构建媒介市场上形成共谋关系，媒介发展往往会遭到两者的合谋打击，华文报亦无例外。

一、报业的激烈竞争与集团整合

传播政治经济学家文森特·莫斯可（Vincent Mosco）指出：“政治经济学家对集中的各种形式都有兴趣。……最主要的兴趣在于所有权，它是媒介集中的主要制约因素。这主要是因为所有权的集中限制了生产者和发行者的多样性，因而会限制传播和信息的流通。”②

莫斯可还区分了媒介产权集中的两种方式，即“横向集中”和“纵向整合”。所谓的横向集中有两种方式，一是某家媒介公司购买了另一家媒介公司的股份，后者可能并不直接与前者的行业相关，或者其主要资金来源根本与媒介无关；二是媒介公司购买完全与媒介产业无关的公司，或是媒介公司被非媒介产业公司所吞并。横向集中的优点是，结合不同产业公司的资源，发挥资源共享的经济效益。纵向整合指的是在相同的产业生产线上多家公司

① 古玉樑：《南洋报变大揭密》，马来西亚大众科技出版有限公司，2006年5月版，第120页。

② [加拿大]文森特·莫斯可著：《传播：在政治和经济的张力下——传播政治经济学》，胡正荣等译，华夏出版社，2000年，第177页。

的集中，使一家公司能够控制整个生产过程。其好处是能使营运更理性化，更有效地控制整个生产流程。①

马来西亚媒体除了面临严厉的政治管制外，商业的集中垄断对媒体的言论自由也造成严重的影响。从20世纪70年代开始，马来西亚的英、巫文报就已集团化，“新海峡时报集团”、“马来前锋报集团”和“星报集团”的产权都被巫统和马华公会的党营公司控制，成为纵向整合的财团，拥有多项相关产业。进入80年代以后，有关报业集团也开始进行横向集中，经营银行、保险、酒店、食品产业等。90年代中期开始，马来西亚电视媒体的数目逐渐增加，其集中化的趋势则更为明显。目前，其国内最大的媒体集团是由巫统控制的首要媒体有限公司，该公司控制马来西亚所有的私营无线电视台，包括TV3、NTV7、8TV及TV9，以及规模最大的报业集团“新海峡时报集团”，其属下有国内第二大英文报《新海峡时报》及第二大马来文报《每日新闻》。②

相比英、巫文报刊，华文报业商业集中化相对缓慢。80年代中期，由于报业竞争激烈，许多报刊相继发生财务危机，报业也开始了集中整合。最早进行集团化整合的是南洋报业集团。1988年，《南洋商报》成为挂牌上市公司，不到半年，一位与巫统有密切关系的马来商人收购了商报30.25%的股权。1991年2月，华资企业丰隆集团总裁郭令灿入主《南洋商报》，全数购买了马来商人手上的股权，随后宣布全面收购了该报的85.5%的股权。半年后又收购《中国报》和生活出版社，组成南洋报业控股集团。这是当时马来西亚最大的中文报业集团，旗下拥有两家日报：《南洋商报》和《中国报》，以及13份刊物，总共拥有150多万读者，占全马华文读者总人数的60%。③

第二家崛起的报业集团是由东马砂捞越富商张晓卿拥有的“朝日报业有限公司”。张晓卿是砂捞越从事木材经营的“常青集团”的总裁，是大马最富有的木材商。1988年，他收购了《星洲日报》之后，由他旗下的“朝日报业”控制。除此之外，他还是《诗华日报》的董事主席。1993年，张晓卿又收购了槟城的《光明日报》，同年11月10日，在巴布亚新几内亚创办英文《国民日报》。1995年10月，他又控制了香港明报企业的35.9%的股权，成为该报业企业的最大股东，出任董事主席。④

---

① [加拿大]文森特·莫斯可著：《传播：在政治和经济的张力下——传播政治经济学》，胡正荣等译，华夏出版社，2000年，第171—172页。

② 曾丽萍：《西马来西亚华文报业发展的政经分析》，台湾世新大学新闻研究所硕士论文，2000年，第156页。

③ 叶观仕：《马来西亚华文报业史》，吉隆坡名人出版社，2010年5月，第134—135页。

④ 叶观仕：《马来西亚华文报业史》，吉隆坡名人出版社，2010年5月，第149页。

华文报在80年代的商业集中整合中，有多家中小型中文报纸停刊，原本多元化的报业市场逐渐转向了以两大报业集团为主导的趋势。

但两大报业集团鼎立的状况，在马华公会收购南洋报业集团后发生了变化。出于政治目的，2001年马华公会强行收购南洋报业集团。由于马华公会曾经收购《马来亚通报》和《新明日报》，经营不当而使两份报纸停刊消亡，因此，在收购南洋报业集团的时候，联合张晓卿的《星洲日报》集团来进行收购。由于华人社会对报业垄断的强烈反对，张晓卿对此严正拒绝。但事实表明，张晓卿通过其他方式间接拥有了南洋报业集团9.25%的股权。①2006年，马华公会正式将手上的“南洋报业集团”的股份全部脱销给张晓卿，张晓卿从而取得了该集团的控制权，垄断了马来西亚华文报业市场。2007年，张晓卿拥有的“星洲媒体集团”、“南洋报业集团”以及“明报集团”合并，成立了“世界华人媒体集团”，张晓卿成为世界华人报业巨子之一。

2003年1月1日，《东方日报》创刊，从报业垄断的夹缝中脱颖而出，但是，由于势单力薄，要打破垄断仍然是欲振无力。

对于办报的商人而言，其垄断报业的目的也许还不仅仅是因为要控制新闻自由，也包含了其他方面的原因。曾经任职于《星洲日报》、明报集团以及《南洋商报》高层的资深报人古玉樑认为：鉴于马来西亚特殊的政治环境，内政部在报章出版与印刷法令下可随时吊销任何报章的准证，而无须解释理由，投资者纵有政治背景，往往也忧心忡忡，唯恐万一报社出事，失掉出版准证，所投下的资金，尤其是辛苦耕耘建立的无形资产——读者群，可能一夜间化为乌有，遂有收购第二份报章，以备万一的打算。②

张晓卿虽然曾经当过两届国会议员，难免也同样担忧，因此，他的集团在《星洲日报》壮大后，便一步步扩大经营，最后几乎完全垄断了华文报业。张晓卿垄断华文报业后，由于和《南洋商报》的竞争关系不复存在，《星洲日报》每年可以节省1000万零吉的促销开支，大幅降低企业成本。其次，世华集团控制了四家华文报后，各报可以专门针对不同的读者来细分市场，例如《星洲日报》和《南洋商报》专营政治、商业和文教领域，《中国报》和《光明日报》则主营社会和娱乐。这样报业集团就可以降低人事、纸张等

---

① 于维宁：《马来西亚〈东方日报〉研究：在报业垄断与政治干预夹击下的生存之道》，台湾国立暨南国际大学东南亚研究所硕士论文，2004年，第84页。

② 古玉樑：《南洋报变大揭密》，马来西亚大众科技出版有限公司，2006年5月版，第111页。

成本，从而具备了较强的生存能力。[①]

尽管从报业的生存来说，集中整合不失为一条发展之路，给报业拓展了生存的空间，但是，所有权的集中，必然会对新闻自由造成伤害。张晓卿的垄断，遭到了华人社会一部分人的指责，认为他出卖了华人的利益，坐实了政党帮凶、利益分赃的指控，成为华人社会的公敌。

二、"5·28"收购案及其影响

1."5·28"收购案与马华报业的反控制活动

马来西亚属于威权主义政治统治下的新兴工业国家，政治团体支配的国家影响着媒体的发展。在此类国家中，虽然媒体一般属于商业性质，但却深受政治权力的控制，威权政府行使国家权力建构媒介市场，并非将媒体导向公共性，而是将其视为国家发展的工具。马来西亚政府一向不欢迎异议和多元的声音，将媒体产权集中在政党和朋党手中，是言论管制的有效方式。

2000年11月，受烈火莫熄运动的影响，执政党巫统在鲁乃（Lunas）州的选举中落败。这次选举的失败被执政党归咎于华文报纸，认为华文报纸偏袒了在野党，损害了执政党的形象。首相马哈迪直接点名批评《南洋商报》与《中国报》反对政府，马华公会也指责《南洋商报》与马华公会过不去。在这样的背景下，政府通过马华公会暗中进行收购《南洋商报》和《中国报》的准备，并且给控股的丰隆集团施加政治压力，让其交出南洋报业的经营权。2001年4月下旬马华公会开始了对《南洋商报》的收购，这次报业收购是政治权力建构媒介市场的一个典型案例，可以很清楚地了解到在马来西亚这样一个威权主义国家中，在对言论控制过程中政治与经济的共谋关系。

这次马华公会收购华文报业在华人社会引起了很大的恐惧。为什么马华公会敢违反华人社会意愿，不顾党内的非议，押下华仁控股的老本，以突然袭击的速度完成收购《南洋商报》和《中国报》的计划？沈观仰在《马华收购华文报业的目的与后果》的文章中指出，自从1999年全国普选以来，华人社会卷入了一波一波的政治争议。马华公会收购两大华文全国性报章，不可能仅仅是为了应付党争，肯定涉及国阵为应对下一届大选布下的策略。在上一届的选举中，巫统的马来基层力量大大流失。从种族的角度来看，如果选区没有华人选票的大力支持，国阵就很难保住国会2/3的多数议席，巫统

---

① 于维宁:《马来西亚〈东方日报〉研究：在报业垄断与政治干预夹击下的生存之道》，台湾国立暨南国际大学东南亚研究所硕士论文，2004年，第85页。

盘踞国家政治主导的地位将会动摇。大选过后，巫统通过马来民族主义的情绪，希图扳回马来选民的各种手段显然未能奏效，反而激怒了众多原本对国阵并无特别好感的华裔选民。这对巫统在下一届大选是否能保住执政权的问题亮起了危机的信号。

巫统的主要战略是:（1）加强恢复巫统的传统意识形态，制造一连串种族性的课题，以挑起马来社会对失去马来人政治支配权的忧患意识，重新夺回选票。（2）煽起华人社会对回教国的恐惧，以遏止华人选票在下一届选举大量流失。

“可是，时移势易，马来社会政治取向的去中心化，淡化了马来政治的种族色彩，也牵动了华人社会政治叙述方式的多元化。每当巫统挑起马来民族主义的情绪，华人社会各类声音的回应就会通过华文报章广泛报道，渗透到全国华人社会的草根，不但在市区激发华人对马华、民政的愤懑之情，也在乡郊混合区，松动华人对国阵的支持信念。”①

华文报成为国阵2004年保住政权的最大障碍。华文报被摆上政治角力的场域，并非因为华文报反政府，或者沦为华人种族情绪的载体，而是因为华文报没有被政党收编，能够抒发民间的民主精神。华人关怀的目标仍然是有关华人权益的课题，尤其是华人教育生死存亡的问题与捍卫华人教育的行动。一旦华文报章这个华人社会内部资讯交流的管道被堵塞，华人思想信息沟通的空间就被孤立。由此看来，马华公会收购掌控《南洋商报》和《中国报》，就能够牵一发而动全身，彻底改变国内不同政治力量之间的均衡，为国阵赢取华人区选票制造有利生机，增加了下一届保卫政权的成功率。这个事件也是对华人社会的严峻考验。②

针对马华公会的收购，华人社会展开了一系列的反收购抗议活动。

雪隆大专青年毕业生协会在2000年5月17日发出文告，抗议这项收购行为。华人社会之所以抗议这项政治收购行为，就是认为如果有任何政党基于政治言论的不正当意图，控制两大华文报章，全体华人社会将被蒙蔽事实真相而被误导，失去知情的权力，从而导致华人社会通过舆论表达意愿，捍卫权益的力量遭受空前削弱。

马来西亚青年学生民主运动（简称“学运”）发布文告，认为新闻工作者除了必须面对恶法，又要被政党通过商业集团来控制媒体自主权，这对争取新闻自由更是雪上加霜。收购案不仅仅是一次商业行为，他们反对任何以

① 沈观仰:《报殇——南洋报业沦陷评论集》，飞脚制作室，2001年6月版，第64页。

② 沈观仰:《报殇——南洋报业沦陷评论集》，飞脚制作室，2001年6月版，第64页。

市场自由操作的理由来支持这场收购行为的言论。

5月26日，14个华人社团联手发出抗议，并发表几点意见反对收购。

第一，他们认为大众媒体的职责主要是秉持公允、持平的立场，广开言路，使它自由沟通，通过独立、公正的传媒实时反映民意，以督导匡正社会各方面的弊病，共同营造及建设一个民主、自由及公正的社会。基于此，华人社团坚决反对政党直接和间接对大众媒体进行干涉及控制，左右民意，破坏营造民主、自由及公正社会的行动。

第二，就是公正的大众媒体，要求政府不应干预其独立与公正运作。作为执政党成员的马华公会也应该知道不应直接和间接地去干预大众媒体的运作。

第三，马华公会作为政治团体，直接和间接控制作为人民喉舌的大众媒体，将使有关媒体失去其独立的自主权，进而使有关媒体的立场及报道偏颇，失去公信力。

第四，《南洋商报》及《中国报》作为大众媒体，其本质就是一项社会公器，而如果让行政、立法及执法之外的第四权能公正运作，不受来自各方面包括政党的干涉及控制，是所有各方面的责任。华人社团认为，马华公会通过华仁控制收购《南洋商报》及《中国报》，不能单纯被解读为一项商业交易。①

迫于华人社会的强烈抗议以及各种压力，马华公会也不得不作出让步的姿态，马华公会领导人林良实不得不表示，可以让出若干南洋报业的股权，如果找到有能力协助马华南洋报业增值的策略伙伴，马华不介意成为南洋报业的小股东。他重申，马华公会并没有计划要全权掌握南洋报业。

反对收购的华人社会同时也吁请丰隆集团取消出售南洋报业的决定，或者重新回购南洋报业的股权。

人民党和公正党领袖甚至前往丰隆集团总部向该集团主席郭令灿提呈请愿书，提出《南洋商报》和《中国报》一旦落入政党手中，将会在各界捍卫新闻自由的强大压力下，最终走上一条不归路，正如过去《通报》和《新明日报》的下场一样。如果郭令灿面对压力非脱手南洋报业不可，是否可以出售给其他非政党人士。②

《南洋商报》和《中国报》大约300名新闻从业人员在5月28日展开纠察行动，坚决反对政党控制中文报纸，并发出坚定捍卫新闻自由，拒绝政党控

① 陈漱石编:《华文报天变再记录》，泊世工作室，2001年7月版，第9页。

② 同上注，第10页。

制，请大家支持我们的呼声。与此同时，全国各地也出现了反对政治控制媒体的声明，这主要来自全国各地的华人团体，包括马华公会的一些中央领袖和基层人员，在野党以及其他报刊的从业人员。

2001年5月28日，南洋报业集团所有权易主马华公会，尽管马华公会领导人林良实宣称保证不会干涉南洋报业的编辑方针和运作，但是，南洋报业集团属下的报纸的高层管理人员和总编辑被调换，因此，有人将这一天形容为马来西亚华文报业最伤感、最黑暗的一天。

5月30日，全国华人社团反对政党收购南洋报业大会在雪兰莪中华大会堂召开。大会由250多个团体的1000多名代表出席。这反映了华人社会对此事的高度关注。在会上表达了坚决反对马华公会收购南洋报业的立场。

面对这次收购案，有超过90位评论作家宣布暂停供稿给国内4家主要华文报，以抗议《南洋商报》和《中国报》受到政党控制，抗议《星洲日报》和《光明日报》封锁新闻，剥夺读者知情的权利，并表示抗议行动将持续到马华公会放弃控制南洋报业以及《星洲日报》作出合理澄清为止。

概括起来，华人社会反对这次报业收购的原因主要是：

其一是认为政党通过商业手段来控制媒体，将对媒体造成极大的伤害。正如陈亚才所言：

一、就是政党不应控制作为社会公器、人民喉舌的中文媒体。与马来文和英文主流报章比较，中文报章相对独立和自主。维持这个地位诚属不易，刁难甚多，包括申请及更新出版准证的变相要挟，各种法令的直接间接的钳制，有关当局或个别部长的电话干扰，诽谤诉讼的高额索赔，“威胁国家安全”的定义模糊与被滥用等，都对本国的媒体构成层层的钳制。政党对报章的直接控制，无疑将使恶劣的状况变本加厉。我国的马来文和英文主流媒体以及新加坡的中文媒体已经提供我们足够的“示范”和警戒。马华公会让出南洋报业的所有股权是根本解决方案；况且政党成立的目的并非经商牟利。马华公会协助废除恶法不但是他们的职责所在，也是他们对人民的最佳献礼。

二、媒体拥有权的集中，危害市场的竞争，垄断的局面危害舆论的多元。我们主张政府应当立法阻止商业垄断。就本国的情况而言，中文媒体不应通过收购南洋报业来形成垄断的局面。面对政治恶势力和财雄势大的报业集团的围攻进逼，媒体的独立和自主的地位危如累卵。①

华人有识之士意识到，控制媒体就是控制整个国家的思想和神经，这会

① 陈亚才：《媒体的困厄，时代的心眼》，《报殇——南洋报业沦陷评论集》，飞脚制作室，2001年6月版。

消灭整体公民社会的生态环境，使国家倒退。在今天整个区域形势改变迅速的时代，我们马来西亚需要的是更开放、更独立、更专业的媒体，来帮助国家增加实力，以应付逐日困难的情况。[①]

其二，马华公会对南洋报业集团的收购，将使华人社会在维护族群利益中失去一个表达的空间和平台。

华人认为，马华公会收购南洋报业的举动将会损害马华公会本身的利益与华人社会的整体利益。这是因为华文报、华文教育与华人社团向来被视为华人社会的三宝。华文报是最能表达华人社会心声的喉舌，被政党收购以后，真正的华人社会心声将失去表达的空间。结果是人民的声音将会化明为暗。马华公会蓄意把华人社会公器据为私有，把媒体当做操纵族群情绪的工具，尤其是当执政者面对合法性危机时更是如此。这种倾向只会强化单元封闭多元隔绝的倾向，而非朝向多元开放，具包容性的平等社会发展。[②]

华人社会反对政党报业收购实际上是保护自己的权利。如果华文报不属于华人社会的媒体，华人社会也就难以团结在一起，以抗衡来自各方面的压力。政党收购华文报，并控制了华文报，无疑是剥夺了华人发表自己声音的权利，这对华人的生活无疑是灾难性的。

华文报社对马来西亚华人而言，不只是提供信息来源和精神食粮的商业机构，更是肩负着文化传承的重大使命的文化机构。因此，华文报章停刊犹如对华人社会利益的威胁。华团社会积极反弹反对收购运动，说明了马来西亚正朝向一个相对活跃的公民社会的方向转变。华人社会开始正视媒体拥有权与新闻自由和媒体自主性的互动关系。[③]反对政党收购华文报，当然涉及新闻自由的问题，但是，反对者并不仅仅是要维护新闻自由的原则，而且在于维护华人的根本权利。

尤其是一些备受华人社会关注的课题，比如说白小事件、华人优秀学生被拒于大学门外。这些问题原来都是华文报章大量报道以后，才受到政府重视的。

这至少让华人社会感觉到欣慰的是，这些没有被收购的华文报纸的办报人都是有良知的，不会忍心华人社会的权益失去。如果马华公会控制了华文

① 冯久玲：《反对媒体垄断是因为你要保障自己》，载《报殇——南洋报业沦陷评论集》，飞脚制作室，2001年6月版，第29—30页。

② 孙和声：《祸福相倚的收购事件》，载《报殇——南洋报业沦陷评论集》，飞脚制作室，2001年6月版，第35页。

③ 庄迪澎：《拥有权垄断与媒体自主性——评马华公会收购南洋报业》，载《报殇——南洋报业沦陷评论集》，飞脚制作室，2001年6月版，第43页。

报，华人社会就没有把握它们是否具备了那种华人所期望的素质。当执政党用收购华文报来蚕食华人社会的权益，华人社会对未来前景就会产生危机意识。“假如有一天我们的孩子不说华语，不写华文，完全不懂华人习俗，不再看华文报，甚至不懂得念列祖列宗墓碑上的方块字时，您认为这和传媒被控制，华文报被政党收购，新闻自由被集团剥夺没有关系吗？”①

其三，政党收购会导致华文报的衰亡。

华人社会反对收购南洋报业固然有多种担忧，新生代知识青年担心备受钳制的新闻自由进一步萎缩，中老年人则担心历史悠久的《南洋商报》的《中国报》会步上《通报》的《新明日报》的后尘，难逃报停刊的厄运。《南洋商报》与《中国报》被收购以后，会不会成为第二或者第三家《通报》，这是华人十分关注的问题，因为前车之鉴是十分清晰的。

《马来亚通报》被改为政党直接控制的华文日报以后，内容部分变相为政治宣传，一直被人称为马华的党报。再加上用人不当，人事复杂，太多的政治干预，报纸发行份额日益走下坡路，在10年内累计亏损高达3000万元。到1986年，《通报》税前亏损共327万元，累积债务高达948万元，拖欠《星报》大约700万元。1989年，《星报》全面接管《通报》。从1988年到1992年6月，通报的销售由49147份下跌至31658份，平均每天减少10份。1992年11月，《通报》再度易手，薪资方注入2500万，但是到1994年8月4日，亏损仍然达到1000万元，最终正式停刊。②这种讨论意味着华人社会对华文报纸成为党报之后的一种预期，也是对党报的不信任。

这次马华报刊的收购案引发了一连串的反应，包括华人社会与政府的矛盾和关系，政党之争，政党内部的分歧与争议，以及马华人社会经济链条的变动。在新闻媒体方面涉及政党与新闻媒体的关系问题，新闻自由的问题，以及华人社会能否通过新闻媒体平台获得发表言论的权力等等。

由此可以看出，华人社会作为少数族群对自己的发言的权力十分敏感和看重。少数族群在政府中的发言已经处在弱势，进入执政党的马华公会也处在从属的地位，而且为了保住自己的地位，不得不处处关照和协调与马来族执政者的各种关系。这种协调是必须的，但是，它也被华人社会认为马华公会不为大多数华人说话，不能代表华人社会的大多数人的权利。他们只代表

---

① 周泽南:《南洋报业被收购惨剧——很多人没意识到问题的严重性》，载《报殇——南洋报业沦陷评论集》，飞脚制作室，2001年6月版，第69页

② 陈美萍:《成为〈通报〉或〈星报〉？》，载《报殇——南洋报业沦陷评论集》，飞脚制作室，2001年6月版，第79页。

他们自己，只为自己的利益说话。民间的华文报被认为是还能够表达华人社会声音的不多的平台。在过去，在针对华人社会的许多权利方面，民间的华文报为了捍卫华人社会的利益作出过不屈不挠的努力和抗争。如果民间的华文报被收购，被封杀，也就意味着华人表达自己权利的渠道被堵死，这对华人社会的发展前景是极其不利的。

民间的华文报为了争取华人社会的利益，不断地向执政党及其政府争取权利，批评政府不利于华人社会的政策措施，由此激起华人社会的不满。或者说，华文报成为表达华人社会对执政党不满的平台，对执政党的信誉造成影响，并直接影响到执政党在选举中的选票。吊销和控制华文报是抑制华人社会反对声音的主要手段，而吊销出版准证会直接引发华人社会的强烈反弹，华人社会也不能没有报刊媒体。收购华人报刊可以相对隐蔽地达到控制华人舆论的目的，甚至改变华人社会的舆论方向。

作为少数族群的华人社会，对它们的生存权利的空间的变动是十分敏感的，他们已经感觉到自身生存空间的狭小，生存权利已经受到损害，所以，在对待自己的权利空间方面可以说是寸土必争。华文报还是他们一个相对能够自由发表意见的媒体，如果这个媒体不复存在，华人社会的权利诉求也就失去了阵地，这对华人社会的现实和未来发展都是不利的，所以，华人社会反对马华公会收购华文报显得如此强烈，也是必然的。

果然，《南洋商报》2001年被收购以后，出现了停滞不前的局面。在2000年马华公会收购之前，南洋集团经营总收入为2.86零吉，净利润2083万，2004年仍然保持在2000万零吉左右，但是，2005年下滑到1043万。而与此同时，星洲媒体公布2000年业绩，经营收入达到2.32亿零吉，利润达到3300万零吉，2005年经营收入达到4亿零吉，利润达到6000万零吉。[①]

这次《南洋商报》和《中国报》收购案显示了华文报在进入2000年以后所面临的一次重要的政治洗牌，是政党政治和民间力量的一次博弈活动。一方面是执政党为了维护自己的政治利益而对华文报的一次强硬的干涉，它有政府的强大的力量作为后盾；另一方面则是华人民间社会力量自觉和自发的抗衡。它所依靠的主要是来自于华人社会对维护自身诉求利益的激情，以及华人社会综合的民间力量。从力量对比来看，政府的力量更为强大，它有国家机器作为保障，可以实施强制性的权力来重新建构报业的经济结构和市场。在马来西亚威权政治体制下的社会生态环境中，政治权力与官僚经济的共谋，使民间力量最终不敌政府，华文报的新闻自由遭受更严重的伤害。

① 古玉樑:《南洋报变大揭密》，马来西亚大众科技出版有限公司，2006年5月版，第85页。

第四章

多重困境中的身份定位与自我调节

在多重困境之中，华文报的生存空间日趋狭小，其发展也日渐式微。与此同时，华文报面临的危机和困境也给媒介带来新的刺激和变异，使得媒介系统的自组织能力被激活，重新调整而获得新的身份和谐。为了生存，华文报必须要协调好与政府管制之间的矛盾，在多变复杂的环境中，给自己找到适当的身份定位，才能继续生存和发展。当然，这种协调常常是处在一种探索之中。华文报不断地进行自我调节，为自身的生存发展不断拓展更广阔的空间。

第一节　多重压力下华文报的日渐衰微

在政府严密控制的强大压力下，华文报的发展受到极大的限制，新闻空间日益狭小，言论日趋谨慎。政治的各种监管，不仅限制了华文报的言论表达，更重要的是，它对报刊严厉控制的手段造成的寒蝉效应，使得报业人员自我设限，这对报刊的长远发展无疑是一种严重的损害。

一、媒体自我设限，新闻空间日益狭小

严厉的法令管制和政府监督，使得马来西亚媒体处处自我设限。华文报因为族群敏感问题，其处境更是如游走刀锋。马华媒体研究专家庄迪澎引用英国哲学家边沁的“圆形监狱”概念，来形容马来西亚媒体法令管制造成的寒蝉效应。他描述道：

假设媒体法律就如圆形监狱，内政部长或内政部其他官员就如瞭望台里的狱吏，而媒体就是囚犯。媒体法律给媒体制定了不容逾越的界限，而内政部官员则执行狱吏的职能，负责监视媒体或新闻从业员是否逾越了监狱定下

的规矩，并且惩罚那些犯规者。久而久之，圆形监狱的效应产生了，囚室里的媒体步步为营，深怕他们的一举一动随时误踩禁区，且又落入时时都在监视着他们的狱吏的眼里，而遭遇处罚。①

1999年国际媒体组织的一份报告中就提到，马来西亚严格的执照审核制度和所有权管制，已经使巫统全面控制了大众媒体，进而使媒体的"自我检查"成为一种媒体文化，媒体在敏感议题上"噤若寒蝉"而自我设限。庄迪澎指出：

除了1987年茅草行动吊销三家报社的出版准证之外，马哈迪似乎没有大规模及频密检举媒体。这并不是说马哈迪对媒体宽容以待，相反的，它正好说明了媒体管制之相对圆满。媒体不敢造次，不敢越雷池半步，检举行动自然可免。②

在1999年马哈迪长子米占起诉马来西亚四家媒体一案中，其中华文报社就主动放弃了法庭上的抗辩。当时有三家华文报《星洲日报》、《中国报》和《光明日报》以及一家英文报转载了一篇来自《亚洲华尔街日报》关于米占在商界发展的报道。米占对同属一个报业集团的《星洲日报》和《光明日报》索赔马币5.5亿元的名誉损失，对《中国报》索赔马币2亿元。当时根据《星洲日报》和《亚洲华尔街日报》的合约，如果《星洲日报》刊登《亚洲华尔街日报》的文章惹上官司，《亚洲华尔街日报》将承担所有的诉讼费用。此案发生后，《亚洲华尔街日报》坚持要《星洲日报》到法庭上抗辩，即使败诉也不需要《星洲日报》付出一分一毫，而庭外和解他们概不负责。结果《星洲日报》放弃了法庭抗辩。

据该报总编辑肖依钊女士的回忆，《星洲日报》最后采取了庭外调解的方式，是因为"出于现实考量和当时的司法气氛，没有在法庭抗辩"，当《星洲日报》获悉另两家报纸与米占在庭外和解时，他们也"公开自认理亏，私下赔了数额不小的认错费"。③

自从马哈迪通过修改宪法提升政府行政权，削弱司法权之后，使国民对司法的独立性失去了信心，加上法院在审理诽谤案中不乏判处控方胜诉并使被告支付巨额赔偿的案例，使媒体不敢对簿公堂。此外，威权政体下的强人政治，更让华文媒体担心面临比败诉更为严重的后果，比如吊销出版执照或

① 庄迪澎：《强势首相vs弱势媒体：给马哈迪的媒体操控算帐》，（吉隆坡）破媒体事业公司，2004年，第89页。

② 庄迪澎，《强势首相vs弱势媒体：给马哈迪的媒体操控算帐》，（吉隆坡）破媒体事业公司，2004年，第71页。

③ 欧银钏：《星洲日报：历史写在大马的土地上》，（吉隆坡）星洲日报出版，2008年，第126页。

者是被勒令停刊，这使得华文媒体没有勇气去与政要人士打官司。在这种威慑作用之下，政府根本无须动用法律，媒体会自我噤声。

严厉的法令使得华文媒体为了避免闯祸，遇到可能涉及诽谤性的报道时，不求有功，但求无过，首先用“凡是有可疑点，不用”的标准来对稿件进行取舍，形成了自我审查的风气。这势必大大地削弱华文媒体的竞争能力，因为其他媒体机构可能会对同一事件的报道抢先发布。这种回避事实的做法，也间接地剥夺了受众的知情权。受众难以看到有爆炸性的新闻和深入的内幕报道，只能不时看到一些针对刑事案疑犯、娱乐圈人物的无关痛痒的揣测性报道。

为了避免官司，有些记者往往采用扭曲的侧面报道手法，以此方式把相关信息透露给读者。评论作者则指桑骂槐、含沙射影地在字里行间表达对当局的异议。

1998年大马政坛风云激荡，《星洲日报》评论作家曾毓林就用《西游记》的人物来暗喻政坛领袖。《南洋商报》资深报人在其时评专栏《见虎烧香》中也运用转弯抹角、语带双关的写法来表露心声。这虽然能吸引一些爱探内幕的读者的注意，但这种做法也极容易触犯法律。①

在大马畸形的传播环境之下，传媒工作者常常“有话不能直说”，言语之中只能东躲西藏，在字里行间隐晦地表达贬义，而这种过于婉转迂回、轻描淡写的写法，从长远来说，将损害传媒机构公信力。

二、言论日趋谨慎保守

在双重压力下，华文报言论日趋保守。在独立前夕，华文报立足于华人社会的各种利益诉求，敢怒敢言，为华人争取利益。即使是商人办报，即使平日里因害怕得罪当权者影响其商业利益而相对谨慎，一旦涉及华侨权益或民族问题，也不惜与当权者对抗以捍卫华族权益。如在马来亚追求独立的过程中，马来亚联盟要打造一个具有种族歧视的宪法，而华人要求制定多元和平等的宪法，双方在这个问题上产生很大冲突。华文报和华人社会站在一起与当权者进行对抗。当时的《中国报》对联盟的种族主义进行了毫不讳言的批评：

巫统的开明分子对于各项施策，颇能适应潮流趋势，殊不能使人否认，亦足使人敬佩；可是有些死硬分子，作风确极使人失望！这些死硬分子，显

① 邓晓璇：《浅谈诽谤法令在马来西亚传媒中的现状及其影响》，载《新闻与传播研究2002年》第3期，第79页。

然不能顾及当前的环境及未来独立国家的长远根基；他们只是知道“本身是巫人”而已，任何一切的决策，都以维护巫人利益为本位，把其他民族视若无睹。此辈人物甚至常发表对巫人无利但足以引起其他民族嫉恨情绪的论调；这是最近使人视为莫大的憾事。

他姑勿论，对最近雪兰莪州巫统分部决定要求州政府“除了巫人之外，不准任何其他民族在各乡村间开设商店及贩档一事”看来，诚属令人心寒至极。①

《南洋商报》也坦率直言地对马来人特权进行了批评：

对于这次联盟所提出的宪制备忘录，我们觉得有两点是值得商讨的，一是民族地位，一是政治体制。对于马来人的优惠地位，在原则上我们是赞同的……不过对于在宪法上明文规定马来人特殊地位一点，我们是不敢苟同的。因为宪法是立国的根本，就近代各国宪法的精神来说，宪法对于其一切国民是平等的。……与民族地位有关的另一问题，便是语文问题……在马来亚的华印人民，……在法理上不能剥夺他们的语言权利，在道义上也不应忽视他们的事实存在。除非有将某一民族彻底消灭的企图，即不应剥夺他们使用语文的自然权利。②

在马来西亚争取独立建立民族国家时期，华人在公民权、华文教育方面都进行了争取平等权利的抗争，对于英国殖民政府偏袒马来人的做法，就连一向与英国殖民政府维持良好关系的《南洋商报》也不点名地对英国殖民政府进行了批评：

马来亚既然是中、巫、印、英四大民族共同维护的国家，所以我们应该让他们有平等的机会，自由发挥，各尽所能，殊途同归，这才能够发生无比的力量。

但是一些野心家却异想天开，他们搞惯“分而治之”的把戏，所以在政治上，他们把星马分裂为二，在文化上，他们实行厚此薄彼的政策。一九五二年，他们规定英文为唯一的官方语文，其他三大语文，似以“方言”二字一笔抹杀；目前在所谓新教育政策里，又定巫文、英文为正式的官方语文，华文和印文应有的地位一点也没有被顾及，这未免是个遗憾。③

可见当时的华文报在维护华人权益方面，是敢于直言不讳地批评当权者的。但是这种情况在20世纪60年代后就发生了变化。马来西亚独立前华

① 《中国报》社论，1956年8月17日。

② 《南洋商报》社论，1956年9月20日。

③ 《南洋商报》社论，1956年8月8日。

人反对将马来人特权写入宪法，反对一元化的教育政策，要求将华文列入官方语言等要求都落空，华人社会和华文报都期望能在建国后通过修宪得以改善。但是，随着马来人民族主义的膨胀，种族之间充满了不信任以及冲突不断，加上联盟政府执政后在意识形态方面的管制和对媒体的操控，使得华文报言论开始变得谨慎和保守。

在独立初期，华文报仍然明确反对马来人特权，如当时《中国报》的社论就明确表示：

目前构成本邦居民的巫华印各大民族，大致都能认定效忠本邦为一个崇高的观念，大家都希望一切事业能有平衡发展的计划，并不希望某一民族有特殊优越地位，也不希望遏阻某一民族正常发展的现象发生。①

对于华文十分关注的语文、教育问题，《中国报》也很不客气地批评联盟政府所采取的政策，“已使真诚爱护本邦的有识之士，感到非常头痛，联盟政府对此关系十分重大的问题，似无圆满解决的施策”。②

随着族群关系的日益紧张和联盟政府对敏感言论的严密监督，华文报的立场开始转变。在华人社会继续为华文列为官方语言据理力争的关键时刻，《中国报》则小心翼翼地表示，“语文问题的争论，势难免激动种族情绪；是一个敏感而又具有爆炸性的问题，不特也处处慎重处理，就算在谈论之间，也要小心发言”。③

华文报呼吁民众对待种族问题要谨言慎行，为了维持种族和谐，要满足现状。《南洋商报》的社论就表达了这样的观点：

当人家对我们这种民族和谐的环境既羡慕又妒忌的时候，我们生活在这国度的人，更应该心满意足，不要轻易触动复杂微妙的问题。我们这种说法，并不是逃避现实，而是要认清现实。④

为了生存自保，华文报在独立以后面对族群之间的紧张和重大事件的时候，一般都表现出支持政府的立场，表现出淡而化之的态度。如《星洲日报》在评论1964年新加坡种族骚乱事件时，就表现得淡漠。这次种族冲突事件主要是由于当时巫统在新加坡进行的一系列反新加坡政府运动中，巫统秘书长赛加华阿峇在许多场合的演说，煽动起马来人的反华情绪，最后酿成种族冲突事件。《星洲日报》对此次种族冲突的看法是“没有任何一

① 《中国报》社论，1959年3月6日。

② 《中国报》社论，1959年2月13日。

③ 《中国报》，1966年10月20日。

④ 《南洋商报》社论，1965年8月5日。

个种族或者社会阶层曾经有什么大不了的恩怨问题”，认为“骚乱事件本身既是无来由莫名其妙的，事情过去后有什么可疑虑猜忌的呢？”在真相未明之时，就呼吁大家对此事进行集体遗忘，“事先既无争执，事后自然没有待决的问题。目前唯一需要的恐怕只有事件——必须让时间来医治这个意外的伤疤。”①

在马来西亚“5·13”种族流血冲突事件一周年后，《南洋商报》发表的言论，不是对这一起造成华族心灵创痛的重大事件进行反思和追问，而是表现出严重的淡忘：

从今年起，五月十三日这个日子，和一年内其他的任何日子将没有什么分别。去年发生的五一三事件，只是历史上的陈述，它所留下的教训将使我们明白种族和谐在一个多元社会内是如何的重要，我们应该不惜任何代价去维护它。②

可见，在联盟政府执政时期，随着巫统势力的日益强大和对社会意识形态控制的加强，华文报不敢与政府对立，其政治态度日趋保守，言论也日见谨慎。而在面对一些涉及种族问题的敏感议题时，如履薄冰。以《马来亚通报》的一件历史事件可以说明华文报在处理敏感问题上是如何小心谨慎。

1963年印尼由于反对马来西亚联邦的成立，采取了一些军事对抗行动。第二年有13名思想左倾的华裔少年随同一群印尼军人空降柔佛州拉美士森林，结果被当场抓住，后被法庭判处死刑。在被关押4年后，这13名华裔少年将于1968年3月15日执行绞刑，由于他们被捕前均未成年，法律界一些团体奋力营救。当时这些少年死囚的华人辩护律师和一些华人社会工作者多方努力争取赦免，需要舆论的配合，而华文报都站在同情的立场给予了大量的报道。当时《马来亚通报》的记者在吉隆坡半山芭监狱外拍摄到少年犯探监亲属与警察发生冲突的照片。

当这张极具新闻价值的照片交到报社总编辑周宝振手上时，他感到左右为难。据他回忆其当时的感觉是：

这张照片反映沸腾的民情，将事实让大众和政府知道是报纸的责任。但是，从现实的角度思考，这照片可能引起其他情况。其一是政府刻意直接的，把这次民不畏死，说就是舆论搞起来的。更加危险的是，此煽情照片之刊登，往后公众情绪继续恶化，国家安全的帽子更适合给我们戴上去。③

---

① 《星洲日报》社论，1964年7月28日。

② 《南洋商报》，1970年5月14日。

③ 周宝振：《从通报、生活报到中国报》，马来西亚有人出版，2008年，第60页

最后周宝振只好去征询由巫统控制的马来文报《马来前锋报》总编辑的意见，向他提出了多个问题，诸如“从族群的角度，该照片可能煽动任何一方吗？”“这张照片如果刊登于封面版，可解读为制造暴力个人英雄吗？”“政府的读报组，或者政治部人员刻意曲解这张照片吗？”

《马来前锋报》的总编对以上所有问题表示了否定。《马来亚通报》最后决定和《马来前锋报》一同刊登这张独家照片。周宝振表示“有《前锋报》的陪伴，我们乐意面对任何恶意的曲解”。[①]

在面对敏感问题上，华文报必须参考深具影响力的马来文报或是英文报的报道方针，以一种“要死大家一起死”的策略来应付政府严格的新闻审查制度，这是华文报面对报业审查的自保策略之一。这种报业文化从1960年代到21世纪的今天仍然没有改变。

《星洲日报》在1987年因在“华小高职事件”大力维护族群权益而遭“茅草行动”被停刊，复刊之后，其言论比以往保守而谨慎。该报在1988年4月8日复刊，社长张晓卿在复刊词中列出的六项办报方针，表明了报社今后的中立态度：

1．考虑到多元民族社会的特征，为顾全大局，时刻自我克制和约束，适当地行使新闻自由权利。

2．在沟通官民合作方面，扮演上情下达，下情上达的角色。

3．为广大读者提供互通讯息，表达心声的便利。

4．启迪民智，推广教育，发扬文化。

5．在党派政治中，明辨是非，不亢不卑，严守中立。

6．促进文化交流，以达致国民相互谅解及和睦相处的目标。[②]

这是一种面对压力不得不作出的调整。华文报业也只能在形势的发展中不断地调整自己的立场，以使得华文报业能够生存下去。

三、从多元并存到独家垄断

在严厉的法令监管和政府的严密管制下，华文报面临内容同质化的困境。创立《通报》的周氏家族的第二代周宝振，在决意出售《通报》给马华公会时，曾对当时的报业环境不胜感叹：

基本上，出版和印刷法令便是“紧箍咒”，硬生生设定了内容框架，大家只得在框架内游走。大致上，八十年代以后的华文日报，竞争到了巅峰的

① 周宝振：《从通报、生活报到中国报》，马来西亚有人出版，2008年，第63—64页。

② 张晓卿：《我们开始新的长征——星洲日报复刊有感》，《星洲日报》1988年4月8日。

效果，便是“大同小异”四个字。这种大同小异的内容困境，不幸一直延续到二十年后的新世纪。①

资深报人陈锦松也对华文报同质化问题发表过意见：“有人说华文报的内容‘大同小异’，看了东家的报纸，西家的也就可以省了，这是导致报纸争同一个市场同一个读者的现象。这个批评不是没有道理的，到底甚么时候我们的报纸更多元化，这是办报人值得思考与研究的方向。”②

20世纪80年代，尽管华文报市场还未达到饱和状态，在商业上还存在竞争的空间，但是由于政治因素的干扰，华文报面临着“内容困境”，使其无法形成不同的风格来占领市场份额。在同质性竞争的情况下，国内经济不景气，广告收入受影响，加上成本上升，华文报无法避免大淘汰的命运。8家历史悠久的华文报即《南洋商报》、《星洲日报》、《中国报》、《光华日报》、《通报》、《新明日报》、《星槟日报》及《建国日报》，除了《南洋商报》和《光华日报》之外，其余6家都陷入财务危机，最后是《星洲日报》和《中国报》在转手后重生，另外4家相继倒闭。③

20世纪80年代，华文报即使面对“内容困境”，但由于当时报业属于家族办报，8家华文报各事其主，尚未被政治或经济所垄断，报纸种类较多，仍然有多元的声音。这个时期，华文报顺应华人社会的平权抗争，和华人社会站在同一阵线上，充分表达出华人社会的心声。

20世纪80年代是华人社团争取民主人权的重要时代，华人社会从70年代的“彷徨苦闷”到80年代的“寻路挫败”，回到以政治抗争手段来求取平等权益，华文报面对华人社会存在的现实问题，可谓是各抒其意，不乏百家争鸣之风。例如在当时华文报对华人社团人士参政一事，支持、反对和中立的立场都兼而有之。

当时已经被马华公会收购而成为其党报的《通报》，就发出了激烈的反对之声：

我们认为十五华团有资格代表华人社会的立场，可以反映华人社会的心声，但十五华团应该是超越政治政党，纯粹以维护华人社会权益为大任，仅能扮演压力集团的角色，不能够在政治上偏向反对党，具有反政府的意味。④

该报还指责准备参政的华人社团人士是利欲熏心：

① 周宝振：《从通报、生活报到中国报》，马来西亚有人出版社，2008年，第216页。

② 《中国报》，1988年4月27日。

③ 曾丽萍：《西马来西亚华文报业发展的政经分析1888—2008》，台湾世新大学新闻研究所硕士论文，2010年，第139页。

④ 《通报》社论，1990年6月13日。

这批呼之欲出的所谓“华团人士”（包括董教总）既然选择反对党，他们的立场自是与执政党对立，这种先入为主，自以为是的决定，并未受到华团的苟同，招惹非议在所难免，尤其是某些擅作主张，未受指示而草拟《一九九零年华团对来届大选的宣言》，充分暴露部分华团谋士的“小布尔乔亚”心态，因此被讥为“升官图”并不为过。①

被巫统控制的“新海峡时报集团”所收购的《新明日报》，也站在执政党的立场上对华人社团参政提出反对，但它也难拂华人社会群意，其反对之声则相对委婉：

> 华团和华人教育人士对政治的抱负虽以华人社会意愿为依归，用心善良，但是，曾否有权衡过去和未来，评估成败得失，那就得看他们是以个人或整个华人社会的利益为出发点。不过，以目前的政治形势，“华人教育牌”若在来届大选受落，终究也只是增加激昂的反对声音，但以一个反对党的敌对关系，则难以发挥积极性和建设性功用。……华团和华人教育人士参加来届大选，是否构成成也萧何，败也萧何？且让我们拭目以待。②

而当时的第一大报《南洋商报》则明确表明了支持的态度，其社论指出：

> 在民主制度下每个人都有参政的权利，而人各有志，斗争路线大可各走殊途；华人社会应该尽量鼓励有资质有潜能的人材出来参政，执政集团也好，反对党阵营也好，除非你但求六根清净，这是有百利而无一害的。③

《星洲日报》对待此事的评议相对保守，在并陈各方观点后，也温和地肯定了华团人士参政的权利：

> 我国是个实行议会民主制的国家，参政参选是公民的权利，选择加入任何合法政党也是公民的权利。华团人士亦无例外。④

这种多元的声音，在20世纪90年代以后，随着政府对华文报的加紧监管而不复存在。

华文报在1990年推动华人社团参政上发挥的舆论影响力，引起了执政集团的重视。马哈迪对此大为不满，当年大选过后他特别召见各报编辑进行了一番训斥。在1990年的巫统党代会上，更是直接批评华文报在大选期间为“在野党”助选，是“玩弄种族火焰”；指责华文报盲目拥护西方国家的两党制概念，是一种自卑的表现。⑤过去因为被边缘化而能拥有一定言论空

---

① 《新明日报》社论，1990年8月21日。

② 《新明日报》社论，1990年8月21日。

③ 《南洋商报》社论，1990年8月21日。

④ 《星洲日报》社论，1990年8月21日。

⑤ 丘启枫：《首相批评华文报起争议》，《亚洲周刊》第4卷第49期，1990年，第23页。

间的中文报纸，因此成为政府进一步监控的对象。

1995年马哈迪任命马华公会会长黄家定为内政部副部长，让其监管华文报。1997年，马来西亚国内公民运动方兴未艾，如极具挑战性的烈火莫熄运动，使马哈迪政府的合法性受到严重挑战。在1999年的大选中，马哈迪领导的国阵只以微弱多数险胜反对党。面对在野党的反对力量，马哈迪对媒体严加控制。

时任《星洲日报》执行编辑的郑丁贤就指出："1999年大选后，在特殊的政治发展下，国内的新闻自由空间越发狭窄……在这样的情况下，一些评论作者不再动笔，一些作者改用婉转的方式撰文。"①

在马哈迪的支持下，马华公会在2001年收购了南洋报业集团，此举撼动华人社会并激发了大规模的抵制运动，但仍未能改变南洋报业集团被收购的命运。

南洋报业集团被收购后，原来的多家华文报并存的局面变成《南洋商报》集团与《星洲日报》集团的两雄相争，言论空间大打折扣。原来《南洋商报》开辟有在野党领袖林吉祥的专栏，该报被马华公会收购后，林吉祥的专栏也随之消失；一向与马华公会意见相左的董教总，其相关新闻也相对减少；反映华人猪农困境的广告被拒登。

被收购的《南洋商报》由于成为政党的传声筒，逐渐失去公信力，销量一直下跌，短短5年，亏损近一亿零吉。②在2006年，马华公会将南洋报业集团转售给《星洲日报》集团业主张晓卿的华仁控股集团。南洋报业集团脱离了政党的控制，却又被单一的财团垄断，最后形成了两大华文报业都被独家垄断的格局。

张晓卿一统华文报业后，报业市场上出现了华文报"共事一主，四报一家亲"的现象，媒体所有权的集中，限制了生产者和发行者的多样性，使得信息过滤和释放的权利越来越集中在少数的守门人手上，阻碍了媒体的多元化发展。2003年1月《东方日报》创刊之时，遭四大报的联合封杀，就是明证。虽然媒体所有权的集中是自由市场的一种现象，但是对华文报而言，这不仅是在报业市场上对新的竞争者造成了极大困难，更是对华人社会言论空间领域的压缩。

---

① 《星洲日报》，2001年5月4日，新闻19版。

② 曾维龙《黄丝带飘扬——2006马来西亚反对媒体垄断运动实录》，（马来西亚）维护媒体独立撰稿人联盟，2007年，第167页。

第二节　华文报与华人社会的关系及其身份定位

在多元族群社会环境下，面对严厉的政治监管和强大的族群压力，华文报要生存发展，就必须对自己的角色进行定位，这样才能为自己的发展找到一个支点。它必须以华人社会为依托，在华人社会与政府之间架起一道桥梁，在国家和族群之间，找到某种平衡，才能在复杂的环境下找到自己发展的空间。

一、华文报与华人社会的关系

华人社会对华文媒体具有根深蒂固的"自家人意识"和"文化事业情结"。①这种情结维系了华人社会与华文媒体之间唇亡齿寒的关系，也正是这种情结，不仅使得华文报业即使经历了20世纪80年代华人社会所面临的政治、经济和文化严峻的挑战，也能存活下来，甚至在90年代还能摆脱惨淡经营的窘境，成为财雄势大的上市公司。

在马来西亚，"华文教育、华人社团和华文报号称'华人社会三宝'，是构成华人社会的铁三角"②，虽然华文媒体在大马也是一个不折不扣的商业实体，但是华人社会对华文报的感情，绝对不能和其他一般华资企业那样相提并论。如果说华人对待一般华资企业只是像街坊邻居那样，有街坊之交而无亲情之爱的话，那么对华文报纸却像自己的家族成员，其吉凶成败都会牵动整个家庭的思绪。这就是华人社会对华文报纸的"自家人意识"。

华人社会的这种"自家人意识"是马来西亚族群问题导致而成。英国殖民政府"分而治之"的政策下华巫对立的矛盾并没有随着马来西亚的独立而烟消云散，在联盟和国阵统治马来西亚近50年间，族群政治的操作比殖民地时期更为浓烈。华人在其政治、经济和文化等各领域方面的权益江河日下的状况，视为马来人欺压的结果，而马来人则总是认为华人企业家对经济资源的掠夺造成了他们的贫困。这种被他族压迫的心理，凸显了"我们"和"他者"的分界，那些可指代华族认同的所有符号，如各类华团、董教总、华文教育、华文报纸等，都成为华族严加防守的阵线。

华人社会对华文报纸的"自家人意识"得以产生和持续，一方面是来自

---

① 庄迪澎:《华人社会、中文报业与新闻自由运动——兼论华人社会对中文报业的'文化事业情结'》,(马)《人文杂志》，2003年6月号，第16—20页。

② 叶观仕:《马新新闻史》,(吉隆坡)韩江新闻传播学院，1996年，第150页。

于族群政治的长期发酵；另一方面，华文报纸有意识、有组织地培养和加温，也使得这种"自家人意识"经久不衰，成为华人社会的集体无意识。

《星洲日报》是马来西亚历史最悠久的华文报纸之一，在20世纪90年代以前，其销量和影响一直屈居《南洋商报》之后，80年代中期还因为财务问题陷入危机。1987年10月遭到"茅草行动"吊销出版准证停刊6个月重新复刊后，却如凤凰浴火，发行量剧增，在短短的4、5年内就超过了《南洋商报》，奠定了它如今在华文报纸中的领先地位。

纵观《星洲日报》复刊以来20多年的演变，其膨胀之势可谓惊人。究其原因，其复刊后员工的斗志高昂固然不可或缺，但是管理层善于利用"茅草行动"的遭遇营造"为族群牺牲"的悲情，赢得了广大华人的同情和支持，更是《星洲日报》蓬勃发展的重要原因。在1987 年前首相马哈迪展开"茅草行动"中，内政部白皮书指责《星洲日报》及另两家报社"为个别族群利益斗争，而罔顾它对族群和谐、公共秩序及国家安全造成的后果"[①]，这实际上是"肯定"了《星洲日报》是为"自家人"的权益斗争及牺牲的报纸，使华人社会潜意识里接纳了《星洲日报》是为了替华人讲话而在"茅草行动"中受难的认知。

《星洲日报》为族群牺牲的"受难者"形象，为它赢得了为华人社会"敢讲话"的光环，在华人社会看来，报纸这种"敢讲话"的素质，表现了一种敢于对"他族（马来人）"表达"我族（华人）"心声与不满的勇气，唯有这样的报纸才配称"华人的报纸"，华人社会也才会大力支持。

马来西亚华人社会对华文报纸除了具有深厚的"自家人意识"之外，还凝结着浓厚的"文化事业情结"。这种"文化事业情结"，既来自华人的文化历史传统，也有其社会现实原因。

就华文报业而言，马来西亚的华文报具有肩负某种特定使命的历史传统。早年华文报的诞生，多是缘自传教和宣扬政治改革或政治革命的理念。1815年米勒创刊的《察世俗每月统纪传》的目的是向华人传播基督教，1881年创刊的《叻报》在很大程度上是出于推动文化建设的使命。[②]辛亥革命前，孙中山领导的革命党和以康有为、梁启超为首的保皇党，在新马办报，宣扬各自的政治理念。早期的华文报业大多是由旧学根基深厚的文人主持报社笔

① 庄迪澎:《强势首相vs弱势媒体：给马哈迪的媒体操控算帐》,(八打灵再也)破媒体传播事业社,（2004），第66页。

② 庄迪澎:《华人社会、中文报业与新闻自由运动——兼论华人社会对中文报业的"文化事业情结"》,（马）《人文杂志》，2003年6月号，第17页。

政，即便是陈嘉庚在1920年创办《南洋商报》，虽说是基于商业因素的考量，但是也不忘兼顾教育使命。由此可见，华文报的确是肩负文化教育使命而诞生的，而这也正是华文报纸能历经坎坷得以生存延续的主要原因。因为，在东南亚地区，华人不是强势族群，华文文化、习俗等常常得不到主流社会的认同和国家的扶持，华文报纸由于所具有的文化职能很自然地就能得到华人社会的拥戴。

马来西亚独立后，在马来人主导的多元社会中，华人对前途的彷徨和危机感，使华文报与华人社会形成了唇齿相依、休戚与共的紧密关系。尤其是1970年后，政府实施马来人至上的各项政策以后，国家资源的分配都是以族群、宗教以及族群政党的政治利益为标准，由于缺乏国家的资助和扶持，在华文教育和文化事业建设上，华人社会都是自力更生。华文教育所需的软、硬件设施都靠华人募捐。在推动母语教育与文化建设的工作上，华人社会必须依赖华文报纸的动员才能玉成美事。诚如前《中国报》董事经理林晃昇所说，“虽然中文报章和华文教育有着不同的工作岗位，但却都是担负着发扬文化，启迪民智的重任，两者息息相关，其中一者兴亡与发展，另外一者同样不能幸免”。①

二、华文报的身份定位

在早期的身份观念中，人们常把身份概念理解成某种具有固定灵魂和内核的主体观。霍尔在阐述“文化身份”这个概念时，曾经描述过古典时期人们身份观念的这种立场，他指出，这种立场“把‘文化身份’定义为一种共有的文化，集团的‘一个真正的自我’，藏身于许多其他的、更加肤浅或人为地强加的‘自我’之中，共享一种历史和祖先的人民也共享这种‘自我’。按照这个定义，我们的文化身份反映共同的历史经验和共有的文化符码，这种经验和符码给作为‘一个民族’的我们提供在实际历史变化莫测的分化和沉浮之下的一个稳定、不变和连续的指涉和意义框架”。②这实际上阐述了古典身份观念将自我与他者相互对立的现象。在今天，在全球化交往中多元文化共存的语境下，人们意识到我与他者的互动的复杂关系，我与他者都只能在变化着的关系（对话、交往、混合）中获得重新定位和重新调整，他者成为主体自我意义建构的必备要素。因此，在与他族的交往和互动过程中，马

---

① 叶观仕:《马新新闻史》,（吉隆坡）韩江新闻传播学院，1996年，第150页。

② 霍尔:《文化身份与族裔散居》，罗刚、刘象愚主编《文化研究读本》，中国社会科学出版社，2000年版，第209页。

来西亚华文报要突破多重困境获得更宽阔的生存空间，必须对自我身份进行重新定位。只有在自我与他族的相互理解、相互沟通、相互影响中，才能为自己找到生存与发展之路。

1. 以华人社会为依归，立足于华人社会的土壤生存

马来西亚独立后，由于其特殊的社会环境，华文报的生存和发展无疑面临着极大的挑战和挫折。在种族主义的压力下，华文报作为少数族群媒介，其生存和发展必须以华人社会为依归，立足于华人社会的土壤生存。

独立后华文报已经全部转化为家族企业所有的商人办报形式，即使是为商业利益所驱使，华文报也不能自立于华人社会之外。

20世纪70年代之后，马来人至上的国家政策使华人充满了不安全感，在民族自救的艰难时刻，华文报站在华人社会立场，在华族各种平权运动中发挥了动员作用，担负起团结族群的重要角色。华文报对华人社会的重要性，使得华人社会对华文报备加呵护，华人将华文报与华人社团、华文教育视为华人社会三宝，是支撑华人社会的三大支柱。正是有华人社会的鼎力支持，华文报在严酷的种族环境下得以生存。尽管华人报业是商业机构，但在华人的族群意识，华人报常常被视为一个文化机构，保护华文报如同保护华人文化资源。这种积极保护族群文化不被侵犯的行动来自华人社会浓厚的危机感和忧患意识，这种认知深入华人社群的日常生活。①

在华人看来马来西亚的华文报是肩负文化教育使命而诞生的。因为，在东南亚地区，华人不是强势族群，华文文化、习俗等常常得不到主流社会的认同和国家的扶持，华文报纸由于所具有的文化职能很自然地就能得到华人社会的拥戴。而这也正是华文报纸能历经坎坷得以生存延续的主要原因。

对于华人社会一些人来说，尽管华文报社属于商业机构，但他们更习惯性地将“文化事业”性看作是华文报纸的第一性。《星洲日报》已故的总编辑陈见辛曾总结了华文报社的民族文化职能，可以说代表了部分华人的看法：

> 报馆固然是商业机构，它也是一种文化事业。马来西亚的华文报业具有维护与发扬民族文化的光荣传统，长期以来，它对捍卫民族的权益、发扬民族文化、争取华人教育地位，以及推动社会进步，作出了重大的贡献，这是有目共睹的事实。②

---

① 何国忠:《马来西亚华人：身份认同、文化与族群政治》,（吉隆坡）华人社会研究中心。2002年，

② 陈见辛:《华文报业面对的挑战》，载陈亚才编《当代马华文存》第9卷，马来西亚华人文化协会，2001年，第265—271页。

由于华人社会对华文报的特殊感情，使得华人社会对华文报的存亡牵肠挂肚，甚至宁可搁置媒体自主与新闻自由之类社会公共问题，而将华文报的存亡放在第一位。以至于在面对执政集团垄断媒体业，进而控制舆论的时候，有些华人非但不抵制，而且还对抵制者发出反对之声。

例如，在2001年马华公会强行收购南洋报业控股时，虽然华人社会里一群年轻的新闻工作者、社会工作者和知识分子自发性开展“反收购运动”，但是中文媒体仍然不乏反对“反收购”的声音，而这些声音的基调主要是不能“自相残杀”。一位作者投书《星洲日报》，力陈“报纸是华人社会共有的资产，不能动辄杯葛”。对于华人社团号召抵制《南洋商报》及《中国报》的动作时，他更是义正辞严地论道：

那些发起抵制运动的华团领袖，请勿漠视一个严正的事实：《南洋商报》和《中国报》同时是我国两家具有悠久历史，且对华人社会贡献良多的先锋报社，我们爱护它们都尚来不及，又怎忍心去做一些伤害其基业的动作呢？①

作者甚至把话说得更白：

我总是纳闷和不解，政党办报，有什么不妥？报业集团之间的并购结盟，又有什么不对？政治和媒体，本来就是一对难兄难弟，彼此的依赖与结合，从东方到西方，也自古皆然。既然这是当今世界媒体的游戏规则，我们又何必自我设限，自我摧残呢？②

虽然华人社会也承认报纸的盈利性，但他们更愿意将此作为报社生存的手段，如果非要在华文报纸的生存与新闻自由之间取舍，马华人社会会肯定会先选择保住华文报业。个中理由很简单，华文报社倒闭一家就少了一家，而这“少”对华文文化事业极为不利的。这种文化认知几乎成为华人社会的共识。③

由于华文报与华人社会之间这种紧密的关系，华文报也必须以维护华人社会利益为其天职，才能获得生存。前南洋商报控制集团董事经理黄超明就说过：“我们的目标是维护华人的利益，华人社会也会支持我们，这样我们就会有报份。……如果你的编务方针不对的话，华人不会支持，再怎样努力

① 詹佑生：《从马华写作人罢写谈起》，《星洲日报》在线2001年6月20日：http://news.sinchewi.com/print.phtml?sec=seyl&artid=200106200406。

② 同上注。

③ 庄迪澎：《华人社会、中文报业与新闻自由运动——兼论华人社会对中文报业的‘文化事业情结’》，(马)《人文杂志》，2003年6月号，第20页。

去做也很难。”①

前报人叶观仕的说法更指出了“非自家人”所可能招致的后果。他说，华人“看你报纸时就会说你们的报纸都不为我们华人讲话，就会杯葛你们，不看你们的报纸，所以有一阵子《南洋商报》卖给马来人，《星洲日报》就天天发传单说，这个已经不是华人办的报纸”。②

2．作为沟通政府与华人社会间的桥梁，维护国家安定和族群融合

华文报身份转变之后，其效忠的国家是马来西亚。作为马来西亚的一分子，它除了立足华人社会族群之外，必须维护国家利益，担负起沟通华人社会与政府交流，维护国家安定和族群融合的责任。

在20世纪90年代末政党收购以及华文报集团化之前，华文报与华人社会之间关系紧密，成为华人社会与政府之间交流协商的一个平台。很多时候，政府会故意透过华文报来试探华人社会对国家政策的反应，而华人社会也是通过华文报来表达华人社会诉求。例如，政府与华人社会在华人教育问题上的角力，就是通过华文报来表达和反应的。

从独立后的1957年教育法令、1960年拉曼报告书、1961年教育法令等，一直到20世纪80年代教育部宣布全国华小实行3M教学制度，推向综合小学计划等，政府都是通过华文报放出试探气球，而华人社会采取的捍卫行动，除了通过董教总去和政府协商外，就是在华文报上发表和总结华人社会的意见。在华小高职事件中，政府官员的相关言论和华人社会的态度，都通过华文报来表达，华文报是沟通政府和华人社会的一个重要的管道。

在1990年大选之后，执政的巫统看到了华文报在大选中对华人选民的巨大影响力，更加关注华文报的报道。在马哈迪执政后期，为了更直接与华文报接触和沟通，他还专门聘请了华裔新闻秘书，希望通过华文报纸和华人社会进行直接的双向互动。时任马哈迪新闻秘书的钟启章曾经说过：

首相是觉得他和华文媒体之间都缺乏一个了解，当然我最重要的任务还是把这个首相的思想、政策能够透过媒体向华人社会来宣扬，希望华人社会能了解并减少误会，也消除这个恐惧。……可能他认为如果透过政党来传达的话，没有那么的直接，这也是我被委任成为他的新闻秘书的最大因素。③

---

① 黄招勤：《西马来西亚华文报纸发展与困境——多族群环境中报纸角色与功能的转变》，台湾世新大学传播研究所硕士论文，2004年，第45页。

② 黄招勤：《西马来西亚华文报纸发展与困境——多族群环境中报纸角色与功能的转变》，台湾世新大学传播研究所硕士论文，2004年，第45页。

③ 黄招勤：《西马来西亚华文报纸发展与困境——多族群环境中报纸角色和功能的转变》，台湾世新大学传播研究所硕士论文，2002年，第40页。

尽管这种方式对华人社会没有多大的改变，但是马哈迪首相以这种方式来通过华文媒体了解华人社会，更突出了华文报的桥梁作用。

当然，华文媒体既是政府与华人社会沟通的一个渠道，也是政府监管的对象，政府也时常通过各种方式来干预和控制华文报。尽管政府与华文报、华人社会的相处时常不尽人意，但是华文报仍将维护国家安定和族群融合作为自己的终身责任。

1988年4月8日，《星洲日报》复刊时，社长张晓卿在办报方针中就提出该报除了"在沟通官民合作方面，扮演上情下达，下情上达的角色"之外，还要"促进文化交流，以达致国民相互谅解及和睦相处的目标"。[①]

前《南洋商报》总经理郭隆生也要求编务人员将国家利益放在首位，他曾对其编务人员说过：

没有了国家有民族也没用，我们自己再怎样强，国家很弱也没用。[②]

为了推动族群之间的交流。他还策划了一个各族和睦亲善、友好相处的摄影比赛，利用照片来凸显马来西亚各族间的融洽。

作为商业机构的华文报，既要担负维护华人社会的天赋使命，又要承担起国家安定和族群融合的责任，这样的定位尽管千辛万苦，但是已经成为马华新闻从业者的共识。他们都认为，国家利益、安定和族群融合是华文报现在和未来所要达成的目标，如何增进各族和谐、取得谅解，是各家报社最主要的工作和任务。

第三节　多重困境下华文报的自我调节

少数族群传媒一方面要争取族群的各种权益，维系族群的认同，另一方面又要避免族群之间的矛盾冲突，要达到这个目的，就必须平衡各方面的利益，以防止族群成员在维护自身利益时，放大少数族群受歧视的心理感受，引起主流社会不满，从而制造出族群的冲突，造成少数族群与主流社会两败俱伤的局面。

马来西亚华文报纸注重反映华人的权益诉求，有时会不知不觉地陷入种族议题，从而导致华人与马来人产生争论。谨慎使用媒介权力，既能维护少数族群的权益，促进族群认同，又能得到其他族群的理解，如何达到这个目

---

① 张晓卿:《我们开始新的长征——星洲日报复刊有感》,《星洲日报》1988年4月8日。

② 黄招勤:《西马来西亚华文报纸发展与困境——多族群环境中报纸角色和功能的转变》，台湾世新大学传播研究所硕士论文，2002年，第42页。

的，显然是少数族群媒介面临的一个巨大挑战。华文媒体不得不进行调整，以谋取最低的生存底线，这也是在威权政治下的一种生存策略。也只有保住这条生存底线，也就是不被吊销出版准证，华文报纸才有最基本的发言空间，进而谋求更大的新闻自由的空间。

一、在华人社会的立场变化中寻找支点

华文报是华人表达心声的平台，在争取族群权益的时候，华人期待华文报能和华人社会站在同一阵线上。但是，华文报毕竟也是商业机构，出于商业利益的考虑，在政府严厉的新闻管制下，华文报也会避免因得罪政府而遭受关闭的惩罚，除非整个华人社会能团结一致，共同抗争，迫使华文报因应整个华人社会的市场需求而义无反顾地坚决站在华人社会一边。

然而，华人社会在争取族群权益方面总是出现分歧，执政的华基政党和华商主张采取温和的协商方式，而华人教育和民权人士却主张采取对抗的施压方式。

从20世纪70年代起，在新经济政策实施的压力下，华人社会遭受打击并积极地自救。华人社会在争取族群权益的过程中，抗争和协商的方式常常相互运用，华文报便受到这两种政治路线的夹击，其立场和态度也随着华人社会维权的方式而变化，审时度势地决定自身的立场。

如在1987年的“华小高职事件”中，华文报就随着整个华人社会激烈的对抗方式而完全站在华人社会一边，慷慨激昂，为华人社会奔走呐喊，广泛动员，最后《星洲日报》在政府采取的“茅草行动”中被吊销执照，停刊半年。

当时华人社会是朝野上下共同一心，全力维护华文教育，出现了前所未有的大团结。在马来西亚，华文教育和政治密切相关。在华人教育奋斗史上，几乎没有一次事件是“纯粹”的文化或教育之争，无论是小事件如中学甄拔考试、师资教材，或大原则如教学媒介国语的“最终目标”等，无不是政治较量和斗争的表现。在华人教育的抗争过程中，参与联盟政府执政的华人政党马华公会，在对待华人教育问题上，由于所持的立场与董教总有分歧，马华公会和华人社会的意见时常相左。而在这次行动中，马华公会和董教总及其在野的华基政党行动党联合起来共同对抗政府。当时的《南洋商报》就有言论，对华人社团与政党联合起来维护华人教育表示了肯定，称“马华此次是首次与行动党、民政党及中华大会堂等华团，找到共同的斗争

目标”。[①]在华人政党中，马华公会和民政党是执政的联盟政府中的政党，而行动党是在野的华人政党，这三大政党因华人社会共同关注的问题，携手合作，与华人社团一致面对巫统，这是此前罕有的现象。

在这次行动中，华文报发挥了高度的凝聚族群意识的功能。《南洋商报》发表社论，呼吁华裔族群的华团与各华裔政党合作，维护华人社会权益。而《星洲日报》在这次维护华人教育权益的抗争中为华人社会摇旗呐喊，据笔者查阅，从10月7日起，该报每天的头版头条都报道关于“华小高职事件”的事态发展。国内新闻版也以大量篇幅进行报道。10月16日，华小罢课，《星洲日报》头版头条报道了此事。国内新闻全部是相关的报道文章，共27条。在第6、7版则全部刊登华人家长支持华小罢课的示威照片。在1987年10月27日，马哈迪政府展开的“茅草行动”中，《星洲日报》与《星报》、及《祖国报》（*Watan*）三家报社惨遭当时的内政部吊销出版准证，一直到五个月之后，内政部于隔年3月才重新发给这三家报章出版准证。

在这次激烈的斗争变故之后，华文报也不得不采取相对协调的策略应对相关的事件。在20世纪90年代后期华人社会反对宏愿小学计划的媒体表述，相比“华小高职事件”显得更冷静和更有策略，有的反应相对平淡，以致招来华人教育人士不满。

政府“宏愿学校计划”的具体做法，就是把两间或三间不同源流的学校安置在同一校园内，这些学校将使用共同的设施。各源流学校在行政上可以各自为政，但是学生的集会及共同参与的课外活动必须以马来语文进行。政府推行宏愿学校的目的是让不同种族的学生在同一地方一起上课，参与共同的活动，增加交融的机会，以促进国民的团结意识。但华人董教总和教育机构及华人社团，鉴于当局过去的目标都是要把各民族儿童纳入一个以马来语为主要教学媒介的国民教育体系，因此对宏愿学校计划产生疑虑，深恐一旦计划实施后，华文学校会变质，因此提出反对。

这次计划的推行一开始就遭到华人董教总的强烈反对，但是对于宏愿学校问题，整个华人社会也没有表现出华小高职事件中的对抗方式，华文报的反应也因此而平静。

《星洲日报》或许是有前车之鉴，其反应相对平淡。1996年6月16日教育部长在南华小学举行宏愿学校的推介礼，《星洲日报》没有进行报道。笔者查阅了这半个月的《星洲日报》，尽管报社依然关心华人教育问题，比如，关于华小建设或是华文学习的报道言论有20篇，但没有一篇关于宏愿学校

① 陈志勤：《华小高职事件的风波》，《南洋商报》1987年10月28日。

的直接报道和评论。

对于报社的做法，有华人教育界人士提出了批评，指出华人教育的发展有一股逆流，使华人教育在社会动员上力有不逮。其中一个因素，就是尽管媒体资讯发达，但由于受到一定的限制，有时并未充分反映事实。华人社会对新教育法令的看法，以及董教总之前与政党的对话，媒介在信息传达上，并未反映华人教育工作者普遍的心声，甚至未凸显其中的“不协调”，以致社会仍然存在一些“开放”的假象。①

2000年，政府开始加大“宏愿学校计划”推行的力度，引起华人董教总的强烈反弹。在关涉到华族文化之根的华小教育问题上，华文报纸是不能背离华人社会的意愿的，在这个根本性问题上，华文报的主事者都十分清楚。因此，在宏愿学校问题上，华文报在立场上都支持董教总，但在语言上委婉和温和，多是为董教总进行申辩，而没有激昂地呼吁和广泛地动员。

《光华日报》的社论对教育部的做法提出了温和的批评：

> 要促进国民团结，应有一套宏观与开明的政策和更加公平与民主的施政，通过自然渐进的融合，才是健全稳固的团结基础。强行催化，有如揠苗助长，很难经得起考验。②

社论对董教总表示了支持：

> 董教总已经阐明对宏愿学校实行的立场，华人社会与华人教育人士更应严正和明确看待做出接不接受宏愿学校的计划，今天华人社会与华人教育董事部所作出的决定，将是往后华人教育在我国生存与兴衰的关键。③

在宏愿学校计划的问题上，董教总与马华公会是处在对立的立场上，报界人士除了替董教总申辩外，还深恐某些华人社会人士在当局的威迫利诱下，作出不明智的决定，《光华日报》在2000年11月8日的社论中，语重心长地劝谏双方谨慎行事：

> 在母语是族魂的响亮口号下，董教总捍卫华人教育生存空间的魄力早已肯定，若把宏愿学校风波的产生完全怪罪于董教总，对于这个我国华人教育先锋组织的领导层而言未免严重不公，另一造未能提出强有力的释疑保证，至少也得对这场风波负上部分责任。董教总展开巡回全国的宏愿学校计划说明现时既已箭在弦上，华人社会最迫切的问题莫过于在支持或反对宏愿学校

---

① 郭全强：《我国华人教育工作者当前的任务》，戴小华主编《当代马华文存》第8卷，马来西亚华人文化协会出版，2001年，第501页。

② 《光华日报》社论，2000年10月31日。

③ 《光华日报》社论，2000年10月31日。

目标层面作出明确取舍。

当教育部长沙慕莫哈末宣称决意推行宏愿学校计划时，《南洋商报》2000年10月30日的社论，也站在董教总及华人社会立场为其辩护，认为董教总的反对行为有前车之鉴，是情有可原的，但是语气温和。社论认为宏愿学校计划的概念反而会产生反效果其最终目标另有所图，它指出："以目前的理念和方式推行'宏愿学校'，最多也只能在国民团结上取得无机的'混和'而不是有机的'化合'；真正的国民团结，应该是多面互动的。"①

政府的严厉管制和来自多方的压力，使华文报学会了以双方都能接受的方式表达出华族的诉求。

华文报随着华人社会维权的方式而变化，审时度势地决定自身的立场的生存方式，还表现在1971年马来西亚政府进行国家文化整合方面。

1971年，随着新经济政策在社会各方面的展开，马来西亚政府也开始了国家文化的整合。1971年8月16日，马来西亚文青体育部在马来西亚大学举办了"国家文化大会"，这次大会确定了国家文化的三原则，成为国家文化政策制定的基础，1974年之后马来西亚政府开始将其作为国家文化内涵，纳入国家文化政策。国家文化概念几乎将华人文化摒除在外，这对于华人文化的发展是极为不利的，同时也表现出马来政府欲以单一文化同化华人文化的意图。由于当时正值新经济政策实施的全面展开阶段，华人社会遭受重创之后，整个华人社会意志消沉而低迷。在经济上自保乏力的情况下，对文化的整合更无心关注。当时的华文报几乎没有去触及这个议题。马华学者林景汉就描述了当时这种情况：

> 国家文化大会召开通过国家文化概念，就是一个耐人寻味的个案……当时，华文报对这个大会所达成的结论，既没有大量的报道或评析，也没引起华人社会广泛的讨论。②

林景汉对此也甚感疑惑：

> 这是否五一三的效应？或者是华文报受煽动法令，以及国家安全理事会所修改的百多条法令所制约？也可能是华文报在形势所逼，不得不先重经济而轻文教？这是后人对那时的华文报对这一大会所持的缄默态度，感到不解的。

---

① 崔国强：《东南亚华文日报之现状研究》，（新加坡）华裔馆、南洋学会，2002年9月，第89—91页。

② 林景汉：《独立后的华文报》，林水檺等编《马来西亚华人史新编》，马来西亚中华大会堂总会，1998年出版，第149页。

然而，随着20世纪80年代华人社会精神的重振、华人自救运动风起云涌，华人社团对国家文化概念表达了强烈的反对。1982年雪兰莪中华大会堂于4月2日派出一个3人代表团，向文青体育部提出一项备忘录，对国家文化问题提出了6点意见和7项要求；1983年全马15个华团机构在槟城华人大会堂召开华人文化大会，发表了华人文化宣言的6大原则，华文报也开始对此问题展开热烈的讨论。

当时的《星洲日报》就发表过多篇有代表性的评论文章，如游若金的《国家文化的塑造与马华文化在国家文化中的地位》（1983年3月16日）、颜清煌的《从历史角度看大马华人文化的演变》（1983年3月17日）、李万千的《关于国家文化问题的探讨》（1983年12月15日）、陈自明的《国家文化与国民融合》（1983年7月19日）。

《南洋商报》尽管内容是以商业信息为主的报纸，但对国家文化问题也发表了多篇评论，如周泰福的《国家文化和华人文化》（1980年9月6日）、陈祖排的《多元种族社会的文化政策》（1986年5月26日）、陈云深的《从哲学角度看马华文化与国家文化》（1983年2月20日）。

华文报周旋于政府和华人社会之间，它在有限的言论空间中表达华人社会诉求，随华人社会的政治风云而变化。在复杂多变的环境下，必须具备察言观色、随机应变的能力，才能继续生存。

在华人民间政治力量自我分化为对抗和协商的时候，华文报就会尽量减少华人色彩，凸显公民身份，强调各族交流和沟通。

二、在政府与华人社会之间寻求平衡

严厉的媒体监管以及强大的种族压力，使华文报不得不采取迂回的中间路线，并尽量避免情绪化的表达，以理性和冷静的态度在不触犯言论禁忌的有限范围内照顾华人社会的需求。

1970年代，"新经济政策"全面实施，华人经济在政府的压制下严重受挫。华文报与华人社会共度时艰，积极配合华人社会，唤醒华人自救。华文报没有反对新经济政策，没有触犯言论禁区，但是鼓励华人自救。在新经济政策实施的20年期间，华文报经常发表文章，探讨华商如何走出困境。

《星洲日报》有一篇文章《恢复华族商战精神》，描述了华人当时苦闷、彷徨与焦虑的心境，呼吁华商振奋精神，渡过难关：

苦闷、彷徨与焦虑，已成为时下人们对政治、经济局面的普遍感受。爆炸性的课题、恶斗对峙的局面，此起彼落，像波浪般翻滚险象环生，影响所及，今天一般的营商现况，已由主动转为被动，由积极变成消极，由扩充退到收缩，由参与沦为观望，普通商业活动皆以能维持现状而自足，一时之间，仿佛世界末日之到来，丧失了我们固有的商战精神，这是华商最低潮的时刻！

时事的蜕变，艰苦的挑战，给我们带来了太多的启示，加强了我们的适应能力，最重要的，莫如学习如何逆中求存，互助互协，克服时艰。①

而作为一份商业类型报纸的《南洋商报》，更是配合华人的自救运动发表了诸多言论。深入华商所面临的具体问题进行探讨，帮助华人摆脱困境。1991年1月1日刊载郑赤琰的文章《马华商对外联系初探》，提出如果马来西亚的华商能早有意识地策划商业外联，无论是在投资、外资融资等方面，其实力都会远远强过现状，而且在政经方面所遇到的困境，也都会早日改观和突破。

《南洋商报》在另一篇文章《冲出大马，奔向世界》中也针对在政府重新分配经济权益，缓和种族冲突的过程中，华人经济反而出现了走下坡路的困境的情况提出对策，认为华商不能安于现状，守株待兔，要时刻放眼世界，在世界上寻找市场，寻求新的资源突破。如果马华商人能打入任何一个世界组合的中心，成为其中一个重要成员，就能加强实力，增加财富资源。经济权益的增加扩大，社会矛盾也会缩小，社会的稳定才能实现。②

1997年5月6日《南洋商报》发表杨名万《配合政府政策加强应变能力，华裔应力争上游免受淘汰》一文，基本观点仍然呼吁华人社会振奋精神，适应政府的政策进行发展。

作为少数族群媒介，华文报常常游走于华人社会与政府之间，一方面不能弃华人社会的利益和需求不顾；另一方面又不能背离国家政府的意志，华文报只能在两者之间寻求平衡。

尽管华文报站在华人社会立场，对一些直接影响华人社会生存发展利益的政策提出反对和批评，但在一些有关国家原则和发展方针路线方面，华文报则站在支持政府的立场上。比如对“国家原则”中的“维护宪法”，华文报就持拥护态度：

“维护宪法”是维护国家所赖以建立的基础，此一基础，应被深切体认是民命国运所寄，也是民主政治精髓所铸，尤其对多元种族国家的马来西亚，特别有庄严的一样，特别要受广泛的尊重。③

---

① 纪永辉：《恢复华族商战精神》，《星洲日报》1986年12月15日。

② 郑赤琰：《冲出大马，奔向世界》，《南洋商报》1992年3月21日。

③ 《中国报》社论，1970年9月2日。

对政府要修订宪法加强对新闻自由的管制，华文报的态度则是耐人寻味：

限制自由发言的宪法条款，主要是牵涉到三个政治性敏感问题：

第一个是宪法第三章内有关公民权问题，这个问题的麻烦在于可以刺激种族情绪，招致骚乱，所以不如冻结。……

第二个是宪法第一百五十二条款的语文问题，这个问题的关键在于确定马来语文的官方用途，限于所有公共机构，但仍维护其他种族语文的使用和研究。此一问题的煽动性更大，故须予以冷却。

第三个问题是宪法第一百五十三条款的马来人特权和其他种族合法权益问题，这个问题的特点在于维持马来人的特别地位而不妨害其他种族利益。根据白皮书附表所引资料，可以看出马来人受教育的机会与非马来人相差极大，这就需要特殊安排，以保证其进展，不容干扰。

所有修宪与其说是积极的变更，毋宁说是稳重的保守。①

这篇社论语调极其委婉，言语间闪烁其词，读来让人感觉是对政府修宪略有异见，但又不表示反对。

华文报由于是商人办报，国家利益和族群利益最终是在商业利益中来寻求平衡。对华文报而言，双方都不容有失，但国家机器的威力更大，更不容得罪。

在华人利益与政府利益发生矛盾时，华文报常常处在满足公众知情权与可能被起诉甚至被判有罪的两难困境中。如何在严厉的监管下，对政府至高无上的行政权力进行监督，这对在夹缝中生存的华文报而言，确实是一种智慧的考验。2006年3月，马来西亚的马六甲州政府忽然决定要关闭州内的养猪农场，这使得州内的猪农陷入了生活的困境中。猪农组织为了让全国人民关注他们的命运，要在各华文报上刊登“猪农排队上断头台”的漫画广告。当时除了《东方日报》外，其他华文报都不敢刊登。因为马来西亚是以伊斯兰教为国教的国家，猪是穆斯林的禁忌物，马来人对他们社区附近的养猪农场不时发起抗议，认为这些农场污染了环境与河水，如果华文报高调处理养猪场的问题，很可能会激起马来人的愤怒，使得事情变得敏感和复杂。根据以往的经验，这样的广告登出，很有可能触犯《煽动法令》，但是如不予刊登，就等于置广大猪农的困境于不顾，必将遭到华人社会的谴责。《星洲日报》于是采取了迂回的策略，以人道主义为诉求，在封面版刊登了猪农携带幼童、标语牌和空奶粉罐请愿，要求政府给猪农活路的大幅照片。半年后，

① 《中国报》社论，1971年2月18日。

负责处理这则广告的马来西亚禽畜业联合总会署理主席兼马六甲州禽畜业公会主席陈南益说："各报在拒绝刊登广告时都有向我解释原因，我也理解报纸所受到的限制，我接受他们的说法。当时只是想通过卡通漫画描述'猪农排队上断头台'的绝望和困境，希望更吸引全国人民的注意力；但我也了解，漫画刊出后，猪农会受到更大的压力。后来我也觉得，不刊登较好。"[①]而当时的《东方日报》因为如实刊登了"猪农排队上断头台"的漫画，遭到内政部致信警告。

2006年，关于马来人是否持有30%股权又引发争议。1969年"5·13"种族流血冲突事件后，马来西亚于1971年开始实施"新经济政策"，目的是重新分配社会利益，使马来人在国家经济中的占有率达到30%，以消除种族之间的经济差异。2000年，"新经济政策"施行届满，马来政府认为土著所拥有股权并未达到目标，必须延续新经济政策。2006年9月，非官方的亚洲策略和领导研究所的经济学家林德宜研究表明，马来人的股权已达到45%。林德宜的研究数据在马来西亚社会引起了很大的震荡。若果真如林德宜研究所言，就说明马来政府的数据有问题，政府明显偏袒马来人。林德宜的研究遭到马来政府官员的驳斥，但得到华人社团的支持。身处夹缝的华文报既须传播政府领导人的发言，又须传达华人的心声，因而采取了折中的报道方式。如《星洲日报》在新闻版上对各方意见均加以报道，在评论上则以温和但坚定的立场提出理性的分析，要求政府公平对待各族群，给其他族群公平的发展机会。[②]

长期以来严厉的法令限制和政府的管制，以及种族压力，使华文报已经练就了一套"委婉"、"迂回"、"见缝插针"的报道策略。在族群之间游走钢丝，在敏感课题上步步为营，在有限的空间表达华人诉求。在这样特殊的生态环境下，华文报要获得生存和发展，其办报人必须具备与比一般报纸更灵敏的"探温"功能。进入90年代之后，华文报在报道重大新闻事件时，其策略一方面是"打带跑"，即大胆试探官方的底线，直到接到内政部的警告才停止报道；另一方面就是为免遭停刊而自行"消音"。当报社接到政府的禁令后，华文报就采取合作的态度而停止报道。因此会出现某个议题在报纸上突然消失的情况。[③]

① 彭伟步:《新马华文报文化、族群和国家认同比较研究》，暨南大学出版社，2009年版，第158页。

② 彭伟步:《<星洲日报>研究》，复旦大学出版社，2008年5月版，第251—252页。

③ 曾丽萍:《西马来西亚华文报业发展的政经分析1880—2008》，台湾世新大学新闻研究所硕士论文，2010年，第166页。

为了回避政治敏感问题，防止惹来杀身之祸，报社不得不采取一些自我设限的方法。南洋集团在丰隆时代就定期召开高层管理人员特别会议，并聘请一位曾经在皇家警察政治部服务多年的华裔高级退役警官来进行专业指导，由于他熟悉国内政治局势，能够有条理地分析社会课题以及推测可能演变的方向，报社领导能够更准确、深入地剖析各项社会动态，特别是如何回避政治敏感地带，避免闯入地雷阵，或者所谓的报界禁区。[①] 由此来保证报纸能在夹缝中生存。

三、回避政治，关注文化

20世纪80年代末至90年代，世界格局的变化以及马来西亚社会发展变化使得国阵政府的政策相对宽容，整个大马出现一种被华人谓之“小开放”的局面。这种局面，使得华人文化认同出现了复归的迹象，而这种文化认同的复归也为华文报避开政治，采用文化想象的经营策略提供了条件。

1. 马来西亚社会环境的变化

马来西亚经过20世纪80年代中期至90年代初期连续8年的经济高增长，社会财富大大增加，社会经济结构也发生了显著的变化。冷战结束后，亚洲政治民主化的浪潮忽隐忽显的影响，也使得马来西亚领导人比过去更具有包容精神。马来西亚进入了一个全新的时代。

1991年2月28日，马哈迪首相在“马来西亚商业理事会”成立仪式上，发表了一篇题为《马来西亚迈向前路》的工作报告，宣布政府决心在2020年把马来西亚发展成为一个全面发展的先进国家。在这个报告中，马哈迪提出要建立一个有共识的马来西亚国族，塑造一个成熟的民主社会和一个自由宽容的社会，让全体大马人可不分肤色和信仰，能自由推动他们的传统文化与信仰；马哈迪还表明，政府要确保建立经济平等的社会，让各民族公平分享国家财富。这个被马来西亚社会称为“2020宏愿”的目标，表现出马来主流社会使华人对未来的发展充满了希望。

马来西亚首相马哈迪在1996年底接受《时代周刊》的访问时，发表了较为开明的言论，“以前的观念是人民应该100%马来化才可以成为马来西亚人。我们现在接受这是一个多元民族的国家。我们应该在把我们分隔开来的各种隔阂之间建立起桥梁，而不是试图将这些隔阂完全去除。我们不想使所有的华人改信回教，我们告诉我们的回教同胞，不应该强迫别人改信回

① 古玉樑:《南洋报变大揭密》，马来西亚大众科技出版有限公司，2006年5月，第120页。

教”。[①]这些都显示了马来西亚领导人具有了更宽容的精神。

在这样一种经济发展和政策相对开放的环境下，华人社会的危机意识和抗争心态也骤降，华人社团领导人也对国内形势提出了一套与以往迥然不同的看法，这就造成他们倾向于凡事“解去政治化”，华团也改变了过去与政府直接对抗的方式而日趋“软化”。[②]

促使华团“软化”的另一个原因，是马哈迪对华团策略的改变。1990年，华团试图通过参政来突破困境，提出了“两线制”的概念，希望通过加强反对党的力量并通过政治选举改变国阵一统天下的局面。27名华团知名人士加入反对党——民主行动党，与马来人为主的四六精神党组成反对阵线，对执政的国阵形成了强大的挑战，有望在该届大选中突破国阵的多数优势。大选结果是国阵勉强保住了2/3的多数席位，两线制以失败而告终。但是，华团在大选中所发挥的力量，使马哈迪看到“70年代与80年代的排斥策略已显然不足消解和征服华团这股来自民间的公民社会力量”，进入90年代以后，他改变了以往对华团的策略，“开始运用包容性策略来诱胁和收编华团”。[③]于是，亲马华公会的林玉静在1990年当上了雪兰莪中华大会堂会长，申请多年的中华大会堂联合会也获准注册。经过1980年代华团的施压与政府的强硬对弈，执政者终于意识到一味打压华团并不是化解政治压力的最好方式，只要扶持华团内的协商派，并不时“略施小惠”，就能有效地制衡华团的政治力量。

执政者的收编政策使华团从对抗走向协商，华文报也因此而避开政治，采取“解去政治化”的策略，通过文化办报来获得更大的发展空间。

2. 华人文化认同复归的影响

华人文化认同问题一直是马来西亚华人社会十分关注的问题。文化是一个民族之根，在对自身文化的重视与呵护、竭力维护族群的文化身份，大力传承和发展自身文化方面，马来西亚华人较之东南亚其他国家华人尤为突出。

马来西亚在1957年8月31日宣布独立，建立了一个由多元民族共存的政治共同体，但一个团结统一的马来西亚民族却没有形成，直到今天，马来

① 李万千：《“开放”声中的马来西亚华人教育问题与前景》，载《当代马华文存》第8卷，马来西亚华人文化协会出版，2001年，第512页。

② 祝家丰：《权益组织之路：马来西亚华人社团的质变和分化》，载何启良等编《马来西亚、新加坡社会变迁四十年（1965—2005）》，（马来西亚）新山南方学院出版，2006年，第322页。

③ 祝家丰：《权益组织之路：马来西亚华人社团的质变和分化》，载何启良等编《马来西亚、新加坡社会变迁四十年（1965—2005）》，（马来西亚）新山南方学院出版，2006年，第322页。

西亚民族仍然在塑造中。

建国伊始，马来西亚执政者就致力于打造一个以马来人为主的马来西亚民族，这与非马来人所期盼的一个族群平等、多元文化共存的国家概念有很大的差别。尤其是1971年“国家文化”概念的宣布，将非马来人文化排斥在国家文化之外，引起了其他各族的强烈反弹。

在国家有意识的同化政策下，华人在族群文化与教育问题上与政府冲突不断，文化问题常常与政治问题纠结在一起，形成了文化政治化的困境。华人面对的每一个文化问题，都必须通过政治讨论或政治抗争才能有结论。而在如何捍卫华人文化的问题上，华人社会也没有形成共识。一部分人认为在发展族群文化之时，也要逐步融入国家文化之中，避免族群冲突；而另一部分人则认为在宪法的保障之下，华人应有自由发展自身文化的权利。

由于缺乏共识，华人文化一直未能确立自身的主体性，华人文化的推动和弘扬也只停留在各种文化项目的表演上。20世纪80年代，华人抵制政府的同化，文化自救运动轰轰烈烈，但是，由于许多文化活动都是依靠华商支持，无形中带上了浓厚的商业色彩，使得马华文化无法深化。正如马华学者何国忠所言：

> 华社的文化活动，都得靠既是商家又是华团领导人的支持，商家们为文化事业出钱设奖，作出贡献，当然令人佩服，但文化活动在不知不觉中却成为商家们的附属品，知识人退居成为配角，文化活动因而‘俗化’许多。华团领导人多倾向热闹、有新闻价值、有实效的活动，真正严肃的活动都要“热闹化”以后才能得到华团领导人的支持。在这种情况下，文化要向下深耕难免困难重重。①

20世纪80年代华人社会文化自救运动迷失在一片热闹的喧哗声中，找不到自身的位置。从20世纪90年代开始，伴随国际和国内的形势变化，马华文化迎来了一个历史性的转折点。

20世纪90年代，马来西亚国内的“小开放”环境的相对宽松，加上受中国大陆改革开放后经济起飞，儒家文化的重新发现和肯定，中文实用价值的被重视等诸多因素的影响，马华文化找到了一条回归中华母体文化的“复

① 何国忠:《理性的失落——论当代马来西亚华人的民族意识和文化认同》，林水檺、何国忠编《中华文化之路——中华文化迈向廿一世纪国际学术研究会论文集》，马来西亚中华大会堂联合会出版，1995年，第293页。

归”之路。①

中国的崛起将中华文化推上了国际舞台，历经文化抗争而失败的马华人，如久旱逢甘霖，转而紧紧依附强大的中华文化母体获取认同。马华人教育工作者和文化工作者，“怀着拨云见日的惊喜，所作所为皆以中国大陆和台湾为文化复归认同的依据”。②这种回归中华文化母体文化的认同，暂时掩盖了马华人在20世纪80年代国家文化同化下的焦虑，加上马哈迪亚洲价值观的提倡，使得华人在构建文化中国的想象中，将现实中与马来人“他者”的对立，转化为华人历史记忆中的西方列强，族群之间的矛盾和冲突在“东方”和“西方”的对立转化中被遮蔽。

90年代后的华文报，紧随时代的变化，通过构建虚化的“文化中国”共同体，缓解了由于政治收编和商业化垄断给华文报带来的紧张局面。

3．华文报的文化经营策略

20世纪90年代以后的华文报，尽量淡化政治，出现偏重经济、文教、民生、社会休闲娱乐等敏感性较低的新闻取向。

《星洲日报》复刊后，“开始重视文教新闻，每年耗费巨赀举办百次文教活动，创设报刊世界性的《花踪》文学奖。另外，《星洲日报》改革地方版有成，贴近民众生活，深受读者欢迎”。③该报在内容上一口气增加了七个地方版，此外还增加了《健康家庭》、《新教育》、《星洲财经》、《工商财经》、《投资广场》等副刊，大量增加了财经、生活休闲和文教内容。

《南洋商报》在这一时期也增加了《南洋经济》、《经济纵横周刊》、《南洋副刊》和《新世纪》(教育版)，注重以副刊和财经内容来吸引读者。

在“茅草行动”中为民族权益斗争而受难的《星洲日报》，复刊以后敏锐地觉察到中国崛起带来的中华文化的美好前景，因此朝着文化复归这条相对安全的道路大步前进。社长张晓卿不遗余力地传达着“文化中国”的概念。在1995年收购香港《明报》时，他就提出了类似“文化中国”的理念：

华人一百多年来的悲运和失败，今天应该到了我们总反省、总检讨的时候了。从文化的自卑到自信，是一段漫长和曲折的道路，但是，只要我们有决心、有行动、有开放的胸怀、有放眼世界的智慧，那么，重建文化的光辉和赢回民族的尊严，应该是指日可待的。只有经济和文化并重，我们华人，

① 何启良:《文化马华：略论马华文化认同的困扰和复归》，林水檺、何国忠编《中华文化之路——中华文化迈向廿一世纪国际学术研究会论文集》，马来西亚中华大会堂联合会出版，1995年，第231页。

② 何启良:《文化马华：略论马华文化认同的困扰和复归》，前揭书，第251页。

③ 欧银钏:《星洲日报——历史写在大马的土地上》，星洲日报出版，2009年，第120页。

才可能拥有和走向一个更灿烂、更美好的明天。[1]

我希望有朝一日，建立一个以华人为主体的华文媒体世界，使散居世界各地的华人，都可以看到华文报纸，都深刻体认中华文化的充实和灿烂。[2]

张晓卿将香港华人、马来西亚华人甚至其他地区的华人都纳入世界华人的框架内，为了召唤起华人曾有的文化辉煌和民族自尊，他将马来西亚华人中对立的“他者”马来人转化成了西方列强：

我们要尽快建立一个以全球华人为主体的媒体世界。我们不能再依附在西方强势的媒体之下，任由摆布和裁决，我们必须按照自己的意愿、自己的模式，去表达我们的感情和观点。[3]

从张晓卿的上述表白中可以看到，他不断推销梦想，为华人社会编制“苦尽甘来”的美梦，憧憬“我们（华人）”终将出人头地，强大起来。通过对“大中华媒体”的打造，构建“大中华文化”的虚化的想象共同体，在这个共同体中，马华人文化对立的“他者”不再是马来人，而是西方的媒介霸权。张晓卿巧妙地将马华人与马来人族群的对立转化为“东方”和“西方”的对立，也迎合了马哈迪提出的“亚洲价值观”的思想，马华人与马来人之间的族群矛盾，被遮蔽在一致抵御西方媒介强权的话语表述中。

1990年，《星洲日报》创设“花踪文学奖”，该活动两年一届，至今已经举办了十届。从第二届开始增设“世界华文文学奖”，将此奖项推向国际华人世界。此后该活动每届都邀请著名的世界华人作家担任主讲人或评委，2001年，“世界华文文学奖”改变奖励形式，由18位在世界华文文坛上具有代表性的著名文学评论家和作家组成的评委会推荐，荣获该奖的作家依次是王安忆、陈映真、西西和杨牧。[4]“花踪文学奖”成为《星洲日报》确立其文化形象的重要活动。“花踪文学奖”的“国际化”，被华人世界誉为“文化奥斯卡”。[5]《星洲日报》文化办报的策略的确取得了很大的成功，1991年该报首次超越《南洋商报》，成为马来西亚销量第一的华文报。

2001年，张晓卿收购了南洋报业集团，在“5·28”报变中被部分华人社会人士指责其垄断马来西亚华文报业、伤害华人社会，张晓卿在同属星洲媒体的《亚洲周刊上》作出回应：“如果说我要垄断华文报业，我最希望由

① 欧银钏：《星洲日报——历史写在大马的土地上》，星洲日报出版，2009年，第173页。

② 欧银钏，前揭书，第261页。

③ 欧银钏，前揭书，第173页。

④ 曾丽萍：《西马来西亚华文报业发展的政经分析》，台湾世新大学新闻研究所硕士论文，2010年，第145页。

⑤ 彭伟步：《〈星洲日报〉研究》，复旦大学出版社，2008年，第182页。

优秀的中华文化来‘垄断’报业，全力维护华人应有的权益，唤醒东南亚的中华之魂。”张晓卿以“中华文化”之名来垄断华文报业，也得到了一部分华人的认同，当时就有读者撰文于《星洲日报》赞扬张晓卿的雄心壮志。认为“这种宏观与远大的抱负，应是华文报业业主应有的心志，是值得赞扬的”。[①]另一位作者也表达了对张晓卿的溢美之词：

> 我确实感动于他说想以“中华文化来‘垄断’报业”……报章毕竟是文化事业，以“文化挂帅、商机其次”，到底比“商业为主、文化为副”更为重要。[②]

张晓卿的文化办报，成功地让《星洲日报》在文化政治化的困境中，开拓出一个新的想象空间，让“大中华文化认同”，替代了“马来西亚华人认同”，并强化了《星洲日报》的“文化事业”形象，使他对华文报的垄断具有了合法性。

张晓卿“我最希望由优秀的中华文化‘垄断’报业，唤醒东南亚的中华之魂”的表述，也成为其报业集团扩大经营的主旨方针，在以后其报业向东南亚和亚洲乃至全球华人领域拓展其生存与发展的空间的时候，他都不乏此论。譬如 2007 年底，星洲集团、南洋报业集团与香港明报集团合并时，张晓卿就表示“我全力推动新的媒体集团，不仅是为了商业的理由，也是为了文化的理由，只有在一个新的平台上，全球中文读者才可以享受一个更全面、更优质的文化空间”。[③]同时张晓卿也强调，“《星洲日报》一路走来，始终不敢违背华人社会与读者的意愿，始终坚定不移的为华人社会说应说的话，做该做的事，并决心情义办报，决心回馈社会，决心与华人社会风雨同舟，荣辱与共。”[④]

张晓卿旂下的世华媒体强调保存与发扬中华文化，长期邀请中国大陆、港、台文学与文化明星造访该报。他们对马来西亚华人坚持中华文化的不断赞扬，让很多长期在马来西亚国内受忽略的华人很受用。尽管也遭到马华知识界人士的批评，认为这种方式凸显甚至强化华人对于政治与社会结构问题的无力感，影响了对公共事务的关心，但世华媒体强调从文化面向取得自我肯定，确实让华文报开拓出更宽阔的发展空间。

---

① 邱启枫:《报人雄心烈 不惧流言急》,《亚洲周刊》2001年15期，第53页。

② 庄迪澎:《华人社会、中文报业与新闻自由运动——兼论华人社会对中文报业的‘文化事业情结’》,（马）《人文杂志》，2003年6月号，第20页。

③ 黄国富:《挣扎在威权政体与族群挣扎中的媒体改革——以马来西亚“撰稿人联盟”的实践为例》，台湾《东南亚学刊》5卷2期，2008年，第103页。

④《能接受时代考验〈星洲日报〉获华人社会爱戴》,《星洲日报》2008年1月2日。网址：http://www.sinchew.com.my/content.phtml?sec=1&artid=200801020970(2007/1/2)。

第五章

华文报的困境突破与新媒介的发展

进入2000年以后，由于全球化的影响，马来西亚政治社会也发生了深刻变化。民主政治发展，促进了公民意识的逐步觉醒，也推动了马来西亚公民社会的发展。社会的变革和世界资讯媒体的迅猛发展，开启了马来西亚的媒体改革，华文媒体面临着一个新的发展机遇。这个时期，华文媒体也顺应时代的变化，开始深入思考新闻自由的问题，并试图超越族群的圈囿，与马来人的媒体改革组织合作，为突破政治和官僚经济对媒体的垄断，给新闻媒体创造一个民主自由的社会环境共同努力。

第一节　马来西亚社会变革与华文媒体改革

马哈迪担任首相期间，政府修改法令，更加严格地管制媒体，同时，媒体所有权也进一步集中化和集团化。这其中，政府先后修订了《内部安全法》、《官方机密法》、《印刷报业与出版法》，尤其是在1987年的“茅草行动”中，政府以《内部安全法》的理由拘留了上百名发表不同意见的人士，并且取消了三家报社的出版许可证，也就是马来文报纸《祖国报》、英文报纸《星报》以及中文报纸《星洲日报》，这种对媒体的极端的管制手段成为马来西亚新闻史上具有标识性的事件。

2000年以后，马来西亚新闻界经历了很大的变化。世界性的资讯媒体的变革，以及科学技术的支持，使得这种全球化的资讯变革有了宏大的背景。随着形势的发展，马来西亚本土的政治和经济形势也发生了重要的变化，新闻媒体的变化发展首当其冲。一方面是执政党和经济财团试图垄断新闻媒体；另一方面，新闻媒体的多元化趋势也在观念和技术的支持下发展起来，形成了与垄断抗争的形势。

一、烈火莫熄运动与马来西亚媒体改革

烈火莫熄运动是世纪之交马来西亚与新闻媒体变革相关的政治运动。

1997年亚洲金融风暴导致马来西亚经济发展受到重创，政治形势也发生变化。马来西亚执政党内部发生分裂，副首相安华被首相马哈迪革除职务，开除党籍，并且以渎职罪判决入狱。

安华被捕引发了烈火莫熄运动，这是一次改革抗议浪潮，参与者主要是马来人。在民间出现了各种自发的改革团体，这次浪潮包括开展新闻自由，推动媒体监督的运动。这期间出现了退报运动，抵制执政党的党营媒体。

这次运动以马来人为主，显示了马来西亚社会族群分歧的特点，导致了1999年大选期间，占全国人口60%的马来社群内部发生分裂。反对党，尤其是回教党的声势上涨。反对党的宣传力度也在加强，并且形成了压倒之势。回教党的党报《哈拉卡》(*Harrakah*)的发行量甚至超过了由执政党巫统掌控的主流报纸《马来前锋报》。

在大选中，超过一半的马来人把选票投给了在野党。马哈迪政府在选举中遭受重创，不得不采取极端的政策和手段，紧缩言论空间，打击迅速崛起而不断突破政府封锁消息的网络媒体。例如对网络媒体《当今大马》进行搜查，并指控其为与外国势力勾结，煽动族群情绪。回教党党报《哈拉卡》也被限制销售。这是政府直接介入新闻媒体的事件，并且明确地干预新闻媒体。

1999年5月3日是“世界新闻自由日”，当时来自11个传统媒体的500多名新闻工作者，向担任副首相兼内政部长的阿都拉提呈请愿书，要求政府废除《印刷与出版法令》，但没有获得回应。在1999年底的大选中，当时的“国民觉醒运动”推出了监督媒体表现的活动，向政府与主流媒体施压，要求公平对待在野党。

以马来人为主的烈火莫熄运动具有较大的组织性，触动了媒体改革的一些根本问题。它在民间展开了退报运动，以此对抗执政党的主流报纸，使得当时的《马来西亚前锋报》、《新海峡时报》销量大跌，对政府形成了一定的压力。而回教党的报纸《哈拉卡》的发行量大增，从6.5万份增加到30万份。[①]这个变化反映了民意的走向。

同时，这次运动也反映了马来族群宗教意识和民族意识联系的加强。回

---

① Khoo, B.T(2003). *Beyond Mahather*: *Malaysian politics and its discontents.* New York：Zed book. p.105.

教党是马来族群中具有强烈宗教意识的政党，并且在观念上强调宗教立国。在马来社会的宗教背景中，它具有相当大的号召力，由于是在野党，它在马来社会作为反对党的力量具有独特的作用，其中，作为马来社会的宗教共同体的力量更为强大，在进行社会动员方面也有其特殊的力量。它所主持的报刊在很大程度上具有组织和凝聚马来人社会的重要的作用。

1998年烈火莫熄运动的兴起，除了轰轰烈烈的街头示威以外，还有多个匿名网站建立起来，还出现了支持反对派马来西亚文的政治报刊。这些报刊有些是获得内政部的出版准证的，有些报刊没有出版准证，也先后出版。著名的马来西亚政论报刊出版人阿末·鲁非·奥曼（Ahmad Lutfi Othman）先后出版了几种政论杂志，其中有《点滴》（*Detik*）、《文明》（*Tamadun*）、《哈拉奇》（*Haraki*）等，不过这些杂志也先后遭到内政部查禁。①

在这个时期出现的马来文杂志和网站，为社会提供了各种信息和不同的意见，民众有了一个相对自由的言论空间。尽管政府对其不断地进行骚扰，但是它仍然在不断地发展，并且吸引了一批知识分子和青年学生参与，形成民间强大的力量。

这些知识分子和青年学生跨越了族群界限，从公民的角度思考社会问题。这是一个新的动向，马来社会自身的新闻媒体改革，同样也辐射到华人社会，它给华人社会的新闻媒体的发展拓展了机会。华文媒体的发展空间也因此有所扩大。

同时，许多新的非政府组织陆续成立，关注的问题更加多样化，尤其是媒体改革行动。这些非政府组织形成了马来社会重要的民间力量，他们在受到政府的打压时，同时也以自身的力量监督政府，使政府在处理一些事情方面，包括对新闻媒体的控制方面也有所顾虑。非政府组织的力量构成了形形色色的民间力量，也显示了马来西亚社会在进入21世纪以后公民意识的逐步加强。而公民意识表达主要就是通过新闻媒体呈现出来。

烈火莫熄运动延续下来，不仅对后来的政治形势产生了影响，而且对马来西亚的媒体环境的变革也起到了很大的推动作用。在烈火莫熄运动之后，马来西亚出现了媒体改革组织，如“独立新闻中心”、“维护媒体独立撰稿人联盟”、“国民醒觉运动——2000宪章”。在2008年3月8日的全国大选中，这些组织推动了“第12届全国大选媒体观察”行动。他们发现马来文、英文以及淡米尔文的主流报纸、电台和电视台一面倒地支持国阵政府。由此更

① 庄迪澎：《权威统治夹缝中的奇葩——马来西亚独立运动方兴未艾》，台湾《新闻学研究》第99期，2009年4月，第172页。

看清了国阵政府通过各种方式操控主流传统媒体，使之成为执政党的重要的助选机器。这里也反映了在马来西亚政府的威权统治下，言论自由与新闻自由一直受到压抑，也反映了媒体改革的困难重重。

这个现象引起了民间社会组织的关注，他们认识到，要制衡政府和监督政府，也必须要有民间的媒体作为工具，要有发言的平台和权力。建立民间的媒体，成为烈火莫熄运动过程中的重要的工作之一。

在媒体改革运动中，一些改革组织试图跨越族群、宗教和语言的界限，集结更多的力量改革媒体环境，但是，这些行动并没有得到社会更多的回应，所以，媒体改革运动一直难以壮大，难以对威权政府形成巨大的改革压力。还出现了一些与政府关系密切的媒体集团，通过并购扩大媒体的市场，严重挤压了其他媒体的生存空间。媒体改革组织的声音也很难阻止这种政治与商业合谋的权力冲击。

2001年，“独立新闻中心”成立。它的目标是要改善马来西亚媒体环境与争取公众的传播权。由于获得国际组织的资助，该中心在资金上比较充裕，有能力进行一些媒体改革的计划和举办有关媒体改革的活动。它开办各种讲座，举办展览会，与民众接触，使他们了解和参与争取自身传播权的活动。“独立新闻中心”的成员来自各族群，主要是以英语进行沟通。这是一个具有活动能力的媒体改革组织。不过，要扩大它的影响力，就必须与其他媒体改革组织联系，把自己的思想观念传播到非英语的公众中，以获得更为广泛的支持。①

“独立新闻中心”还与“撰稿人联盟”合作，批判政府对媒体的压制，提出媒体改革的理论，增加对政府的压力，以求获得公众的支持。他们的这些观念信息主要是通过网络媒体传播出去，传统的主流媒体对此并不关注。

在烈火莫熄运动以后，马来西亚国内还有多个媒体改革组织成立。他们互相联系，互相支持，扩大和其他民主改革团体的合作，通过各种媒体，尤其是网络媒体的支援，集中力量持续向政府施压，要求改善国内的言论自由与新闻自由空间。

他们采取的措施主要是发表文告，以请愿的方式表达意见，向政府提呈连署书，但是，这些传统的方式并没有得到政府回应。政府认为这些组织只是少数人的意见，不具有代表性，不愿意放松对媒体的控制，也不会改善媒体环境。

---

① 黄国富:《迟滞中突露曙光：马来西亚的媒改行动》，台湾《新闻学研究》第97期，2008年10月，第305页。

媒体改革组织也试图寻找另外的途径争取言论自由和新闻自由。他们曾经试图从反对派执政的地方政府着手获得支持。先从地方开始，以获得突破口。

2007年2月，“独立新闻中心”成员到唯一由国会在野党执政的吉兰丹州进行游说，要求州政府制定《资讯自由法》，但是没有得到积极的回应。

在野党对言论自由和新闻自由的态度一直不是很明确，也没有对改善媒体环境提出具体的建议，只是在主流传统媒体进行不公正的报道和评论的时候，才出来表达不满，进行反击，没有能够从媒体改革的角度进行思考。他们也不寄希望于主流媒体的自我改革，对媒体改革的态度相当消极，不能够与媒体改革组织积极合作，以推动媒体改革，这也就削弱了媒体改革在政治方面的力量。

2008年大选前，为了获得民众和媒体的更大的支持，回教党作出姿态支持媒体改革，在竞选宣言中承诺，如果能够执政，将立即制定《资讯自由法》。[①]这是因为回教党也发现，对媒体的支持是他们获得民众支持的主要保障，他们也越来越重视媒体的力量。

烈火莫熄运动也同时波及到华文报纸。2000年11月，在鲁乃（Lunas）州的选举中，许多华人的选票投向原副首相安华的妻子旺阿兹莎（Wan Azizah）所领导的国民公正党，导致执政党巫统在该选区落败，由此引起了国阵的震动和警惕。因为在此之前华人支持国阵，执政党才得以保住政权，而这次选举的失败被执政党认为是华人选票已经不支持执政党，所以执政党政府把矛头对准了中文报纸，认为中文报纸偏袒了在野党，损害了执政党的形象，从而导致执政党的选举失败。总理马哈迪直接点名批评《南洋商报》与《中国报》反对政府，马华公会也指责《南洋商报》与马华公会过不去。在这样的背景下，政府通过马华公会暗中进行收购《南洋商报》和《中国报》的准备，并且给控股的丰隆集团施加政治压力，让其交出南洋报业的经营权。这就是后来报业收购的背景。

在这次收购案中可以看到，尽管丰隆集团是具有强大经济实力和商业利益的华人经济集团，也抵挡不住威权政府政治上的强大压力，不得不让出南洋报业的经营权。

这样的结果让华人社会看到了华人族群在政治上的弱势以及脆弱性。他

---

① 陈慧思:《明天觐见雪州苏丹组新政府 卡立承诺立法保透明度》,2008年3月9日，独立新闻在线：http://www.mwrdekareview.com/news.php?n=6185。

们所要抗争的就是维护自己的政治权利，其中包含了言论的自由。华人社会将反对执政党与媒体集团合谋垄断媒体的运动称之为“黄丝带运动”，把这次运动作为一次争取新闻自由的运动。

在马来西亚特定的社会中，许多问题很容易被转化为族群问题，这就意味着，在族群利益的争取中，华文报是一个重要的工具。中文报纸也被认为是动员华人社会力量的重要场域，如果执政党介入华文报纸的经营，华人社会就会失去争取华人利益的工具，这对华人社会的损害极大。再加上马华公会在华人社会中的威信长期受到质疑，许多华人不得不怀疑其收购的政治动机，认为这样就会直接威胁到华人社会的完整性，所以，反对收购就很容易在华人社会引起共鸣。

华人社会也相当清醒地认识到，在马来西亚的威权体制中，要想进行媒体改革是有一定难度的。这是因为马来西亚社会本身的差异性很大，马来族群、华裔族群以及印度裔族群之间的差异很大，而且在长期的族群政治的统治下，造成了各族群之间的隔阂，互相之间不容易沟通，再加上宗教和语言成为媒体改革行动的重要障碍，而且民众对民主自由观念的认识也不一样，所以很难形成较为统一的力量，这对整体上进行媒体改革是很大的阻力。他们认识到，在未来的媒体改革中，应该要设法改变这种环境，多做沟通，提升民众对传播权要求的意识，改善媒体环境，使媒体改革更有效地进行。

媒体改革要不断地向市场靠拢，向网络媒体传播方面靠拢，依靠网络媒体将相关的改革观念传播出去，以引起社会的关注。媒体改革组织需要更多的民间力量的支援，在现代消费意识提升的背景下，社会的公民意识在不断地提高，要把媒体改革与公民意识联系在一起，使媒体改革显出更深厚的力量，媒体改革才有更大的推动力。

华人媒体人还认识到，要加强媒体改革的理论的准备，对马来西亚媒体环境作出深入细致的分析，从中发现问题，并且将这些分析理论化，以指导媒体改革行动，让媒体改革的理念更加清晰，让民众理解和接受，这是亟须解决的问题。鼓励具有批判意识的学者投入媒体改革行动，鼓励更多的人加入媒体改革的行列，壮大相关研究的队伍，这样才能够提出具有可行性的改革方案。

2002年，以“2000宪章”为主体的新闻工作者，试图联系更多的新闻工作者积极参与媒体改革运动，他们汇集了超过900名主流媒体和独立新闻工作者签署连署书，要求扩大新闻自由。这些活动都表明了不论是马来语媒体或者是华文媒体，都会对新闻自由有强烈的诉求。

在马来西亚这样一个多元种族的社会中，华文媒体人的这种观念变化是一大飞跃。在多元种族化的国度中，新闻媒体的发展很容易与族群的利益联系在一起，这就构成了由不同的政治、文化、宗教所形成的复杂的背景。新闻媒体是各个族群意见的重要表达平台，也是凝聚族群成员的重要媒介。尤其是华人社会，能够表达自己意愿的媒介主要是华文报纸。华文报纸成为厘清族群边界，强化族群认同，凝聚族群力量的最重要的工具。撰稿人联盟的思考与活动，表明华文媒体在媒体改革运动中，开始与马来人共同合作，具有了超越族群的公共视野。

二、撰稿人联盟与媒体改革

经历过2001年“5·28”报变以后，马来西亚国内的媒体格局发生了变化。在收购案发生时，尽管华人社会大部分人起而反对，但是并没有能够改变马华公会对报纸的收购行动。政党控制华文大报刊的趋势已成定局，这个事件被视为对华人社会民主自由的一个打击。尽管在这次事件中，华人民间社会的力量最终不敌政治和官僚经济的合谋打击，但是，这种对政府新闻垄断的抵制，显露出马来西亚包括华文媒体在内的媒体改革曙光。

“5·28”报纸收购案在当时引起了华人社会强烈的反弹，《南洋商报》和《中国报》的200名职员为了捍卫新闻自由，在报社进行抗议，有300多个华人社团、非政府组织以及学生加入了声援，开展反对执政党与财团合谋垄断媒体的“黄丝带运动”。一批自由撰稿人不满《南洋商报》和《中国报》沦为党报，有42位评论人在2001年5月26日发表联合声明，停止向南洋报业旗下的《南洋商报》、《中国报》以及朝日报业的《星洲日报》、《光明日报》四个报社供稿，后来还有部分评论人加入，并于2001年6月8日成立了“撰稿人联盟”。

“撰稿人联盟”的停止供稿，是当时基于激愤所采取的做法，这也是一种相对消极的做法。这种做法并不能够改变政党控制报刊的命运。之后，“撰稿人联盟”改变策略，采取积极的方式，发表自己的言论。这是因为撰稿人本身需要通过写稿件获得一部分生活来源；另外，他们也需要发表意见，不能在华人社会需要发言的时候失去声音，所以，他们需要另外寻找发言的渠道，对言论封锁进行突围。

与此同时，政府和主流媒体把这些激烈反对政党并购华文报的评论人开列出黑名单，不让他们在主流报纸上发表文章。这实际上也在很大程度上封杀了华人社会的声音。

为此，“撰稿人联盟”经过几年的努力探索，逐渐地转型，一方面在非主流报刊上发表批评文章，或者通过出版著作表达华人社会的诉求；另一方面，则是创办杂志和建立网站，寻求新的渠道为华人社会提供不同的信息，并对政府与主流媒体集团所控制的言论进行抗争。

"撰稿人联盟"在后来几年的探索中，逐渐形成了相对明确的策略，那就是"试图跨越族群、语言与宗教的限制，在争取言论自由与新闻自由的理念下，与国内其他公民团体进行联结，进行政治上的游说与抗争，要求废除各种压制言论与新闻自由的恶法，改善媒体环境，以促进国内的自由与民主。"①

与此相关的是，"撰稿人联盟"成员主要的思考逻辑是关于新闻自由的问题。在这个时期，他们所发表的文章主要是批判政治与媒体权利合谋对社会所造成的负面影响。这些文章主要是通过地方性报纸杂志，比如《光华日报》、《小辣椒》，网络媒体如《时代报》、《天网》、《自由媒体》等发表出来，有部分文章收集在评论集中。同时，"撰稿人联盟"的成员也到处演讲，宣传新闻自由的理念。

在马来西亚华人社会中，种族主义内容是十分敏感的，相比之下，关于新闻自由、言论自由的观点反而让人比较陌生，因为这些概念还主要是政治意识形态方面的相对抽象的概念，对一般华人民众来说，还不能够引起他们太多的参与热情，所以参与"撰稿人联盟"运动的主要还是知识界，尤其是新闻界华人。广大的华人没有能够发动起来，就是由于新闻自由的理念没有深入人心，也没有成为与华人的日常生活息息相关的问题。

在"5 · 28"报纸收购案中，由于收购方具有强大的实力，在政治上和经济上都有强大的支持，所以也形成了不可逆转的形势。许多人在事件发生当时强烈反对，后来也逐渐地淡出"黄丝带运动"，一些人还逐渐地与主流媒体联系，停止了罢写行动。

在这个胶着的时期，撰稿人联盟的成员不得不重新理清自己的定位与目标。一些学者也对这个运动的各种要素进行反思。有些人认为，由于媒体的传播问题在马来西亚相当复杂，当时参加撰稿人联盟的多数成员的知识背景并非来自传播学领域，所以对所面临的问题没有较完整的理论上的认识与相关知识准备，不容易提出深刻的分析，不能清楚地看到未来的发展，再加上这个组织原本就相当松散，成员散居在各地，这就使得撰稿人联盟的运作陷

① 黄国富:《挣扎在威权政体与族群政治中的媒体改革——以马来西亚"撰稿人联盟"的实践为例》，台湾《东南亚学刊》2008年五卷2期，第93页。

入低潮。[①]

撰稿人联盟的一些成员也在不断地总结黄丝带运动的经验教训以及如何调整抗争的策略。他们也认识到，一些人加入撰稿人联盟主要是基于族群情感，以及当时的义愤，而不是从公民的抗争意识出发，所以，当这个运动逐渐降温以后，他们就陆续地离开，停止了罢写行动。

不过，从总体上，华人社会总是在不断地抵抗那些侵袭华人社会言论自由的行为，以维护自己的利益，哪怕这种行动有时候不能够获得成功，但是，它至少也表明了华人社会的基本态度，可以相对有效地抑制那种对华人利益侵害的行为，使侵害者有所顾忌。

同时，这次报业收购案也给华人社会看到新闻媒体需要改革的契机，它也触发了马华社会对新闻自由和民主理念的重新思考。尤其是在马来西亚这个对新闻有着特殊控制的国度里，对如何反对新闻垄断，争取新闻自由提供了思考的平台。

当时的一些行动显得相当地激烈，比如说，在南洋报业控股被执政党收购的初期，华人社会团体进行的游行集会示威活动，以及一部分媒体人员停止向四个中文报纸供稿，这些行动方式强烈地表达了对政治和媒体集团的不满。甚至在以后的多年中，一些成员仍然坚持不在四家中文报纸发表文章，以把这种抗议行动延续下去。尽管这种罢写行动与效果也引起一些质疑，但是，仍然有学者认为这样的坚持是值得肯定的，它更多的是表达一种反对政党和集团垄断新闻媒体的决心。

经过这次反收购案运动以后，撰稿人联盟以及一些有志于改革的媒体人员也在不断地进行反省和总结，认为应该理出一条媒体改革的道路。一方面是要继续深化与拓宽理论的思考，动员相关领域有专长的人一起进行理论探讨，形成社会行动；另一方面，不能与社会脱节，必须和民众沟通，让他们能够了解改造传播环境与个人生活切身相关的联系，将媒体改革发展成一个全体公民参与的运动。

在现实中，许多人在日常生活中对媒体不满，但是还不能够与公民权联系在一起，因此媒体改革运动还难以动员，无法突破长期的困境。如果让公众能够意识到媒体传播对知识的重要性，而不只是以消费者的身份面对新闻媒体，才能够为新闻改革积蓄更多的能量。

撰稿人联盟在理论上要对未来新闻媒体的发展进行分析，让其普遍深入

① 黄国富:《挣扎在威权政体与族群政治中的媒体改革——以马来西亚“撰稿人联盟”的实践为例》，台湾《东南亚学刊》2008年五卷2期，第101页。

到社会中，在社会引起共鸣，除了横向面的联结，还要深耕民主自由的理念。只有这样，才能够对整个媒体环境形成更有力的冲击，才能改善马来西亚的媒体生态，推动社会迈向民主的道路。

2005年，撰稿人联盟进一步认识到关于媒体垄断不仅仅是媒体机构的问题，而且是威权国家的制度问题，因此开始调整方向，把矛头指向国家机关限制新闻自由的政策和行为，推动言论自由，争取社会的自由民主，从公民的角度对抗不公正的政权，不再局限在华人社会内部反对媒体垄断。

撰稿人联盟因此修订了宗旨，以强化言论自由和媒体改革的公共论述作为主要目标，决定未来的行动将从两大方面出发：一是维护媒体独立，拓展国内的言论与资讯自由；二是增进中文撰稿人与国内外志同道合的团体与个人的联系与合作。

为了深化和扩大媒体独立运动的理念与实践，撰稿人联盟在2005年8月设立了网站，取名为《黄丝带》，并确定其主要的内容为：政治制度批评；自由公平竞争；媒体专业进步。撰稿人联盟希望《黄丝带》能成为公共讨论沟通的平台，扩大理论反思与批判的视野。①

2005年8月，两个中文新闻网站《当今大马》与《独立新闻在线》成立，主编分别为杨凯斌与庄迪澎，这两人均为撰稿人联盟的成员。

这些中文网站的建立，给华人社会提供了更多的新闻信息，尤其是那些无法在主流媒体刊登的信息能够在新闻网站出现。

同时，中文新闻网站也试图开拓更大的言论空间，尤其对有关媒体的议题特别重视，这就对政府与传统媒体造成了一定的压力。在现代技术的支持下，网络媒体的影响力在不断地扩大，尤其是在年轻人中，网络媒体的发展更加迅速，使得传统媒体产生了强烈的危机感。对此，一些主流媒体要求政府对网络媒体加强管制。

网络媒体发展也使得传统媒体不得不承认它的存在，网络媒体可以以更加自由、更加生动活泼的报道赢得读者，尤其是获得年轻人的喜爱和信任，舆论也呼吁政府应该开放新闻自由。

实际上，争取新闻自由的活动也在不断地展开，这是现代社会发展的一种必然趋势。

2006年5月3日，撰稿人联盟与36个公民团体联合，提出“还我新闻自由！废除出版准证”的口号。他们与其他族群的公民团体合作，壮大力量，抗衡由党国与媒体形成的新闻机制。他们认为，私利对信息进行控制是社

---

① 曾维龙主编：《黄丝带飘扬》，（吉隆坡）维护媒体独立撰稿人联盟，2007年5月，第249—256页。

会最大的敌人。由政治、商业与媒体所形成的利益集团是打压自由民主的黑手，也是现代社会共同的敌人。

尽管后来反对媒体垄断的活动仍然不断，但是已经无法扭转股权转移的事实。渐渐地，华人社会也似乎接受了平面媒体被垄断的事实。

2007年1月，星洲媒体集团宣布将与南洋报业控股、香港明报集团合并，打造全球性的中文媒体集团，更积极地进军中国市场。撰稿人联盟对星洲媒体集团的文化策略提出批判，认为该媒体集团企图通过面向全球与发扬中华文化的口号，逃避在国内应该扮演制衡的角色，凸显了张晓卿和威权政府的共谋关系。

为了纪念"5·28"黄丝带运动，撰稿人联盟出版了《黄丝带飘扬——2006马来西亚反对媒体垄断运动实录》，对该年度的工作作出记录。撰稿人联盟认为，在民主意识相对低落的社会中，除了监督媒体与政府以外，还要考虑到媒体环境的恶化，以及媒体工作者的专业伦理的薄弱。应该建立相关的渠道，强化媒体工作者个人的能力与伦理，与公民团体合作对抗政治与媒体合谋的体制，反对媒体的垄断。

撰稿人联盟认为，应该借助英美流行的观点，把媒体固定在自由市场的体制下，才能确保媒体完全独立于国家与政府之外。所以，撰稿人联盟关注的主要是政治制度的批判，自由公平竞争与媒体的进步，以促进国家迈向民主化。①

实际上，撰稿人联盟组织一直在探讨马来西亚社会的新闻发展状况。他们从看门人的观念确认，马来西亚的新闻发展也应该主要以市场竞争为主。认为市场竞争确实有助于扩大自由表达的空间，尽管市场竞争会给新闻自由带来一些社会问题。

他们认为，马来西亚的媒体没有努力积极地宣扬深化民主、自由的理念，民众对这些理念的认知与理解明显不足，因此，媒体改革运动不容易吸引民众的参与。在这样的社会环境下，媒体组织必须思考其他的策略，以突破困境。在马来西亚，要让一个跨语言、族群、宗教的资讯与言论自由社群成型，跨越障碍，打破族群本位的思维，联结更多的力量挑战威权政体，改善媒体环境，扩大与完善公民的传播权。②

2008年3月8日，马来西亚举行第12届全国大选，执政的国阵在选举中

---

① 黄国富：《挣扎在威权政体与族群政治中的媒体改革——以马来西亚"撰稿人联盟"的实践为例》，台湾《东南亚学刊》2008年五卷2期，第109页。

② 曾维龙主编：《黄丝带飘扬》，（吉隆坡）维护媒体独立撰稿人联盟，2007年5月，第260页。

虽然获胜但遭受重创，失去了2/3的大多数国会议席，在野党取得了五个州的执政权。这是对执政党的威权体制不满的结果。而且在这次选举中，原有的族群分歧有所淡化，马来西亚社会呈现出另一种不同的景象。

这是一种全球化背景下的变化，对于媒体改革运动来说，也出现了更多的改革空间。一些在野党执政的州政府，有官员承诺制定《资讯自由法》，国会的在野党领袖也把媒体改革视为重要的议题。

面对新的政治形势，新闻媒体改革也应该适应新的环境，作出调整。当然要改善媒体环境，还需要公众对相关议题有更多的认识和理解，这个过程还相当漫长。

作为反对新闻垄断的一次运动，"撰稿人联盟"运动在马来西亚华人社会新闻史中留下了标志性的印记。

第二节　华文媒体发展的新契机

20世纪90年代，马来西亚中文报业形成了丰隆与常青两大集团分庭抗礼的局面。另外还有北方的《光华日报》，但是该报规模较小，市场对象比较区域化，在资金和人才方面无法与两大报刊（即《南洋商报》和《星洲日报》）相比。

2001年以后，马来西亚华文主要报刊被政治集团垄断和控制，它一方面压缩了华人社会原有的言论表达空间，另一方面也给华人社会提供了创办民间报纸的机会。这实际上是报纸公信度的一次重新建构的机会。

一、《东方日报》的突破封锁与寻求发展

马来西亚民间报纸的创办是受到严格控制的。早在2001年9月29日，《东方日报》就发行问世，但是在当天就被国家内政部勒令停刊，并指责其没有获得印刷准证就擅自发行报纸，所以也一并吊销了出版准证。直到2003年1月1日，《东方日报》创刊号才正式上市。

实际上，这个过程是颇费周折的，尽管《东方日报》的出版准证早已取得，并且投资了数百万资金作厂房设备准备，但是政府迟迟不发给印刷准证，所以报纸一直不能够出版发行。这个过程被理解为政治力量以及其他报业集团的力量干预了民间报纸的创办。

为了壮大声势，《东方日报》创刊号刊登了许多华团领袖、企业老板以及政治人物的贺词。发行当天，《东方日报》免费发送10万份报纸，如果读者留下资料，还能够获得一个月的免费报纸。此举主要是为了创造知名度。

《东方日报》由此成为马来西亚第五份全国性的华文报纸。

《东方日报》是以民间报纸的身份创刊的，因此，它也受到了来自垄断集团大报刊的挤压，甚至两大报业集团通过其旗下的代理要求报贩禁售和派送《东方日报》，试图压迫这个新生报纸，使之难以流通和推广。

《东方日报》创刊以后，成为报业市场新的竞争者。在此之前，已有四家全国性日报，即《星洲日报》、《光明日报》、《南洋商报》、《中国报》。这四家华文报纸均为华人报业巨头张晓卿所有，被华人称为“共事一主，四报一家亲”。它们已经构成了策略性的联盟关系，并且垄断了华文报业市场，四家报纸每日的总销量是70万份。《东方日报》加入市场以后，瓜分了其中10%的市场，不仅打破了原有四家报社相对平衡的竞争关系，甚至被认为是破坏了马华公会与张晓卿垄断华文报业，收编华文报业的计划。

基于上述情况，在《东方日报》创办之初，以《星洲日报》为首的四大报联手，试图以自己的优势影响《东方日报》的发展，因此，《东方日报》的销量难以提升，只能寻找更为积极的突围策略：一方面，开辟新的发行渠道；另一方面，在报纸内容上以多样的新闻资讯，生动的报纸风格吸引读者，并以报价优惠和赠品的方式，提高报纸的销量，进一步在市场上站稳脚跟。

在报纸发行方面，原有的四家报纸是由共同的代理商发行。代理商将各家报纸分派给报人和报摊，然后送给订户和卖给读者。代理商、派报人、报摊构成了发行网络。《东方日报》也曾经想通过各种发行渠道将报纸送入市场，但是，在四家报纸联合垄断下，愿意代理《东方日报》的代理商很少。因为代理商也有苦衷，当他们想通过这个渠道代理《东方日报》时，其他的四家报纸会警告代理商，认为这个网络是他们的，如果发行《东方日报》，四大报会联合不提供报纸。所以代理商也不会因小失大，不敢销售《东方日报》。①

发行渠道遭到封锁，无人敢代理销售《东方日报》，尽管读者希望阅读《东方日报》，也很难买到。这种封锁策略相当成功，《东方日报》在早期陷入了发行困境，因此，《东方日报》只能建立自己的发行网络。

《东方日报》通过售卖其他商品的便利店销售报纸，其中争取到了在全国有253家连锁店的7—ELEVEN作为销售点，逐渐打破了发行的垄断。在建立了自身的发行网络以后，《东方日报》的销售量和订户有了增加，但是，

① 于维宁《马来西亚〈东方日报〉之研究：在报业垄断与政治干预夹击下的生存之道》，2004年7月，台湾国立暨南国际大学东南亚研究所硕士论文，第94页。

仍然受到其他报纸的种种干扰。

《东方日报》的一个月免费赠送给读者，使读者习惯这份新报纸，然后，以订三个月的报纸再加送三个月的方法稳定读者和客户。经过一段时间的运作，报纸的销售量大概稳定在8万份左右。

除了大降价促销以外，《东方日报》还利用本身的传播功能，把受到外界打压和封锁的过程在《东方日报》上大幅报道，营造了一种受害者的形象，同时还激怒了四大报纸，并在他们的报纸上进行回击，让《东方日报》的字眼不断地出现在读者的眼前，无形中，其他报纸成为为自己宣传的媒介。

当然，这种冲突对《东方日报》而言有利有弊。一方面是相当一部分读者在他们的冲突论证中，需要了解双方的观点，所以，会关注《东方日报》，并在一定程度上支持《东方日报》；另一方面，对《东方日报》负面影响和干扰也是相当大的。

马来西亚华文报的市场竞争非常激烈，再加上政治力量以其强大的经济手段作为后盾，《东方日报》如果想在马华报刊市场站住脚是不容易的。星洲和南洋两大报业集团具有市场的垄断优势，他们强烈地封锁《东方日报》的销售渠道，使之难于在市场上流通，使《东方日报》陷入了生存的危机。为了生存，《东方日报》不得不展开反击，它以打破垄断、捍卫言论自由为口号，不断强调自己存在的必要性和办报的宗旨，以取得华人社会的认同，并逐渐地站稳了脚跟。尽管《东方日报》在全国的日报市场中仍然居于弱势，但是也能每日销售七万份而逐渐地脱离初创期的危险阶段。

《东方日报》的营销策略有效地打破了其他报纸的垄断干扰。它的订户大部分是中上阶层，教育程度比较高的人，他们不希望看到那种被垄断和统一的言论，所以报纸内容比较偏重于政论性文章。在报道策略和言论尺度上，《东方日报》以捍卫言论自由为旗帜，与其他报纸相比，它表现得更开放和多元，对反对党的报道、政治评论、社会观察等都以相对持平的态度处理。但是，在马来西亚的政治环境中，新闻言论的尺度是有限的，所以，《东方日报》在这方面的表现也有一定的限度。在策略上，他们不谈大范围的议题，主要针对小议题进行具体的评论。这也是一种策略，但是，他们也不时触碰到大议题，从不同的角度评论大议题。

《东方日报》的采编人员多来自南洋报业，他们是以收购案受害者的身份参与《东方日报》的建设，以此争取华人社会的同情与认同，试图突破中文报纸被垄断的局面。“撰稿人联盟”的部分成员也加入《东方日报》，其中的部分作者成为《东方日报》的专栏作者，不断地发表文章。《东方日报》也以此作为宣传的重点，以提高报纸的知名度和竞争力。

《东方日报》在创办初期，为了突破垄断与围堵，发表文章攻击《星洲日报》，也导致了《星洲日报》的反击。这种倾向受到一部分“撰稿人联盟”成员的反思，他们认为《东方日报》不应该把力量过多地放在攻击《星洲日报》方面，而应该在新闻专业方面加大力度。对于《东方日报》的办报方针，引起了报纸内部人员的反省。“撰稿人联盟”也开始思考自身的定位和转型。

在版式设计方面，《东方日报》力争突出自己的特点。在版面编排和美工设计上，报纸用色明亮多样，彩色照片和图表数量相当多；同时把资讯图表化，把难读的文字转换成简洁易懂的各种图表，还考虑到读者的需求和阅读习惯的不同，将副刊和经济版的版面缩小。

《东方日报》办报时间不长，仍然处于摸索尝试的阶段，所以能够顺应潮流，切合时事，随机应变，能够跟随市场的需求以及华人社会的诉求发展。

《东方日报》的业务和采编大多数来自星洲和南洋报业集团，汇集了华文报业的骨干力量。他们熟悉报纸运作的基本情况，对市场的运作也非常熟悉，尤其是，他们是在“5·28报纸收购案”之后被南洋报业集团裁减的人员，心里都有一股强烈的抗争情绪，有一股把《东方日报》做大做强，以抗衡另外的报纸的勇气和动力。再加上，他们也深深知道其他报纸的长处和短处，所以，他们能够在垄断的报业市场的夹缝中求取生存，并发展壮大，也是有其基本条件的。

另外，《东方日报》还通过与新纪元学院媒体研究系合作，对马来西亚媒体进行民意调查，提升相关人员的专业能力，为读者提供相关的调查结果，树立大报的专业形象和公信力。

从读者的角度而言，《东方日报》获得了华人社会较为广泛的支持。首先，马华社会一直把华文报作为华人文化的最重要的支柱之一。他们对华文报的基本要求，就是要华文报能够真实地表达华人社会的声音，而不是掩盖华人社会面临的问题，所以，他们要求华文报所扮演的角色就是与华人社会唇齿相依，拓展言论空间，真正为华人社会的利益说话，也为华人社会的发展作出有益的贡献。他们所担心的是，一旦华文报纸遭到政党或者某些集团的垄断，就不能真正地表达华人社会的声音，或者扭曲了华人社会的意愿。

《东方日报》的创办顺应了这个前提，具有了与华人社会直接联系的先天条件，所以它也必须要作出为华人社会说话的姿态，与华人社会的生存利益共存亡。这是一种唇齿相依的关系，这样才有存在意义，也才能够获得华人社会的认同。《东方日报》的发展为华人社会所关心，这才是报纸存在的意义和价值。他们知道，华人社会所担心的就是报纸被政党控制以后，只是为政党歌功颂德，不能够为华人社会发表真正的意见，所以，《东方日报》又具有打破报业垄断的意义。

《东方日报》的存在已经不仅仅是一份报纸的存在，而且也是一个文化符号的存在。它代表了华人文化的一种权利，也代表了华人社会所形成的生存理念和情感，尽管它刚刚创办，但能够在华人社会站稳脚跟，这与华人社会所需要的权益诉求是吻合的。

对《东方日报》的采编者而言，他们必须要把握好这个核心，掌握好相关的尺度，才能够与华人社会有亲和性，不致由于远离了华人社会而遭到冷落。

实际上，《东方日报》的读者也无形中成为监督者，他们对《东方日报》是否能够实现捍卫华人社会言论自由的目标有直接的感受。从读者方面来说，《东方日报》在言论表现方面仍然不能够满足华人社会的迫切要求，有令人遗憾之处，但是，在马来西亚政治对媒体管制的环境中，《东方日报》在言论表现方面还是超出了其他报纸。许多人在刚开始的时候都会对《东方日报》寄予很大的期望，希望它一方面能够肩负文化传承的重任；另一方面又能够打破垄断，为华人社会说话。

但是也要认识到，《东方日报》也只是在马来西亚大环境下谋取生存的报纸，它所能够发挥的空间也是马来西亚政治环境所容许的空间，尤其在它刚刚创办的时候，特别受到政府和其他政治集团的关注，如果言论过于大胆尖锐，就会受到制裁。在还没有站稳脚跟的时候，官方的压力，以及其他各种政治压力，对报纸而言是难以承受的，甚至会被取消出版资格，所以，它在刚刚创办的时候就要考虑如何保护自己，不使之夭折，掌握好尺度也是一种重要的生存策略。

《东方日报》由于刚刚创办，其受到的批评之一就是页数太少。与《星洲日报》和《南洋商报》相比，《东方日报》的新闻也比较少，被认为新闻信息量不够，这一点受到读者的质疑。

确实，现代读者对资讯的要求相当丰富。不同的读者有不同的兴趣，他们对资讯的关注点也有所不同。如果一个报纸能够相对广泛地提供适合于不同群体的信息资源，就会获得更为广泛的认同。不过，对一个刚刚创办的报纸来说，要做到这一点还是有一定困难的。

《东方日报》的优点在于它的评论较为鲜明，因此也受到社会的关注。尽管它的言论还不能够达到满意的程度，但已经是难能可贵的了。因为《东方日报》也处在与各大报相同的政治环境和媒体法令的限制之中，不可能有太突出的表现，如果过分引起政府的注意，施加限制，反而不利于报社的发展。总体来说,《东方日报》已经在捍卫言论自由的原则上有所表现。

对《东方日报》评价的立场多种多样，也有人认为它在实现言论自由方面存在一种商业成分，也就是以此作为拓展市场的口号，但是，多数读者还是可以理解。《东方日报》所扮演的是一个非常辛苦的角色，它也必须要在华人社会和政府之间协调，让执政者感受到华人社会的重要，聆听华人社会的诉求。对政府政治的批评，也要把握分寸，所以言论自由在华人社会和在马来西亚国家中有两种不同的内涵。如果要求报纸有百分之百的言论自由，那也难以办下去，因为现实情况不容许。

政党和集团对报纸收购的目的就是要控制和垄断言论，试图对言论作出唯一的导向，成为一言堂。可是，从后来发展的情况来看，并不能达到这个目的。在全球化时代，现代传播已经形成了新的格局和网络。资讯来源多元化、立体化，大众文化的传播也构成了一种新的资讯传播方式。即便是传统的报纸，也可以在民间不断地创办，哪怕是遭受各种法令限制，它也或多或少有创办的条件。能够在民间逐渐地生长起来，这首先取决于民间读者的认可。《东方日报》就是在这样的环境下产生和发展起来，并在华人社会赢得了一席之地。

二、网络媒体与新闻自由的发展

20世纪90年代以后，网络媒体迅速发展起来，逐渐改变了传统传播媒体的格局。资讯传播在现代技术的支持下，形成了多元的立体传播渠道，对世界性的文化发展产生了广泛和深刻的影响，同样，也对马来西亚华人社会的信息传播产生了极大的影响。它逐渐地打破了那种在威权政府统治下很容易受到控制的言论局面，使得华人民间社会的声音有了更加广泛的发表空间。

与此同时，全球化的大众文化的兴起，也使得马来西亚华人社会的文化发展更加多元化，其中以娱乐为目的的大众文化同样在马来西亚以及华人社会中占据了重要的市场。笔者在马来西亚吉隆坡和槟城看到，在市场上销售的音像影碟，绝大多数是港台和中国大陆的产品，其销售情况还相当不错。这反映了华人文化在很大程度上也通过大众娱乐文化的大量消费而广泛地传播。

1. 网络媒体的发展与华人社会的新闻自由

马来西亚首相马哈迪在1991年宣布的2020年宏愿计划中，要在30年内使马来西亚成为发达国家。其中资讯产业要在实现宏愿中发挥核心的作用。1995年，马哈迪政府推动了一个集中发展资讯科技的大型科技园区——多媒体超级走廊的计划，以其作为马来西亚从工业时代过渡到资讯时代的桥梁。这个多媒体超级走廊占地面积达到750平方公里，总投资超过500亿元马币（约1000亿元人民币）。

该多媒体超级走廊的硬件建设主要包括一个新机场，两个科技城市，一所大学，一条快速铁路和一条专用高速公路等，其中还邀请了包括比尔·盖茨在内的44位世界级多媒体企业人员组成多媒体超级走廊国际顾问团。

对此，马来西亚政府通过电台、电视台以及各主流媒体进行高调的宣传。尽管这个多媒体超级走廊在经历了1997年亚洲金融危机后遭遇种种困难，但是这个项目提出以后，政府对多媒体的管制也出现了相对宽松的局面。

1997年1月14日，马哈迪在美国加州大学洛杉矶分校为多媒体超级走廊投资者召开的会议上发表演讲，向所有获取进入多媒体超级走廊的公司提出保证，除了保证硬体建设和设施品质优良的诉求、财政补助及税收优惠以外，保证“将确保不审查网际网路”。①

尽管华人社会对这个保证将信将疑，但是它在一定程度上也表示了一种态度，令政府在管理网络媒体时投鼠忌器。在这之前，政府曾经规定网络必须登记消费者资料，必要的时候还必须将资料交给警方。这个规定由于遭到国际以其损害了多媒体超级走廊投资者的信心为由，在1999年3月撤销。为了发展马来西亚经济，网络媒体虽然获得了一定的发展机会，但这并不表明政府在主观上拓宽言论自由。

随着经济和网络科技的发展，马来西亚的互联网用户迅速增长。1990年，马来西亚第一个互联网服务供应商设立，直到1995年，仅有3万个互联网用户。1996年8月，在推介多媒体超级走廊以后，互联网用户发展到18万个。1997年以后互联网用户大幅增加，到2008年，互联网用户已经超过1586万个，占人口比例的60%。这也表明，互联网在马来西亚国民的资讯来源中占据了重要的地位。

1995年至2008年马来西亚网络用户人数

年　份	用　户（万）	占人口比例%
1995	3	0.1
1996	18	0.8
1997	50	2.3
1998	150	6.8

① 庄迪澎：《威权体制中的公民话语力量——马来西亚与新加坡的两种景观》，2010年台湾的东南亚区域研究年度研讨会论文。

续表

年　份	用　户（万）	占人口比例%
1999	280	12.3
2000	400	17.2
2005	1004	37.9
2006	1101.6	38.9
2007	1352.82	47.8
2008	1586.8	62.8

资料来源：Minges,M.&Gray.V.(2002;Internet World Stats(2008)。

马来西亚网络媒体的迅速发展，除了在经济上的推动以外，还与1998年以后的马来西亚政治形势有很大关系。1998年的烈火莫熄运动使得网络媒体迅速地发展起来。

当时的副首相兼财政部长安华被马哈迪革职，官方媒体一面倒地对安华进行抹黑，导致了反对派的强烈抗议。由于官方对反对派的信息进行全面封锁，严格地控制了传统媒体，使得当时的烈火莫熄运动的成员不得不转向刚刚兴起的网络媒体，并设立了许多匿名网站反击官方政府的舆论，揭露政府的腐败内幕，并号召群众参加集会。尽管这些匿名网站只是暂时存在，但是它在客观上成为一个重要的集聚民众的平台，并推动了网络媒体迅速普及发展。

马哈迪政府在当时并没有意识到互联网所具有的对传统媒介的颠覆力量。它主要是希望资讯与传播科技的开发会给经济带来重要的发展，因而承诺不检查互联网。这个承诺确实也为以后的马来西亚互联网的发展提供了空间。

1999年11月，英文新闻网站《当今大马》建立，成为马来西亚第一个有专门新闻从业人员，并且以媒体企业模式经营的新闻网站。它在传统英文报纸媒体中异军突起，抢得先机，成为网络新闻业的龙头网站。在这之后，马来西亚英文新闻网站不断地创办，形成了蔚为壮观的局面。其中一些网站在大选前后所起的政治作用是很大的。

《当今大马》创办时有14名员工，后来达到60人。初创时只有英文版，后来逐步增加马来文、中文以及淡米尔文版。它的创业经费主要来自国外的资金，其中设在曼谷的东南亚报业联盟资助10万美元，设在美国纽约的媒体开发贷款基金资助马币18.8万元。2002年，媒体开发贷款基金以130万元马币收购了《当今大马》的29%的股份。[①]

媒体开发贷款基金中的一个重要成员是美国著名基金经理索罗斯。而在1997年的亚洲金融风暴中，索罗斯被马来西亚政府指责为金融危机的罪魁恶手，所以，《当今大马》网站也被马来西亚执政党妖魔化为是犹太人用以伤害马来西亚的工具，以此否定该网站的威信。

相对而言，马来西亚中文网络媒体的起步较慢，其网络独立媒体的成立比英文网站晚了6年。2005年，《当今大马》网站设立了附属的中文版。8月，《独立新闻在线》中文网站成立。之后，创办的中文新闻网站还有《辣手》、《透视大马》(2009年)、《风云时报》(2009年)等网站。

马来西亚中文原生新闻网站《独立新闻在线》在2005年创建，当时是由华人社会的民间商家，本着取之社会、用之社会的精神，集资100万马币创建起来。

《独立新闻在线》创办时只筹得马币100万元作为两年开支之用，人员5人。《独立新闻在线》所扮演的角色就是挑战强大利益集团试图经由主流媒体建构与维持的共识，所以，其新闻报道以提出尖锐问题，以尖锐的笔触撰写分析报道和评论为特色。它所确定的宗旨是："《独立新闻在线》选择了一条不容易走的道路：不以虚伪的'中立'及苍白错误的'客观'论述误导读者，而是选择了站在维护国民民主体系之健全，捍卫生命尊严与民权之彰显的原则上，以批判的思维、尖锐的笔锋，呈现新闻事件与议题中鲜为人知或被既得利益者刻意隐瞒的面貌。例如对贪污、践踏人权、破坏环境、操纵经济以图一己之利等议题、事件，要在事实的基础上尖锐批评；对能促进社会进步的事业、对推进民主进程的人事，都要在事实的基础上加以肯定。"[②]

《独立新闻在线》也确定自己的采编风格，它在2007年8月28日创建两周年庆祝社论《我们这样实践编采民主》中，提出了采编作业民主化：那就是主张建立媒体与读者积极互动的关系，确立回应读者建言、批评和指正，以其为新闻谬误公告致歉的政策。该网站认为，任何媒体都可能犯错误，而能够果敢承认错误、更正以及回应读者批评的媒体才是负责任的媒体，不会永远误导读者。该网站始终贯彻这一政策。另外，采编作业保持高度自主，记者充分参与日常的采编决策。选定最终跟进的新闻议题，采写新闻角度，

① 庄迪澎：《权威统治夹缝中的奇葩——马来西亚独立运动方兴未艾》，台湾《新闻学研究》第99期，2009年4月，第172页。

② 独立新闻在线创建一周年庆社论《是的，我们要建立新典范》。引自庄迪澎《除了新闻自由，还有理念改造——马来西亚新媒体空间的创造与实践》，吉隆坡策略资讯研究中心主办"媒体与社会变迁"研讨会，2008年1月12日，第4页。

评论议题思路，皆由采编团队自主判定，不受外在政治势力与经济力量威迫利诱。该网站保持高度自主，主要还在于出资人信守不干预采编作业的承诺，采编团队对维护采编自主具有共识。

应该说，《独立新闻在线》的经营是相当成功的。其点击率和访问人次不断增加。在2005年8月30日，该网站的每日点击率只有1262人次，2008年8月23日至9月23日，平均每天访问达到47673人次。①

网络用户的增加，也形成了庞大的信息消费市场。尤其是大量的由非主流媒体提供的新闻信息以及分析评论，构成了马来西亚华人社会重要的资讯来源。这种情况引起了官方的注意。在华人社会看来，马来西亚政府对网络媒体的态度并不友善，它原来所作的不审查的承诺只是从经济利益方面考虑，而不是要推动社会民主发展。而网络媒体能够较为自由地发表自己的舆论，使得政府对传统媒体的严格管制失去了意义。

由于网络媒体所呈现出来的信息的原创性和真实性，也使得传统媒体显示出在政府控制以后所形成的虚假性。政府对传统媒体的控制，已经形成了某种舆论的模式，那种充满官腔的表达方式，以及倾同于执政党的政治立场也在这种比较中显出了它与民众的隔膜。

官方一直看重传统媒体，不承认网络媒体是正式的新闻媒体，并对其地位有所忽视。

2008年3月8日，马来西亚举行第12届全国大选，执政党在选举中遭受重挫，并在多个州失去了执政的地位，在野党的力量增强。民众将这种情况视为民主的胜利，而且认为互联网在选举上起到了至关重要的作用。因为在这期间，网络媒体翔实报道了近两三年政府和社会的各种丑闻，民间大集会以及警方镇压请愿的民众的信息，同时，还提出了与官方不同的观点。

网络对选情的左右引起了官方的注意，首相阿都拉在选举后公开承认忽略了网络对选举的影响，忽略网络媒体对执政党选举的作用，导致了选举的挫折。对此，执政党开始关注网络媒体，提出要重视网络媒体的作用，并对网络媒体采取了相对主动亲近的政策。国家新闻部长主动约见了部分网络媒体的负责人，并安排他们在国营的电视台上进行座谈，给网络媒体的记者发放官方的记者证。

但是，政府对网络的开放被认为是一种假象。随之而来的是对网络媒体的整治。其中对著名网站《今日马来西亚》的站主控以煽动和刑事诽谤罪

① 根据google统计。引自庄迪澎:《权威统治夹缝中的奇葩——马来西亚独立运动方兴未艾》，台湾《新闻学研究》第99期，2009年4月，第177页。

拘留两年。这样的结果，也使人们看到政府对网络媒体的严格监控。2008年9月11日，政府宣布不再封锁网站，但是警告说，将会采取更严厉的法律行动，包括援引《1960年内部安全法令》，对付触及敏感和煽动性课题的网站。①

马来西亚政府在1990年代中期曾经规定，所有记者必须领取新闻部签发的记者证，才能够进行官方采访活动。2005年初，当时的政府曾经以没有新闻记者证的理由禁止《当今大马》网站记者的官方采访活动。2006年，执政党巫统年会就以没有记者证为由拒绝网络媒体的记者进场采访。2009年4月9日，新任首相纳吉布召开记者会，首相办公室禁止《独立新闻在线》网站的记者进场采访。②

实际上，政府也在不断地关注网络媒体发布的信息情况，并在很多时候作出干预。

2008年9月10日，警方以《1960年内部安全法令》的条例扣留了《今日马来西亚》网站的负责人。

2009年9月，新闻、通讯、文化与艺术部旗下的通信与多媒体委员会要求《当今大马》网站撤下两则与执政党有关的纪实短片，并且对该网站进行调查。

2009年9月14日，新闻、通讯、文化和艺术部部长承认，政府正在进行网络审查工作，主要是针对网站对政府政策作出的指责。

不管如何控制和干扰，网络媒体都已经开始成为公民的言论平台。马来西亚的《原生新闻网站》成为当地网络舆论的主力。由此可以看到，网络媒体的发展趋势在迅速引领舆论的导向。

随着网络媒体在马来西亚的快速发展，以及对新闻舆论所形成的重要地位，马来西亚先后制定相关法令对其进行控制。其中主要有:《1997年数位签名法令》、《1997年电脑犯罪法令》、《1997年远程医疗法令》、《1998年通讯与多媒体法令》。

《通讯与多媒体法令》主要在于监管通讯与多媒体产业，其中的第3（3）条款说明不可用以审查网络媒体。在马来西亚设立网站暂时还不需要向媒体发展局登记。

---

① 庄迪澎:《权威统治夹缝中的奇葩——马来西亚独立运动方兴未艾》，台湾《新闻学研究》第99期，2009年4月，第177—178页。

② 庄迪澎:《威权体制中的公民话语力量——马来西亚与新加坡的两种景观》，2010年台湾的东南亚区域研究年度研讨会论文，第13页。

华人民间的支助有效地维持了华文网站的运作。相对而言，进入2000年以后，马来西亚华人社会以及整个社会的公民意识在日益加强，各种维权组织以及专业团体纷纷成立，并对官方有意打压的政治异己分子，以及反对派具有较为积极的保护态度，民间社会也愿意资助那些被视为对社会进行有意义工作的人，所以，在资金方面，民间社会在这方面的支持也是较大的。

2．网络媒体的控制与反控制

大众文化的广泛兴起和传播对传统的报纸媒体产生了影响。20世纪90年代，马来西亚的主流报纸出现了转向，那就是刊登更多软性的以消费为主的资讯，吸引了主流读者群，同时减少了争议性议题的报道和讨论。光电媒体也以市场为导向，超越官方的严格控制，播放不具有威胁性的节目。

更多的娱乐性节目是在感性的层面上传播着文化信息，它并不直接地对官方所严加防范的政治领域产生影响，它没有直接对政治发表言论，而是逐渐地消解由政治权力建立起来的严密防线，形成一种软性的冲击波，不断地改变社会的政治影响。

这是马来西亚新媒体兴起的契机，尽管马来西亚政府一直对媒体采取严密的管控，网络媒体的出现却挑战了政府对言论控制的能力。而且，网络媒体更迅速地扩大了马来西亚社会全球性的信息接收，并且由于经济的支持，网络产业在未来的发展前景更加广阔，经济对网络媒体的依赖也在扩大，这就使得政府不得不制定适合网络发展的政策。网络媒体的发展突破了政府严密管制的空间。

当然，政府仍然会通过各种方式干扰控制网络的运作，使它不能够自由地表达自己的意见。马哈迪政府就曾经不断地对网络媒体《当今大马》进行干扰。2003年警方搜查了该网络的办事处，带走多名编辑人员以及部分电脑，导致网站不能正常运作。

尽管政府对网络进行干扰，但还是无法阻挡网络媒体的发展。在年轻人群体中，网络媒体的影响力逐渐扩大，对传统媒体产生越来越大的影响，让传统媒体感受到了日益强烈的危机感。

2004年，阿都拉当选总理，结束了马哈迪22年的执政生涯。阿都拉政府运用各种方式稳定政权。从2005年开始，政府在结构方面对媒体进行整合，将四家民营无线电视台，两家电台和四家报纸并入首要媒体，使之成为马来西亚最大型的跨媒体集团。接着，华人商业巨头张晓卿的集团也加入了并购，收购了马华公会掌控的南洋报业，合并该报业下属的四家日报，形成了巨大的垄断华文报业集团，其报纸在马来西亚半岛的华文报的发行量中占到91%。

与此同时，政府开始加强对网络媒体的控制，认为应该以控制来遏制伤害国家族群团结的谣言和新闻流传，甚至还出现了执政党媒体控告某些网络的诽谤罪的案例。这种行为被认为是控制言论自由，是民间网络媒体的打手，引起了民间团体的反弹。

马来西亚1957年独立后，政府经过多年的运作，已经形成了一整套控制新闻媒体的法令和措施。马来西亚的电子媒体被政府严格地掌控，电台和电视播放的主要是马来语和英语节目，播放华语新闻时段很少。在华人电子媒体的使用权极度缺乏的情况下，华人社会主要是通过华文报纸获取资讯，所以，华文报纸的销量也超过了马来文和英文报纸。

20世纪90年代，网络媒体在东南亚的一些国家开始普及。马来西亚政府也提出了推动资讯和传播科技的政策，其目的主要是从经济建设等方面考虑，而不在于广开言路。但是，网络媒体存在本身，就对信息的获得以及言论的表达提供了非常广阔的平台，尤其是在对媒体控制方面造成了很大的冲击。

网络媒体的兴起，突破了国家对电子媒介的控制，华人社会，尤其是年轻一代的华人子弟可以通过网络获得更为丰富的电子媒介信息，无论从信息的来源以及信息量来说，都远远超过了传统媒介所能提供的分量。

马华公会通过华仁控股收购《南洋商报》和《中国报》，使得马来西亚的中文网站热闹起来。许多写作人和网友在网上发表意见，许多所谓的政治内幕也纷纷出笼。

其中活跃的网站之一是马来西亚咖啡店论坛，它被众多的网友关注，其网址是www.kopitiam_malaysia.com。在当时，每天被贴上去的文章多达二三百篇。这也意味着，新的媒体——网站因为这一契机而迅速地被开发出来，发挥其功用。

2001年马华公会收购南洋报业集团的“5 · 28”报变期间，华人报界的“撰稿人联盟”罢写运动就是首先在网络媒体上发轫的。5月26日，一群常年在华文报写时评文章的作者在网上贴出了《评论人停止供稿，抗议马华收购华文报社》的公告，签名的评论人有40位。之后，网上又贴出了《停止供稿的最新名单》，列出了78人的名字。公告宣称：对马华公会策划通过华仁控股收购南洋报业并控制《南洋商报》、《中国报》以及其他14种刊物，深感愤怒与哀伤。过去华文报站在国家与民族利益仗义执言的声音将成绝响。与此同时，网络上开始有人提出支持复办《通报》，以及已经停刊10多年的

《建国日报》，咖啡店论坛成为许多人传播信息的地方。[①]

寻求新的渠道，被华人社会认为是新的出路的重要途径。网络技术的发展并日益成熟，为华人社会提供了新的媒体，更重要的是，它给华人社会获得了表达愿望的最为广泛的空间，并且在很大程度上突破了政府对华人社会舆论的控制。新闻自由不是一个空洞的概念，而是需要各种条件支持的空间，除了意识形态的社会条件以外，科技条件是现代媒体自由最重要的条件之一。在报纸被收购被控制以后，华人新闻工作者很快就找到了以网络媒体作为表达自己意见的平台，并且相当有效地突破了政府的控制。

马来西亚华文报业70年代初到90年代中经历多次市场转型，报业的市场生态也发生了改变。在政治上，1969年爆发“5 · 13”事件以后，族群关系一度紧张，全国实行新经济政策，华人社会渴望获取更多、更准确的国内信息，促成中文报业销售量迅速上升。1981年起马哈迪政府的经济开放政策刺激了市场的活跃，信息消费进一步提升，中文报总销售不断创新高。

在科技上：新的生产方式提高了作业的效力，特别是照排技术使用之后大大缩减了出版时间，能更快捷地发表新闻。彩色印刷技术提升了视觉的享受，迅速降低了生产成本，加速了出版时间。

现代大众文化的兴起给传媒业带来了巨大的改变。华人资深报人古玉樑认为：在市场上：(1) 读者口味随电视机彩色化，以及播影时间频密，加上信息娱乐化而大大改变。网站新闻竞争，读者对报纸内容要求更苛刻，增加了采编人员工作的压力。(2) 首都吉隆坡以及四周的夜报市场日渐成熟，四家日报的夜市版角逐约10余万份的市场份额，营销难度不断提高。(3) 市场竞争更加激烈，报份和广告销售从被动变为主动，千变万化的促销策略也从其他消费品的市场引进报纸市场争夺中。(4) 广告宣传活动重点从平面媒体转向电子媒体，再由电子媒体回到平面媒体。广告是各报争夺的对象。[②]

尽管马来西亚的媒体管制制度相当严格，但随着全球化的资讯媒体的快速发展，马来西亚的独立媒体运动也逐渐地发展起来。在执政党控制和经济集团的夹击之下，独立媒体也见缝插针地创办和建立起自己的空间。在互联网出现并普及之前，独立媒体除了在野党的党报之外，很难生存。网络媒体普及发展以后，独立媒体有了更为广大的发展空间，也改变了马来西亚新闻媒体的格局。这是未来马华媒体发展的机会，当然，也同样会面临控制与反控制的矛盾冲突。

① 陈漱石编：《华文报天变再记录》，泊世工作室，2001年7月版，第13页。

② 古玉樑：《南洋报变大揭密》，马来西亚大众科技出版有限公司，2006年5月版，第93页。

结 语

马华社会以及马华报刊所经历过的发展阶段主要包括了早期的中国认同阶段，身份转换阶段，马来西亚本土化认同阶段以及在现代网络媒体支持下的新闻自由的争取阶段。

论文着重讨论了马华报刊在这个发展过程中的转化形态，并对其作为少数族群媒介所具有的结构和功能作了进一步的探讨，对其未来的发展也作出一定的预测。

在一个多元种族的社会以及威权统治的国家中，马华报刊的生存发展是相当曲折的。由国家、种族、宗教以及政治、经济、文化等关系构成的复杂的生存压力，不断地挤压着华文报的生存发展空间，使得马华报刊必然地面对种种挑战。不过，即便在这样复杂的环境中，马华报刊仍然顽强地生存下来，并在其发展过程中有效地协调各种关系。尽管这种协调过程不乏激烈的矛盾冲突，但是，马华报刊仍然以它的坚韧的意志顽强地生存发展。

马华报刊为现代媒体研究提供了一个独特的范本。在多元种族的国家社会中，作为少数族群新闻媒介的马华报刊在其发展历程中所形成的结构构成了现代媒体存在的一种重要方式，它的独特的功能也是其他社会背景中的媒体未必具备的。

作为少数族群的马华报刊是承传华人文化、凝聚华人族群的重要的媒介。马华报刊为华人社会提供各种资讯，推动不同族群之间的社会交流。它强调族群意识，为争取华人社会利益提出诉求，使华人族群更加团结；同时，它又不断地引导华人社会认清马来西亚国家的形势，鼓励华人融入马来社会，强调对国家的本土化认同，以适应在新的国家环境中生存和发展的需要。尽管这种协调在现实和情感的分寸把握上常常处在痛苦的矛盾之中，但是马华报刊在这方面所起到的作用是积极的，它引导马华人社会沿着一条适合本族群生存和发展的道路走过了曲折复杂的世纪历程。

马华报刊发展的动力来源于马华人社会会的生存诉求，这是马华报刊存在的基础。尽管马华报刊在未来的发展中仍然会遭遇种种问题和挑战，但是，它也会像华人社会所具有的坚韧顽强地生存意志一样，克服重重困难，积极地面对挑战，不断地生存发展。

参考文献

一、国内学者著作

（一）大陆学者著作

1. 庄孔韶主编:《人类学通论》，山西教育出版社，2004年7月出版。

2. 程曼丽:《海外华文传媒研究》，新华出版社，2001年1月出版。

3. 杨力:《海外华人报业研究》，北京燕山出版社，1991年10月出版。

4. 彭伟步:《东南亚华文报纸研究》，社会科学文献出版社，2005年7月出版。

5. 彭伟步:《<星洲日报>研究》，复旦大学出版社，2008年5月出版。

6. 彭伟步:《新马华文报文化、族群和国家认同比较》，广州，暨南大学出版社，2009年出版。

7. 赵振祥:《东南亚华文传媒研究》，世界知识出版社，2007年1月出版。

8. 韩方明:《华人与马来西亚现代化进程》，（北京）商务印书馆，2002年出版。

9. 汪晖、陈燕谷主编《文化与公共性》，三联书店1998年出版。

10. 刘燕:《媒介认同论》，中国传媒大学出版社，2010年2月出版。

11. 单波:《跨文化传播的问题与可能性》，武汉大学出版社，2010年6月出版。

12. 孙英春:《跨文化传播学导论》，北京大学出版社，2008年10月出版。

13. 邱戈:《媒介身份论》，中国传媒大学出版社，2008年3月出版。

14. 罗钢、刘象愚主编《文化研究读本》，中国社会科学出版社，2000年出版。

（二）香港、台湾学者著作

15. 杨建成:《马来西亚华人的困境——西马来西亚华巫政治关系之探

讨1957—1978》，（台北）文史哲出版社，1983年出版。

16. 陈其南：《家族与社会——台湾和中国社会研究的基础理念》，台北联经出版事业公司，1990年出版。

17. 王赓武：《中国与海外华人》，台湾商务印书股份有限公司，1994年出版。

18. 王国璋：《马来西亚的族群政党政治（1955—1995）》，（台北）唐山出版社，1997年出版。

二、国外学者著作

（一）新、马华人学者著作

19. 崔国强：《新加坡华文报与报人》，新加坡文化企业私人有限公司出版，1993年出版。

20. 崔国强：《东南亚华文日报现状之研究》，（新加坡）华裔馆、南洋学会出版，2002年9月出版。

21. 王慷鼎：《新加坡华文报史论集》，新加坡新社出版，1987年出版。

22. 陈蒙鹤英文著述、胡兴荣翻译：《早期新加坡华文报章与华人社会》，广东科技出版社，2008年出版。

23. 杨松年：《南洋商报副刊狮声研究》，新加坡同安会馆，1990年出版。

24. 杨松年：《战前新马报章文艺副刊析论》，新加坡同安会馆，1986年出版。

25. 杨松年：《大英图书馆所藏战前新华报刊》，新加坡同安会馆，1988年5月出版。

26. 叶观仕：《马新新闻史》，吉隆坡，韩江传播学学院，1997年出版。

27. 叶观仕：《马来西亚华文报业史》，（马来西亚）名人出版社，2010年5月出版。

28. 颜清湟：《星、马华人与辛亥革命》，台北，联经出版事业公司，1987年出版。

29. 颜清湟：《新马华人社会史》，中国华侨出版公司，1991年10月出版。

30. 朱自存：《纵观华报五十年——马来西亚华文报发展实况》，吉隆坡，东方企业，1994年出版。

31. 朱自存等著：《我们这辈人——马来西亚华文报人言论集》，大将事业社出版，2003年6月。

32. 曾松化:《华族南移的背景与动向》，林水豪、骆静山编《马来西亚华人史》，马来西亚留台校友会联合总会，1984年出版。

33. 何国忠:《马来西亚华人：身份认同、文化与族群政治》，吉隆坡，华人社会研究中心，2002年12月出版。

34. 何启良:《政治动员与官僚参与》，（吉隆坡）华人社会资料研究中心，1995年出版。

35. 何启良等编:《马来西亚、新加坡社会变迁四十年（1965—2005）》，（马来西亚）新山南方学院，2006年出版。

36. 林开忠:《建构中的"华人文化"：族群属性、国家与华人教育运动》，吉隆坡，华人社会研究中心，1999年7月出版。

37. 林水檺:《马中文教与思想抉论》，（马来西亚）艺青出版社，1998年出版。

38. 林水檺、傅孙中合编:《东南亚文化冲突与整合》，吉隆坡，华总—德麟文化基金、马大中文系毕业生协会联合，1999年9月出版。

39. 林水檺、何国忠编:《中华文化之路——中华文化迈向廿一世纪国际学术研究会论文集》，马来西亚中华大会堂联合会，1995年出版。

40. 林水檺编:《文教事业论集》，（吉隆坡）马来西亚雪兰莪中华大会堂，1985年出版。

41. 林水檺、何国忠等编:《马来西亚华人史新编》（全三册），马来西亚中华大会堂总会，1998年出版。

42. 戴小华主编:《当代马华文存》10卷本，马来西亚华人文化协会，2001年出版。

43. 李灵窗:《马来西亚华人延伸、独有及融合的中华文化》，福州，海峡文艺出版社，2004年9月出版。

44. 郑良树:《马来西亚华文教育发展史》，北京，外语教育与研究出版社，2007年出版。

45. 吴德清:《马来西亚的种族政治》，（马）远东出版，1989年出版。

46. 庄迪澎:《看破媒体》，（八打灵）破媒体传播事业社，2000年出版。

47. 庄迪澎:《强势首相vs弱势媒体：给马哈迪的媒体操控算帐》，（吉隆坡）媒体事业社，2004年出版。

48. 周宝振:《从通报、生活报到、中国报》，马来西亚有人出版社，2008年出版。

49. 古玉樑:《南洋报变大揭密》，马来西亚大众科技出版有限公司，2006年5月出版。

50. 沈观仰:《报殇——南洋报业沦陷评论集》，飞脚制作室，2001年6月出版。

51. 陈漱石编:《华文报天变再记录》，泊世工作室，2001年7月出版。

52. 欧银钏:《星洲日报：历史写在大马的土地上》,（马）星洲日报出版，2008年出版。

53. 曾维龙主编:《黄丝带飘扬——2006马来西亚反对媒体垄断运动实录》,（马）维护媒体独立撰稿人联盟，2007年出版。

54. 吕坚强:《报变96小时——〈中国报〉易手实録》，2001年6月出版。

55. 潘友来:《总编辑真相档案——马来西亚华文报历史补白》,（马）大将出版社，2008年8月。

(二)西方学者著作

56. [美国]本尼迪克特 · 安德森著，吴叡人译:《想象的共同体——民族主义的起源与散布》，上海世纪出版集团，2003年出版。

57. [美国]查尔斯 · 蒂利著，谢岳译:《身份、边界与社会联系》，上海世纪出版集团，2008年出版。

58. [英]詹姆斯 · 库兰、[美]米切尔 · 古尔维奇编《大众媒介与社会》，华夏出版社，2006年出版。

59. [加拿大]马歇尔 · 麦克卢汉著，何道宽译:《理解媒体》，商务印书馆，2001年出版。

60. [加拿大]文森特 · 莫斯可著，胡正荣等译:《传播：在政治和经济的张力下——传播政治经济学》，华夏出版社，2000年出版。

61. [美国]欧文 · 戈夫曼:《污名——受损身份管理札记》,（北京）商务印书馆，2009年出版。

62. [德]阿克塞尔 · 霍耐特著，胡继华译:《为承认而斗争》，上海世纪出版集团，2006年4月出版。

63. [美国]菲利克斯 · 格罗斯著，王建娥、魏强译:《公民与国家——民族、部族和族属身份》，新华出版社，2003年1月出版。

64. [美国]拉里 · A.萨默瓦、理查德 · E.波特著，闵惠泉等译:《跨文化传播》，中国人民大学出版社，2004年4月出版。

65. [法国]阿尔弗雷德 · 格罗塞著，王鲲译:《身份认同的困境》，社会科学文献出版社，2010年2月出版。

三、报刊与论文

66. 张允若:《马来西亚报业》,《国际新闻界》1996年第6期。

67. 萧依钊:《多元种族、多元文化和多元宗教社会中，华文报游走钢丝》，见2006年在广州举办的“世界华文传媒高峰论坛”的报告。

68. 郭莲花:《马来西亚高中生马华篇章阅读调查》，2009年复旦大学“马华文学的教学与研究”国际学术研讨会论文。

69. 张茂桂、萧苹:《“族群”议题的新闻诠释——兼论报纸与公共领域问题》,《台大新闻论坛》，1994年4月第1期第1卷。

70. 彭伟步:《<南洋商报>的办报特色和社会影响》,《东南亚研究》，1999年第4期。

71. 邓晓璇:《浅谈诽谤法令在马来西亚传媒中的现状及其影响》,《新闻与传播研究》，2002年第3期。

72. 邱启枫:《报人雄心烈 不惧流言急》,《亚洲周刊》2001年15期。

73. 黄国富:《迟滞中突露曙光：马来西亚的媒改行动》，台湾《新闻学研究》第97期，2008年10月。

74. 黄国富:《挣扎在威权政体与族群政治中的媒体改革——以马来西亚“撰稿人联盟”的实践为例》，台湾《东南亚学刊》，2008年五卷2期。

75. 庄迪澎:《威权体制中的公民话语力量——马来西亚与新加坡的两种景观》，2010年台湾的东南亚区域研究年度研讨会论文。

76. 庄迪澎:《权威统治夹缝中的奇葩——马来西亚独立运动方兴未艾》，台湾《新闻学研究》，第99期。

77. 庄迪澎:《华人社会、中文报业与新闻自由运动——兼论华人社会对中文报业的“文化事业情结”》,（马来西亚）《人文杂志》，2003年6月号。

78.《星洲日报》、《南洋商报》、《文道月刊》、《中国报》、《马来亚通报》等。

四、台湾硕士论文

79. 曾丽萍:《西马来西亚华文报业发展的政经分析》，台湾世新大学新闻研究所硕士论文，2000年。

80. 黄国富:《马来西亚华文报纸与族群认同建构——以华小高职事件为例》，台湾私立中国文化大学政治研究所硕士论文，2000年。

81. 于维宁:《马来西亚〈东方日报〉研究：在报业垄断与政治干预夹击

下的生存之道》，台湾国立暨南国际大学东南亚研究所硕士论文，2004年。

82．黄招勤:《西马来西亚华文报纸发展与困境——多族群环境中报纸角色与功能的转变》，台湾世新大学传播研究所硕士论文，2004年。

五、英文与马来文

83．*Monthly statistical Bulletin Malaysia*. Malaysia：Department of Statistic Malaysia(2003)，p.7.Clifford Geertz ,*The Integrativa ：Primordial Sentiments and Civil Politics in the New States*，in The Interpretation of Cultures ，New York：Basic Books，1973.

84．Thomas J.Johnsom，*The Rehabilitation of Richard Nixon:the Media's Effect on Colleceive Memory*，Garland Publishing Inc,1995.

85．Zaharom Nain，"Globalized Theories and National Controls：The state，the market，and the Malaysian media" In James Curran & Myung—Jin Park (eds)，*De—Westernizing Media Studies*. London：Routledge，2000.

86．Mahathir Mohamad，"Tanggungjawab Sosial Model Akhbar" In Mohd Safar Hasim ed. *Mahathir dan Akhbar*. KL：Utusan Publications & Distributors. 1989.

87．Mahathir Mohamad，"Kebebasan Akhbar Bukanlah Mutlak". In Mohd Safar Hasim ed. *Mahathi dan Akhbar*. KL：Utusan Publications & Distributors. 1987.

88．Mahathir Mohamad, "Kebebasan Untuk Kebaikan". In Mohd Safar Hasim ed. *Mahathir dan Akhbar.* KL：Utusan Publications & Distributors. 1988.

89．Mahathir Mohamad, "Mencari Had Kebebasan Akhbar". In Mohd Safar Hasim ed. *Mahathir dan Akhbar*. KL：Utusan Publications & Distributors. 1979.

90．Mahathir Mohamad, "Akbar dan Perubahan Sikap". In Mohd Safar Hasim ed. *Mahathir dan Akhbar*. KL：Utusan Publications & Distributors. 1982.

91．Mahathir Mohamad，"Tanggungjawab Sosial Model Akhbar". In Mohd Safar Hasim ed. *Mahathir dan Akhbar*. KL：Utusan Publications & Distributors. 1989.

92．Mahathir Mohamad, "Peranan Akhbar Dalam Demokrasi". In Mohd Safar Hasim ed. *Mahathir dan Akhbar*. KL：Utusan Publications & Distributors. 1981.

93. Taylor Charles, “the Politics of Recognition”. In Amy Gutmann(Ed), *Multiculturalism Examing the Politics of Recognition*, New Jersey: Princeton University,1994.

六、网站

94. 当今大马：http://www.malaysiakini.com/。

95. 星洲互动：http://www.sinchew-i.com/。

96. 独立新闻在线：http://www.merdekareview.com/。

附录一

当代马华报刊文本中的华族政治参与意识表达

早年华人漂洋过海到东南亚一带，目的是为了谋生。他们在马来亚主要是从事商业贸易活动，寻求财富，以期衣锦还乡，光宗耀祖，一般不涉足政治。所以，即使有部分华人对政治有兴趣，也是更多地关注中国的政治发展，例如华侨对辛亥革命的支持和对抗日战争的捐赠和援助。

1957年马来亚从英国殖民主义统治下获得独立后，华人在马来西亚社会中所处的地位发生了变化，华人公民权的问题使得他们不得不对其政治意识和去向进行认真思考，并作出适应性的转化。在华人政党马华公会的呼吁下，华人在政治上逐步具有了本土意识，并与马来人、印度人携手合作，摆脱了英国殖民统治，建立了独立的马来西亚国家。尽管如此，华人的政治参与意识还是相当淡漠，仍然主要关注经济的发展。华人的经济实力以及在马来西亚所占据的经济地位造成马来西亚种族经济发展的不平衡，引发了1969年5月13日华人与马来人的种族流血冲突事件。事件发生之后，马来西亚政府便从1971年开始实施为期20年的新经济政策，目的就是重新调整整个社会资源的利益分配，涉及文化教育等各方面。新经济政策的实施使华人经济受到很大的限制，其生存空间日见狭小。更有甚者的是1982年国家文化原则的制定，马来人将华人文化排斥在国家文化之外，文化的消弭使马来西亚华人社会感到了族群存亡的威胁。为了应对严峻的挑战，马来西亚华人社会揭开了20世纪80年代波澜壮阔的政治自觉运动。与此同时，马来西亚华人社团也开始了参政试探，一批华人教育和华团人士初涉政坛，开启了政治意识自觉后的参政实践。马来西亚华团的参政探索，经历曲折多变，屡败屡战。但是，它激发了大批知识分子参政议政的激情，提升了华人社会民主政治启蒙的水平，也推动了华人执政党的演化，大大改变了其内部生态，同时表达出华人社会民众对种族政治格局的不满和超越的努力。

华人社会的变化过程以及华人社会在政治上的诉求，比较集中地反映在20世纪80—90年代的华文报刊上。本文以《星洲日报》和《南洋商报》相关言论和社论为主，兼收其他报刊的政论文章，以文本分析方法剖析了大马华人社会20年间所经历的政治意识变化发展，即民主政治思想的启蒙，民主政治实践的初探，以及种族政治的超越。马来西亚华文报刊文章对华族所进行的民主意识的启蒙，为华族参与政治实践提供了舆论上的准备，而在参与政治的实践过程中，报刊文章又提供了舆论上的支持。

一、华人政治民主意识的觉醒

20世纪80年代，马来西亚华文报刊关于政治方面的言论文章，大多围绕民主人权问题展开。1971年新经济政策实施后，马来西亚华族在经济上经历了一系列的打击和挫折、文化教育上也遭受了被同化的威胁。在残酷的现实面前，马来西亚华人精英认识到，要突破困境，改变命运，只有参与政治权力的竞争。为了唤醒华人社会民众的政治觉悟，打破华人社会政治冷漠的僵局，马来西亚华文报刊发表了许多关于民主人权方面的文章，以增强华人社会的政治意识。

首先，马来西亚华文报刊围绕着政治与民主问题发表了许多言论以唤醒华人社会的民主意识。这些政论文章从理论的角度针砭民主政治中的弊端，笔锋犀利，毫不容情。在对一些具体政治问题的评论中，反映出华人社会对民主政治问题的理性思考，也显示了华文报刊在启迪华人社会政治民主意识上注重时事议论与学术结合的特点。

张文光律师的《我国宪法下的基本人权》一文，以浅显易懂的语言向读者介绍了马来西亚公民享有的基本人权，一针见血地指出马来西亚基本人权经常受到立法机关或行政机关的侵蚀。作者从法律专业的角度对马来西亚的紧急状态法进行了认真剖析，认为马来西亚独立以来4次紧急状态法的实施过程，都是政府一旦感到需要，认为紧急状态存在，就通过最高元首宣布紧急状态。这都是借非常时期之名，元首或国会通过法令，剥夺宪法保障的基本人权的行为。作者认为，在马来西亚当前的情况下，执政者有绝对的把握对宪法条文作出任何修改，这对宪法的基本人权是莫大的威胁。要防止基本人权再受侵蚀，就要保持当权者的权力与人民自由权利之间的均衡。为了达到这种均衡，人民就必须作出极大的努力，使朝野之间国会议席的分配得以调整，使在野势力能够取得足够的权力，来制衡当权者随意修改宪法的意图。这一切，需要所有的百姓群策群力，以集体的智慧去维护和争取①。这类

① 张文光:《我国宪法下的基本人权》,《星洲日报》1986年1月13日。

文章以冷静的态度紧扣具体课题，实事求是地条分缕析，因而能言人所不能言，有效地开启了民智。

此外，一些针砭时弊的时评政论文章在慷慨激昂中也不乏冷静和理性的思考。《南洋商报》的评论文章《认识当前我国政治斗争的复杂性》指出，种族政治对国家和社会带来了巨大的破坏，使人民认清了种族政治的危害。自20世纪80年代以来，一股新的政治思潮即民主政治在马来西亚兴起并日益发展，出现了许多具有民主意识的民间组织。但是，由于马来西亚过去十多年种族政治的余毒和影响，各族人民对民主政治的觉醒仍然十分有限，阻碍了民主政治和人民力量的发展。在马来西亚的政治发展中，唯一能够改变当前政治、经济情况的就是要建立一个更公平、合理、民主、没有种族歧视和种族压迫的社会，这就需要一股由各族人民去推动民主发展的强大力量。因此，必须积极展开以各族人民利益为基础的民主政治斗争，只有这样才能突破种族政治的困境①。

除了唤醒华人的民主意识，马来西亚华文报刊的政论文章还体现了华人进一步推动民主政治发展的意愿和努力。1986年马来西亚全国华团领导机构会议签署了《全国华团宣言》，同时成立了民权委员会，推动反对党阵线的形成以促进民主政治的发展，从此拉开了马来西亚“两线制”政治的序幕。民权委员会一方面向华人社会推介、宣传“两个阵线”的概念，同时也与其他政党进行对话。而此时作为国阵的反对党的回教党试图拉拢华裔选民，也积极向民权委员会靠近。

在《争取民主权利 · 打破政治垄断》一文中，作者充分肯定了《全国华团宣言》的内容对促进国家民主制度健全发展的作用，认为它首次系统地概括出华人社会在政经文教各领域所要争取的权利，而且，其提出的“两线政治”思想是超越种族的。此举不只是能打破国家的政治垄断，也可推动人们突破思想禁区，认识到在民主政治中，任何政党都必须从其客观环境中感受到它有被取代的可能性，民主才能得到保障，人民的意愿才能受到尊重。对于回教党的兴起，文章认为要促成有意义的反对党阵线，就必须包括回教党在内。回教党公开反对马来种族主义，有助于民主人士反击种族主义，华人社会应利用这个新的局面，以不卑不亢的心态与回教党平等合作，为促进国家的民主制度建设而尽力②。

20世纪80年代，马来西亚华人从民主参政意识的觉醒，到超越种族政

① 张永新:《认识当前我国政治斗争的复杂性》,《南洋商报》1987年10月25日。

② 陈友信:《争取民主权利，打破政治垄断》,《南洋商报》1987年6月24日。

治倡导两线制意识的出现，华文报纸见证了华人社会政治观念的发展。20世纪90年代，随着华人参政实践活动的展开，华文报纸广泛参考先进社会的民主理念，借鉴新兴民主国家的经验，更为尖锐地直指种族政治的本质核心，其政论文章别开生面。如《新通报》的《种族威权民主政体的省察》（1999年9月3日）、《马来新兴资产阶级和大马的政治民主化》（1993年9月15日），《南洋商报》的《艰难的抉择：智慧和勇敢精神的考验——大马政治民主化的展望》（1994年9月14—15日）、《糟糕！我们被民主国家包围了》（1999年7月25日）等。从这些文章中可以看到，马来西亚华人对马来西亚政体结构有了更明确的认识，认为马来西亚的政体是一种"种族威权民主"的控制型稳态结构，它在民主的外衣和威权主义的内衣之间，还夹着种族主义的衣服。在这种控制型的稳态结构中，国家是牺牲了民主政治的发展来求取威权主义控制下的稳定，并将国家的政治稳定维系在马哈迪的个人魅力之上，这对于国家民主制度的长远发展显然是极为不利的[①]。在这种体制下，马来新兴资产阶级是巫统推动国家资本主义的产物，是国家官僚资产阶级，它绝大部分依靠国家政府的扶持而生存和发展，自主性相当弱，在推动大马政治民主化方面有其局限性。虽然大马的经济发展已经使得国家政治迈向民主化的门槛，但因为主导大马政治变迁的马来资产阶级的特殊结构，使得马来西亚政治民主化的真正实现还需待时日[②]。在这种政治体制中，大马政治在20世纪90年代虽然有不少的"小开放"，但是政治权力结构没有变化，因此并没有实质性的政治民主化发生。以"朝野协商"的方式取代过去执政党"关起门来自己内部协商"的黑箱操作，实现人民监督和制衡，这是大马政治民主化的重要目标。在实现这个目标的过程中，国会改革、上议院议员民选、地方政府及县市议会选举制度的恢复，党内建立民主制度以及在政策、立法和预算案上的民意贯彻等，都是大马政治民主化发展和努力的方向。在大马政治民主化改革的过程中，其力量的推动不应只是来自民间团体及反对党，也可以由执政党的政治精英自上而下地开展变革。国民阵线能否超越其自身环境的制约，成为结束"种族威权民主"政体的真正改革者，是政治智慧的考验，也需要大无畏的勇气。在野的反对党政治人物，以及民间的社团领导，应该运用他们的智慧和勇气，共同踏上大马的政治民主化改革的艰难

① 祝家华：《种族威权民主政体的省察》，《新通报》1993年9月3日。

② 祝家华：《马来新兴资产阶级和大马的政治民主化》，《新通报》1993年9月15日。

旅途[①]。

20世纪90年代全球民主化浪潮风起云涌，马来西亚华文报刊也透露出华人希望从周边国家和地区的政治民主化发展中吸取经验，推动和加快马来西亚政治民主化改革进程的愿望。马来西亚华人从台湾的经验看到大马要加快政治民主进程，真正地实现政治民主制度，最重要的是要推动公民社会的发展。1994年12月台湾成功地举行了400年来第一次省市长的民选，尽管其过程有族群政治的冲突和少许的暴力，但仍不失为亚洲地区政治民主化改革的成功案例之一。台湾之所以政治改革成功，是经历了多年的经济高速成长后，社会结构有了深刻的变化，教育普及、中产阶级兴起、各种具有自主性的社会团体相继形成，促进了台湾公民社会的形成。台湾公民社会形成了巨大的力量，配合政治反对势力，共同完成了政治民主化的改革。反观马来西亚，政治反对势力和新兴的社会运动被各类种族主义、宗教意识形态所分化，其力量还是相当弱小。大马如果要成功推动民主改革，就要促进公民社会的形成[②]。

与此同时，马来西亚华人从邻国印尼的民主政治发展中更加认识到培养民众民主意识的重要性。在马来西亚华人看来，印尼是民主文化和传统最薄弱的国家：在荷兰统治下没有受到民主政治的熏陶；1955年军人统治印尼后，连议会民主也名存实亡了。然而，1999年印尼成功举行了独立44年来的第一场总统自由选举。印尼在政治民主化发展上如此迅速，那些有较健全民主传统的国家更没理由在民主政治上成为“蛮荒之国”。印尼之所以能举行民主选举，是因为政治反对势力很早就把体制改革的诉求传达给民众，让它变成全民的意愿。政治改革运动就是要进行民众的教育，如果政治体制改革不能成为国人的共识，即使是改朝换代也没有什么本质的不同。政治改革的诉求需要有长远理想政党的推广才能唤醒民众，马来西亚的政治反对势力不能不重视这一点[③]。

在马来西亚，整个20世纪80年代，华人社会都是处在民主政治的启蒙之中，即使是在20世纪90年代，这个启蒙运动也依然在持续进行，且政治思想观念有了进一步的深化。两者间的差异，只在于所凸显的阶段性特征不同。马来西亚华文报刊的文章为我们展示了这个时代马来西亚华人政治观念

---

① 祝家华：《艰难的抉择：智慧和勇敢精神的考验——大马政治民主化的展望》，《南洋商报》1994年9月14—15日。

② 祝家华：《从台湾的政治巨变看我国当前的政治局势》，《南洋商报》1998年12月10日。

③ 黄进发：《糟糕！我们被民主国家包围了！》，《南洋商报》1999年6月30日。

发展的脉络，使我们能从这些阶段性特征中窥见这20年其政治意识发展前后相继的关系。

二、关于知识分子参政的讨论

在20世纪80—90年代这20年间，马来西亚华人政治发展最重要的一个方面就是，华团开始了试探性的政治参与。马来西亚华团的参政试探表现出对种族政治格局的不满，尤其是对执政联盟内以华人代表自居的政党的失望。在华团人士参政的过程中，马来西亚华文报刊对相关问题的关注和讨论形成了对华人社会的政治动员，各种政论文章激发起华团各个阶层人士对政治参与的热情。尤其是对知识分子这个特殊的阶层，马来西亚华文报刊给予了极大的关注。

除了对妇女参政有较大的期待外，20世纪80年代马来西亚华人知识分子参政问题也引起华人社会的关注，关于这一议题的讨论主要集中在1987年。是年，学者陈祖排博士代表马华公会参加务边区国会议员的选举，引发了华人社会关于知识分子参政的热议，华文报刊围绕这一事件也发表了相关评论，表达了华人对这一问题的认识。

华文报刊对知识分子参政问题的关注，是由柯嘉逊1987年5月12日在《南洋商报》发表的《务边补选：知识分子升官图》时评引起的。作者在文章中提到，由于对马华公会在政治表现上的不满，从而对马华公会推举精通华、英、巫三种语言的国民大学副教授陈祖排博士作为候选人与人民行动党竞选之举表示异议，认为这是试图以知识分子来挽救马华公会的不良形象。而对一些具有政治野心的知识分子，文章也进行了严厉的批评，希望有良知的知识分子有道德上的诚实，在争取民权民主方面做到威武不能屈，他们从政应该为人民服务而不是为了满足自己的私利。

对于知识分子能否参政和何以参政的话题，华文报刊陆续发表了相关评论。比较突出的是《南洋商报》，先后发表了多篇言论，有代表性的文章有郑良树的《学术人员与华人政治》（1987年6月11日）、同期叶夏贵的《知识分子参政的实现与社会政治的现实》、祝家华的《知识分子与学术研究的反省——从争论到建设之路》（1987年6月21—24日）、陈志勤的《评务边补选形式》（1987年8月13日）等。

郑良树的文章《学术人员与华人政治》讨论了知识分子参政的问题。文章认为在华人政党中，马华公会、民政党、行动党有许多著名的知识分子参政。这些知识分子主要从事华族文化、历史、社会、经济和政治的研究，他们经过学术研究，对本民族的状况有比较深入的了解，对友族的思想和国家的动态有比较深刻的认识，所以最需要的是这批知识分子的服务和贡献。

叶夏贵的文章《知识分子参政的实现与社会政治的现实》认为知识分子是受过教育的社会群体，他们中有把理想付诸实践的行动者，也有提供理论和策略的学者。在他们当中，有参与执政的知识分子，有一些则是在野的知识分子，他们以不同的方式在政治中发挥作用。但是，不管是以什么方式从事政治活动，知识分子都应该是维护公平和正义的社会力量，他们更大的活动应该集中在制衡力量的整合方面，使社会民主力量不至于被种族主义，以及一族中心的思想和手段所吞没。

关于这次论争，在一些华文刊物也有反映。比较激烈的文章是邱敬耀的文章《不要阻止学者参政》，文章认为在马来西亚种族观念还很强的社会里，华人希望通过两党制来获得政权，几乎是高不可攀的理想。两党制在一个多元种族社会的政治体系中是行不通的。但是华人即使无从拥有理想的权力，也不应该完全放弃斗争而情愿苦留在“庶民阶级”里。如果一定要把学者或知识分子束缚在庶民或“在野”的畛域中，硬要他们扮演“在野”的角色，他们又怎么能为人民争取什么利益？与其消极地苦守在庶民阶级里，然后呻吟或呐喊着挣扎生存，毋宁让一些肯冲锋陷阵的人去突出重围。趁着还有自由参政的机会，何不尝试让更多学者或知识分子投入到政治活动中，让他们发挥潜能，去改造社会。文章呼吁，华人社会要让人有较广阔的政治视野，所有人都应该有参政的机会，阻碍学者参政是不应该的[①]。

在1987年6月21—24日的《南洋商报》上，祝家华在《知识分子与学术研究的反省——从争论到建设之路》这篇文章中，以较长的篇幅对这次论战作了总结性的归纳。该文认为这是一场关于华裔知识分子在大马当前政治中应扮演何种角色的论争。这是一场具有深远意义的论争，知识分子的社会角色不但会被正面肯定，而且会引起整个华人社会重新认真看待学术研究的重要性。

文章认为，知识分子不只是有知识的人，他必须有独立思考和创新的能力，并且有追求理想的纯粹精神，同时他也是社会的批判者。那些拥有专门知识的专业人士不能自动成为知识分子，真正的知识分子必须超越本身的职业，针砭时弊，伸张正义；对政治权威敢于批评，敢于谏诤，不趋炎附势，能舍生取义。

对于知识分子在社会中的角色，作者认为有两个领域可供知识分子发挥

① 邱敬耀:《不要阻止学者参政》,《文道月刊》第74期，1987年7月。

作用。一是和政治直接联系的“官场”，在这里知识分子可以通过政治权力去进行改革，以实现自己的理想和抱负。不可否认，一个政党的兴衰，与它对知识分子的政策有密切的关系；另一个知识分子可施展才华的舞台就是学术研究领域。在这个学术天地中，知识分子可以通过著书立说及兴办杂志，做改革的启蒙者，以思想来倡导社会兴革。这就需要他们以冷静客观的态度来研究各种问题，为时代的改革和进步指引方向。

文章强调，如果知识分子不能以学术研究、著书立说或兴办杂志来报国而必须全面投入到“前线政治”中，那么他们应该对政党政治起到“文化提升”的作用，而不是变成不折不扣的政党奴隶，他们必须绝对地拥护和坚守“道德与知识的诚意”，这才不愧于知识分子的称号！

文章最后希望这次论战不但引出真正的学术讨论，而且正面肯定知识分子及学术研究的重要，以建立一个华人向往与期待的知识的、文化的、冷静的、思考的民族和社会。

20世纪90年代，关于华人知识分子参政的问题随着1990年华人教育人士参加大选而再度炙热。1990年8月，教总主席林晃升带领一批华人教育人士加入行动党参加大选，在华人社会引起很大反响。华文报纸对此事极为关注，进行了大量的报道和评论。笔者查阅了《星洲日报》大选前8—9月两个月报纸，涉及华人教育人士参政的特别报道有10篇，“有话直说”栏目和言路版的相关言论文章有18篇，表达了华人对华人教育人士参政的复杂心情。

三、多元种族政治的倡导和两线政治观念的萌生

20世纪80—90年代这20年间，马来西亚华人政治参与运动可谓是波澜壮阔，风起云涌。华人从政治意识的觉醒到政治参与的探索，其政治观念有了很大的变化和发展。马来西亚华人社会开始超越单一种族的观念，以民主人权为理论基础，提倡建立多元种族政治，试图通过发展反对党的方式，建立两个政治阵线，通过民主选举真正实现马来西亚各民族之间的平等和多元种族和谐共存的局面。两线制观念的产生和实践是这一时期华人政治发展的一个非常显著的特征。这在华文报刊文章中有较多的反映，这些文章对多元政治和两线制的诠释，为华族今后的实践提供了思想上的帮助和舆论上的支持。20世纪70年代，马来西亚华人社会的主调是华人大团结。这是因为华人社会在马来西亚的身份定位等问题上产生了分歧，呼吁华人大团结是当时的需要。从20世纪80年代进入90年代以后，马来西亚华人社会的主流思潮是提倡多元种族政治，强调民主人权。在政治上的诉求不仅仅局限在社会具

体部门的定位，而是以维护人权为其理论基础，提出了自己的要求，维护族群的权益。从当时的一些报刊文章上，我们可以看到马来西亚华人社会对人权的要求。

《从民主人权看多元种族政治》一文认为，正确地认识和捍卫基本人权的理论基础，对当时华人社会突破困境意义重大。民主人权是一个超越种族的概念，它是种族主义者的照妖镜。只要华人社会所争取的权益符合基本人权，就不仅能联合他族的开明人士，而且能获得国际上的广泛支援。那些剥夺华人民主人权的种族主义者，在面临华人社会及他族民主人士的声讨中，也将成为国际上各国民主人士的公敌。这种国际舆论的压力，在一定的条件和环境下，是能够产生实效的。因此，以超越种族的方式来争取各族民众的权利，就必须推动多元种族政治[①]。

华族人士认为马来西亚种族政治有其历史的根源。马来西亚立国时采用了英国式民主政制，是民主政治的一种试验。在这种体制下，应付种族紧张的方式就是以多个单元种族性的政党组成多元种族性的执政联盟；种族之间的利益分配不是通过社会的民主方式商谈，而是由加入执政党联盟的各族群的政党内部协商。这个联盟形式决定了马来西亚数十年来种族政治凌驾民主政治的格局。华人社会要突破种族政治的僵化格局，唯有开拓超越种族政治的民主政治模式。《南洋商报》言论文章《民主政治的前瞻：开拓政治多元性》就提出了必须改变马来西亚单元政治局面的主张。只有真正有意义的民主改革运动，才能克服种族政治囿困华族诉求的处境。华人社会面临的困难在于即使华人社会或华基政党华基政党是以华人为基础的政党，它们未必是纯华人的政党。这些政党是西马的马华公会、民政党及民主行动党，东马的人联党及自民党等。提出多元民族的政改倡议，也难得到土著社会的支持，反而招致许多不必要的猜忌。值得庆幸的是，由于马来社会数十年来发生城市化与现代化的嬗变，加上巫统本身的自我变革，国家由此萌生了走向民主政治新纪元的契机。为了建设一个真正团结的多元社会，作者主张应该淡化种族政治，而建立基于理性对话的民主政治，使国家具备兼容性的发展空间，开拓国民在政治上“多元性”的思想意识，形成一个统一而多元的公民社会[②]。

为了实现这个政治目标，华人开始了多种方式的政治实践活动。而在这个时期，大马华人的政治发展形势也错综复杂。一方面，华人选民想利用华人执政党在国阵中的力量来争取权益，另一方面又希望通过权力的制衡来实

---

① 陈友信：《从民主人权看多元种族政治》，《星洲日报》1987年7月16日。

② 沈观仰：《民主政治前瞻：开拓政治多元性》，《南洋商报》1999年8月22日。

现真正的民主。这是一个相悖的两难问题，反映在政治运作和策略上，使得华人政治变得非常多元和曲折。1982年董教总为首的华人教育人士提倡“三结合”概念，高呼“打进国阵，纠正国阵”的口号参加大选。所谓“三结合”，就是通过以华裔为主的执政党、反对党和民间华团三方面力量的结合来捍卫华人的平等权益。于是，董教总的一批华人教育人士决定参政，加入了民政党，被民政党安排在国阵的旗帜下竞选，其中槟州理科大学讲师许子根在槟州丹绒区获胜。这些加入政党政治的华人教育人士，在政治上是向他们各自的党负责，而不是向董教总负责，其后，董教总与这批人分道扬镳，“打进国阵”的策略可以说以失败告终。

1985年，全国华团组织发表了“马来西亚全国华团宣言”，1986年马华人社会会成立了华团“民权委员会”，它以民主人权的观点，从多元种族的角度出发，逐渐取代了华人社团过去常用的民族主义立场，这种转变为华人社会开拓了更为广阔的空间，使华人社会能够在民主人权的共同基础上，与其他族群进行交流和交涉，缓和了种族本位所可能形成的对峙局面，民主人权也成为批判化解狭隘的种族主义的理论基础。基于对民主人权的提倡和张扬，以及对国阵政府10多年来所实施的种族政策的不满，在1986年大选中，民权委员会表明了反国阵的立场，开始推动“两个阵线”的概念，其目的主要是削弱国阵的势力，但拒绝支持任何政党。民权委员会秉持“超越政党，但不超越政治”的原则，一方面向华人社会推介、宣传“两个阵线”的概念，另一方面与其他政党进行对话。当时，反国阵的回教党为了拉拢华裔选民，成立了“华人社会咨询委员会”，并多方联系民权委员会。民权委员会尽管不认同回教国的概念，但是为了促进反对党联盟，还是与回教党进行了多次联系。大选结束后，国阵势力依然强大，华团仍未能实现政治上的突破。

1986年的大选可以说是拉开了两线政治的序幕，两线政治的观念开始深入人心。在《两个阵线与马来西亚民主》一文中，我们可以看到华人对两线政治有了比较清晰的认识。文章认为两线制的目的是促进国际的民主制度更加健全地发展。只有形成两个足以互相取代的阵线时，当权的一方，才会表现得更加民主、更加开放。建国30年来，国阵的政治力量过于强大，国家政治权力高度集中于少数巫统领袖身上，使得滥用权力的事件不断发生，出现了许多危害国家和人民的丑闻，让国家陷入严重的经济、社会与政治危机中。国家民主制度的前途取决于国阵的政治垄断能不能被打破，两线制的开始，即使反对党还不能结成统一阵线，至少可达成某种竞选协定，可以让人民来进行选择[①]。

从文章我们可以看到，两个阵线经过广泛的宣传，已经越来越受到社会各界民主与开明人士的支持，如马来西亚前首相胡申翁、著名政论家陈志勤等都公开表示支持；在政党方面，各反对党虽然在思想上有所分歧，但基本上都支持两个阵线的概念。

当然，两个阵线的观念虽为华人广泛接受，但其能否形成却让华人甚感担忧。《南洋商报》的言论文章《两党制与华裔政治前途》在分析当时马来西亚的政治环境时就指出，马来西亚虽然是一个独立自主的多元民族国家，但它最明显的一个特征是，它依然还是处于一个半民主、半封建的状态中，此外还深受宗教以及种族间的偏见的影响。各种族的问题层出不穷，三大民族必须保持过去的协商方式，才能达到解决问题的目的。"民权委员会"希望利用回教党来制衡巫统，使国家政局出现一边是以巫统为主的国民阵线，另一边是以回教党为首的反对党联合阵线，这看似容易，实施起来却是非常困难的。因为回教党以回教治国的理念并不为华人所接受，而回教党副主席纳凯伊曾经强调，不与不支持以回教治国的反对党组成联合阵线，除非是皈依回教的华人代表该党出任候选人。如此一来，反对党联合阵线没有一个能为各党派都可以接受的共同纲领，尤其是反对党由于政治斗争的目标不同、政见不同，不能达致共同的政治理想及目标。由此可预见，"民权委员会"倡导的两党制在回教党的拒绝合作下，有可能会胎死腹中；而如果"民权委员会"与回教党达成协议共同组织反对党联合阵线，那显然是接受了回教国的概念，这又会失去大多数华人的支持[②]。

两个阵线产生的基础缘于1987年巫统党内改选分裂，形成了两个派系之争。新巫统由马哈迪领导继续执政，旧巫统（亦称"四六精神党"）则通过一系列的策略来打击马哈迪的国阵政府的声望，以求达到他们恢复所谓巫统46年的政治斗争精神的目标。新旧巫统之争意味着马来社会正值政治思想产生蜕变的时刻，组成一个强大的制衡国阵政府的反对阵线正合时宜。表面看来，以旧巫统、行动党、回教党为主干的反对阵线已近水到渠成之势，但是不容忽视的现实是，马来西亚三大民族之间仍然存有很大程度的种族识别概念。大马国家竭力通过各方面的努力来打破种族间的藩篱，但基于血统、传统思想等因素，要达到这项目标绝非一朝一夕之事。其实，旧巫统是

① 李万千:《两个阵线与马来西亚民主》，载于戴小华主编《当代马华》第1卷，马来西亚华人文化协会出版，2001年。

② 蔡正建:《两党制与华裔政治前途》,《南洋商报》1986年7月16日。

为巫人权益斗争，回教党朝向国家回教化，行动党则属多元种族路线。三方从一贯互相冲突的背景一改而成为联合体系，肯定要面临许多问题，这种联系的持久性确实值得质疑。此外，新旧巫统重新复合的可能性依然存在。一旦巫统重归统一，国阵中的巫统势力更加膨胀，而行动党依旧是反对党，华裔在国阵的决策参与力量将更加薄弱。最后可能的结果是，两党制的幻想破灭，华裔势必陷入政治瘫痪的状况①。

尽管有许多的疑虑与担忧，两线制作为一个政治理想还是为一些华人所赞同和憧憬。

《中国报》发表的陈灿松《两党制前景如何？》一文就表达了对两线制的乐观态度。文章认为，马来西亚从建国以来，其政治系统一直强调种族色彩，这是很不幸的。过去，也曾有尝试抑制种族政治的努力，但一切皆告失败。由于巫统内部的分裂，加上其他反对力量的发展，两党制应运而生，这肯定会对国家政局带来新气象。马来西亚独立建国30年了，是应该放弃种族桎梏的时候了。两党制的产生将使人民有机会选择，可以起到监督及平衡作用，人民可以密切地观察两党的一切方针和行动，然后决定应该由哪一方执政。对于两党制的产生，作者充满期待与信心，并呼吁人们大力支持，他认为“今天已显露两党制趋势的端倪，人们对这个新秩序如何表态？如果大家支持它，它就会水到渠成”。②

对于两线制的出现，华人除了充满激情的欢呼，也还有客观冷静地思考。《南洋商报》刘泰安的评论《浅谈政党制》就对比分析了西方英美国家两党制的历程，结合马来西亚的基本情况，认为大马虽然比较接近一党独大的情形，但要实现民主国家的“两党制”并非遥不可及。文章还认真分析了为实现这个理想，大马社会需要培养和创造的条件，即共同政治纲领的存在；国家体系政治民主；种族问题不再是影响国内政治行驶的主因；宗教信仰问题不再存在；国民地位平等和人们教育普及水平提高。只要这几个客观条件都能满足时，这个理想就必然水到渠成③。

华文报刊相关文章对此问题的思考成为1990年两线制政治实践的舆论准备。1990年大选，华人教育人士通过加入反对党来与国阵抗衡，将两线制观念转为具体的政治行动，拉开了华人超越种族政治实践的序幕，使华人的参政活动迈向一个新的发展阶段。

---

① 郑光祖:《两党制另一种剖析》,《南洋商报》1988年10月29日。

② 陈灿松:《两党制前景如何？》,《中国报》1989年3月20日。

③ 刘泰安:《浅谈政党制》,《南洋商报》1989年11月5日。

附录二

当代马来西亚华文报刊文本中的教育权利诉求

对于马来西亚华人而言，华文教育是一个最为敏感的问题。自从华文教育开办以来，华人为坚守自己的文化之根，历尽艰辛，不屈不挠，用血与泪谱写了一曲曲悲壮之歌。马来西亚华人如此看重华文教育，是因为将其作为本民族文化薪传的不绝之根，正如马华前教总[①]主席沈慕羽先生所言："语文是民族的灵魂，没有灵魂的人，好比是无根的树木，要消灭一个民族，必先消火其语文，若要保存文化，薪传不绝，必须从教育做起。"[②]在华人社会的共同努力下，华文教育经历近200年的发展，在马来西亚形成了一套完整的体系。

20世纪50年代，马来亚开始迈向自治，马来人民族主义思潮膨胀，要把马来亚建成一个马来民族的国家，以马来文化为主，形成一个统一的国家意识。在这个历史的非常时期，华人的国家意识以及文化和国家认同成为一个非常敏感的问题。由于教育直接牵涉到国家的效忠和认同问题，所以，它自然成为整合国家民族过程中的一个十分敏感的问题。

其实，华人文化在海外的传播，历经百年沧桑，并随着自然和社会环境的变化而有所变迁。华文教育顺应时代的变化，也逐渐本土化，这是一个文化自然涵化的过程。但是，在马来西亚，要建立一个以马来人为主体的独立的政治共同体，塑造一个具有共同国家意识的国族，政治权力对华文教育的调控尽管生硬，但却极为有效。马来政府没有耐心等待三大民族之间爱情长跑后的情投意合的自然结合，因为这需要时间。于是，从1951年《巴恩报告书》开始，历经1951 年的《拉萨报告书》、《1952年教育法令》、1954年的67号白皮书以及1957年的教育法令，一直到马来西亚独立为止,教育法令及报告书如雪纷飞，不停地飘落华人社会，其宣示的主调只有一个：教育马

① 教总,即马来西亚华文学校教师联合总会的简称。

②《一致行动维护华人教育》,《南洋商报》社论,1987年10月10日。

来化，教育本地化。1957年马来西亚独立后，国家实施教育最终一个目标的决心日益坚定，而华文教育在国家一系列教育法令的限制下几乎遭受灭顶之灾。到1969年时,马来西亚的华文独立中学奄奄一息，仅存苟延残喘的9家。华文教育陷入低潮，面临有史以来最艰难的困境。20世纪60年代中期以后，华族开展了一系列的教育、文化自救运动，迎来了20世纪70年代华文独立中学的复兴。进入20 世纪80、90 年代以后，随着国际形势和马来西亚国内情况的变化，华文教育的环境也随之改善。尤其到20世纪90年代以后，随着中国经济的发展及其对世界影响的扩大，华语的地位和价值也得到提高。马来西亚政府为实现2020年先进国宏愿，也顺应国际大气候的变化，宣称放弃种族政治，以争取华族民心，对华文教育的压力因此稍加放松，华文教育危机渐见纾解，呈现生机。然而，华文教育问题并未因此一蹴而就，挫折和困难依然存在。面对新的国际国内形势变化，华文教育应如何进行自我调整，抓住机遇并创新发展，成为这个时期华人思考的重要问题。

作为华人社会的精神家园，华文报刊无时不在反映华人的心声。对关涉华人文化之根存亡的教育问题，华文报刊从来都是十分关注的。在不同的时期，华文报刊都会对华文教育面临的问题进行报道，并且发表关于教育的言论，表达华人社会的诉求。本文以20 世纪80、90 年代《星洲日报》和《南洋商报》为主，兼收马华其他主要报刊对华小高职事件、“ 综合小学计划”和“宏愿小学计划”事件的相关评论，从华文报刊的文本表达中，我们可以看到，华人对教育问题的关注及其权益的争取。

一、母语教育权利的抗争

坚持母语教育是绝大多数马来西亚华人的共识，但马来西亚华文教育之路历来坎坷多难。进入20世纪80、90年代，虽然华文教育面临的压力有所舒缓，但是，相关的冲突事件依然不断。争取和捍卫母语教育权力，在华文报刊中依然是一个重要议题。从20世纪80年代末华文报刊围绕华小高职事件发表的相关文章中，我们可以看到华人这种舆论的伸张。

1987年，马来西亚教育部委派了200名不懂华文的教师到华文小学担任高级职务。这件事在华人社会掀起轩然大波，华人社会认为这是政府改变华小媒介语言的前奏，一致表示反对。10月11日，三大华人政党和15个华人社团在吉隆坡天后宫集会商议对策，而受影响的学校也开始了罢课行动。在马来社会方面,对此事件的回应也日趋激烈。10月17日，巫统青年团举行了一个15000人的集会。接下来巫统借建党41周年纪念的机会，又宣布11月1

日将在吉隆坡默迪卡体育场举行50万人的大集会。吉隆坡气氛一时非常紧张。首相马哈蒂尔一边呼吁国人冷静，一边动用《内部安全法》发动了一场大规模的逮捕行动,即所谓的“茅草行动”。在这次行动中，华人社会的重要领导人被捕入狱。尽管华人再次遭受打击，但维护华文教育的决心反而更坚定。

关于华小高职事件，华人报刊对此十分关注,进行了大量的报道，并发表言论，伸张华人维护母语教育的权力。1987年10月10日,《南洋商报》发表社评《一致行动维护华人教育》，对华人团体以及华人三大政党携手合作，就华文小学高职事件共同维护民族教育大业的行动进行了充分的肯定，认为这是有意义的突破性进展，象征着华人社会的更大觉醒与团结。在华小高职事件发生后，全国15个华人团体行动委员会以及一些政党召开了联席会议，作出三个重要决定：成立联合行动委员会，采取共同立场处理不具有华文资格的教师调升华文小学的问题，全力支持华文小学准备罢课的决定，以及举行全国华团政党抗议大会。社论认为，“华人团体与华裔政党在捍卫民主权利的大前提下，能够不分党派，团结一致，去应付华文教育和华族前途面对的挑战，委实难能可贵。”①

在马来西亚，华文教育和政治密切相关。在华文教育的发展史上，几乎没有一次事件是“纯粹”的文化或教育之争，无论是小事件如中学甄拔考试、师资教材，还是大原则如教学媒介国语的“最终目标”等，无不是政治较量和斗争的表现。在为华文教育抗争的过程中，参与联盟政府执政的华人政党马华公会所持的立场与董教总时有分歧，与华人社会的意见也时常相左。在1956年国家独立前夕，全马华团曾联合提出将华语、马来语、英语列为官方语文的要求，但马华公会却认为:“由于马华在独立期间，为了交换华人的公民权及政治利益，已接纳巫、英文为官方语文，因此不能背叛诺言去支持华文语言运动。”②马华公会的这一态度使华人社会争取华文为官方语文的行动受挫。《1961年教育法令》公布后，在华文独立中学的改制事件和华人争取成立独立大学的事件中，马华公会也采取了不支持甚或是与华人社会截然不同的反对立场,使得华人社会在华文教育问题上难以团结一致，华文教育在政府的凌厉攻势下，只能步步为营。

在经济、政治、文化教育等各方面华人社会之所以面临诸多难题，固然出于当局施政的偏差，但是华人社会内部缺乏凝聚力也是重要原因之一。华

① 《一致行动维护华人教育》,《南洋商报》社论,1987年10月10日。

② 《教总33年》,马来西亚华文学校教师总会出版,1981年,第482—483页。

人各党团之间各自为政，缺乏应有的默契与协调,使种族政治势力有机可乘，以致在20世纪80年代语文与教育领域还时常出现侵犯华族权利的试探性政令和举措，对华文教育的发展产生了负面影响。《南洋商报》通过发表社论，呼吁华裔族群的华团与各华裔政党合作，维护华人社会权益。社论告诫人们，华文小学调升问题已经在教育部与华人社会之间形成了对抗性局面，如果不妥善解决，对国家和人民都可能带来不良的后果。华人社会反对不具有华文资格的教师出任华文小学行政要职，就是要确保华文小学不变质，不含有宗族的立场。如果马来人拥有华文教育资格，华人团体也会接受其为教师，正如华文小学也有许多马来学生一样。华文小学问题的产生，归根到底是政府没有好好加强华文小学师资的结果。华人社会反对教育部有关调升措施是坚决的。华文小学为抗拒教育部的不合理措施准备发动罢课行动，一些州准备举行抗议大集会,并准备在全国发动“甘地式”的不合作运动，这是华人社会不满情绪的具体反映。当局应该正视华人社会表达的公意，顺应民意，纠正措施，使有关问题所引起的风波早日平息下来[①]。

华人社会和华人报纸在针对直接危及华文教育利益方面所采取的立场和态度是相当明确和坚定的。在这次事件中，华人民主行动党、民政党和中华大会堂等华人社团能够团结一致，共同争取华文教育权益，华族深感欣慰并为之振奋。10月12日，反对党行动党在国会的预算案会议上成功地提出了有关华人教育的紧急动议。而在过去，反对党曾多次尝试提出这类动议，却鲜有成功，因为这类动议只有在三个要点皆备的情况下方能获准提出，即它必须是个明确的课题，属紧急性质，且与公众利益息息相关。行动党首次成功地提出符合三个要点而获准提出辩论的动议，使得华人议员可在国会中就此问题与巫统议员们展开激烈的辩论。而这一情况，无疑让巫统方面感到恐慌，也进一步激怒了巫统，巫统与马华直接的对抗是愈见明显。1987年10月28日，《南洋商报》再度发表言论，对华人社团与政党联合起来维护华人教育表示了肯定。称“马华此次是首次与行动党、民政党及中华大会堂等华团，找到共同的斗争目标”[②]。在华人政党中，马华公会和民政党是执政联盟政府中的政党，而行动党是在野的华人政党，这三大政党因华人社会共同关注的问题，携手合作，与华人社团一致面对巫统，这是此前罕有的现象。

继1987年10月10日华团与华人政党在天后宫举行大集会后，华人家长准备响应华文学校15日至17日的3天罢课行动；而巫统青年团也在17日举

① 《一致行动维护华人教育》,《南洋商报》社论，1987年10月10日。

② 《南洋商报》社论，1987年10月28日。

行大集会，并宣称在11月1日还要举行50万人大集会。华巫两族对峙加剧，事态进一步激化，1969年“5·13”种族冲突事件似乎又将重演。从《南洋商报》陈志勤的文章《华小高职事件的风波》一文中，我们可以看到因华文教育问题导致的华巫两族的紧张冲突程度。在文章中，作者也传达了华人社会有识之士的呼吁：国家有必要采取措施，以努力消除种族隔膜，加强相互友好及容忍尊重的精神。在多元种族的社会，往往容易忽略他人的感受，所以应该从学校开始向学生灌输了解及尊重其他族群感受的重要性，这方面的工作在种族两极分化现象趋于恶化的今天显得尤其重要。国家应该尊重大马的不同文化，在多元文化中吸取精华，美化生活[①]。

对于华小高职事件，其他华文报纸也表达了同样的关注，《星洲日报》在这次维护华文教育权益的抗争中为华人社会摇旗呐喊，甚至因此在“茅草行动”中遭到政府查封。

1987年10月27日，马哈蒂尔政府为遏制逐步升级的华巫冲突，展开“茅草行动”，扣留了106名异议分子。隔日，包括《星洲日报》和英文《星报》（*The Star*）在内的多家报纸，皆以“大逮捕行动”作为头条新闻。

1987年10月28日星期三，《星洲日报》头条新闻打出了这样的标题：《吉祥晃昇等人被扣包括卡巴星林冠英胡雪邦陈财和》。这篇新闻在第一段如此写道：

“多名华人教育界及政界人士，今天在内部安全法令下被警方扣留。已经证实在内安法令下遭扣留的人士包括董总主席林晃昇、国会反对党领袖，行动党的林吉祥、卡巴星、胡雪邦、林冠英和郭金福，雪州董联会理事廖忠明、马青副总团长陈财和上议员、农科大学讲师陈嘉庆及国民党醒运动主席真德拉博士。”

不料在新闻刊出后的当天，《星洲日报》及其他两家报社惨遭当时的内政部吊销出版准证，一直到5个月之后，内政部才重新发给这3家报社出版准证。内政部曾在1988年3月发布白皮书，宣称上述3家报社“刻意突出敏感课题，为个别族群利益斗争，罔顾对族群和谐、公共秩序及国家安全造成的后果”，因此才被令停刊[②]。

华小高职事件最后以政府实施大逮捕的“茅草行动”而告终。华人争取教育权力的行动一再被政府所压制，所幸的是类似“5·13”事件式的种

---

① 陈志勤:《华小高职事件的风波》,《南洋商报》1987年10月28日。

② 黄凌风:《茅草行动改变中文报业生态：南洋的没落，张晓卿的崛起》，“当今大马”网站，http://www.1malaysiakini1.com/news/74046，2007年10月26日。

族流血事件没有重演。疾风暴雨之后，华巫两族似乎都冷静地对此问题进行了反思。事后，国家教育部通令今后将明文规定，担任华文小学4项行政高职的教员，至少须拥有初级文凭华文资格。这项行政措施的推行，意味着曾掀起轩然大波的不具华文资格教师升调华文小学行政高职的问题今后不会重演。华人社会对此表示欣慰，同时也对此事件进行了省思。1988年2月5日，《南洋商报》发表社评，认为这次事件很不幸地曾导致华巫两族民众情绪高涨的对抗局面，现在通过高层协商和行政管理层面的调整获得圆满解决，马来西亚人民有如上了宝贵的种族政治的一堂课。华小高职升调问题原本只是相当简单的教育行政问题，尔后演变成很大的争论，险些酿成种族冲突。经过一段时间的努力抗争，问题基本上获得妥善解决，华人深感宽慰①。

华小高职事件虽获妥善解决，但是，华人社会对华文教育的担忧并未解除。尽管教育部明文规定，担任华文小学行政高职的教员至少须拥有初级文凭华文资格，但在现实生活中，教育当局调派不谙华文的教师到华小任职事件时有发生。由于华文教育在国家教育体制中被边缘化，加上马来官员在行政执行上的偏差，华人社会对教育部的举措，时常抱着警惕的态度，甚至较为敏感。在华小高职事件过去10年后的1998年，《星洲日报》发表言论，指出华小教师的华文资格问题，在过去10年中几乎年年重演，从来没有得到彻底解决。在当局行政偏差的阴影下，华小教育除了高职问题之外，还有两个重要问题。一是就读华小的适龄儿童(包括华裔和非华裔) 的人数越来越多，而华小数量却没有增加，增建华小变得十分迫切；二是由于缺乏政府经费支持，华小师资短缺。在看到客观环境对华小发展的种种限制后，文章提醒华文教育界必须对此有清醒的估计，在可见的将来，预计政府官员的行政偏差仍将会在华小问题上纠缠不清，但在20世纪90年代教育政策确有松绑的情况下，大马政府已立意要将本国中学纳入东盟区域内的教育中学，开放各种限制已是必然的趋势。在此情况下，华文教育界应该尝试对一些原则性的课题进行争取②。

由此可见，坚持华语为母语教育是萦绕华人心中的一个深深的历史情结。直到20 世纪90 年代,不管国际国内形势如何变化，华人在这个问题上依然执著不懈。马来西亚华人社会数十年来支持与维护华文教育波澜壮阔的斗争，主要基于一个民族的根源与历史。没有“ 根”的民族是不会令人尊重的，而“根”一旦被切断，也无法吸取民族文化的滋养和精华，就会发生失

---

① 《华文小学高职问题基本解决》,《南洋商报》社论, 1988年2月5日。

② 刘敬文:《行政偏差阴影下的华文教育——从华小高职事件谈起》,《星洲日报》1998年5月31日。

落的文化危机，这也是为什么多年来华文教育运动能广泛、深入及全面获得华人社会响应与支持的原因。

二、关于华文教育与国家意识统合的省思

1.“综合小学计划”与国民团结

在马来政府看来，在一个多元民族的国家里,教育应该是形成国民团结、建构统一国家意识的工具。所需的教育制度应该是一个统合国家意识的制度，而学校应该是一个促进各民族之间交流的最合适的场所，通过一个共同的语言，增强民族间的团结。华人并不完全否认这个理论，认为各族儿童在一起成长，会增加彼此间的了解，但把孩子都放进统合学校，不一定会促成国民团结。因为共同语文的推行是不能建立在压制其他语文的基础上的，如果不能公平对待各族教育，华族是很难接受统合学校的[①]。

1984年8月9 日，在一个马来学者的研讨会上，有人认为，华裔家长把子女送入华文小学造成了种族极化，提出把各源流小学联合在一起的“综合小学计划”。1985年8月5日，马来西亚教育部长宣布了推行小学综合学校计划的决定。该计划的内容是从1986年开始甄选18间小学，把华小、巫小和印小三个不同源流的小学集中在同一个校园上课。计划宣布后不久，当局便在柔佛州设立了第一间“综合学校”。联系1984 年吉隆坡直辖区教育局通告所有华文小学，命令他们在学校集会及其他活动中必须用国语事件，以及马六甲一所学校的华文学会被禁止出版刊物的事件，华人认为当局的举措是以团结各族学生为由，却暗含消灭华文小学和印度文小学的意图，这在华人社会中引起了骚动。华文学校的董事部、教师及其他团体立刻召开紧急会议，并且向当局提呈备忘录以示抗议，重申国民型小学的特质,包括教学媒介语、教材、考试媒介及行政上的语言都必须受到保护。教总副主席陆庭谕先生甚至在教育部办事处外静坐以示抗议，得到广大华人社会的支持。而华文报刊对此事也发表言论，表达华人的呼声。

1985年11月7日,《星洲日报》发表钟天祥的文章《综合学校计划掀起反对浪潮》，表达了华人社会对此事的态度。文章认为教育部长宣布准备推行的小学综合学校计划，让华人社会感到担忧和震动，引起了民间情绪高涨。华人教育人士表示了更强烈的反对，提出要尽快召开全国华团及政党代表大会，商讨如何有效地促使政府取消这一计划。华人社会对华文教育问题

---

① 许子根:《我国教育制度评析》,《董总卅年》,1985年3月17日。

极为敏感，回顾华文教育在马来西亚近200年风雨飘摇的历程，他们不由对华文小学的生存而担忧。文章指出政府政策完全忽视华文小学校舍不足、师资短缺、经费不足等不公平的现象，再联系最近几年政府不容许建立华文大学、在3M制事件中限制华文小学课程设置、规定学校某会必须用马来语，以及政府高官指责华人家长送子女进华文小学是造成种族两极分化的根源等事件,担忧政府推行综合学校的计划，是要改变华文小学。

文章还批评当局在推行小学综合学校计划的过程中自行其是的做法。由于事先没有征询华人社会和印度人社会，特别是具有代表性的教育团体以及有关学校董事会的意见，甚至不顾他们的反对断然行事，这必然会引起华人社会的震荡。对于董教总希望尽快会见教育部长，要求澄清一些基本问题的声明,教育部长避而不答。作者认为这“大有漠视华人社会之态”。文章还一针见血地指出了当局言行不一的行为。

在这次事件中，教育部华裔副部长林良实在回复华人社会时否认小学综合学校计划的最终目的是消灭华文和印度文小学。林良实也不同意1984年8月7日《马来西亚前锋报》社论中希望综合小学为各族儿童在同一屋檐下以共同语文上课开路的观点。但是，教育部长在8月22日接受《祖国日报》采访时却表示，他已经指示将三种源流学校，即华小、印小和国小都集合在综合小学计划下，共同参与各项教育改革。他认为各族学生除了学习他们的母语外，还必须通过共同的课程来学习马来文，通过共同的课程来应用马来西亚语文，接受达致全民团结的教育。“当林良实向华人社会作出保证的时候，另一方面却有引起华人社会恐慌的言论出现在别的报章上”，文章因此对当局这种含糊不清的做法极为不满，认为“当局没有适当地协调，终使综合学校计划越闹越糟糕”[①]。

在华人看来，导致种族极化、影响民族团结的原因不是母语教育，而是母语学校受到的不公平待遇。

《新明日报》对此问题发表《尊重各族教育权利》一文，尖锐地指出，国民团结的问题不在于学校的统合，实质上是各族权利的公平问题。文章指出，一些马来官员认为各族学童从小就在不同源流的学校就读，受到种族隔离，将会导致各族学生之间产生仇恨和对抗心理的论调是经不起客观理性分析的，认为这种只要将各族学童安排在一起学习和生活就能解决大马种族问题的想法和主张是天真幼稚的。文章谈到，种族问题的产生，主要不在于各族间接触与否，更重要的是国家政策是否公平合理，各族是否得到公平的权

① 钟天祥:《综合学校计划掀起反对浪潮》,《星洲日报》1985年11月7日。

利和机会，这才是问题的根源所在。将国内种族问题的产生归咎于华文小学和印度文小学的存在，反而是造成种族关系不和谐的重要因素。少数民族文化的教育是国际公认的基本人权，不得以各种理由加以歧视或者剥夺。《联合国世界人权宣言》第26条指出：教育的目的在于充分发展人的个性，并加强对人权和基本自由的尊重。教育应促进各国、各种族或各宗教集团之间的了解、容忍和友谊，并应促进联合国维护和平的各项活动。在一个多元种族的国家，尊重基本人权，各族以一种相互了解、容忍和友爱的精神相处就显得格外重要。在一个国家中，如果一个少数民族的文化受到侵害，那么这个国家的教育体系也就会受到质疑。总的来说，各族的教育权利应该受到尊重，各种源流学校的存在和发展应该受到保护，政府的教育法令应该照顾和保护多元种族社会的特性，这样才符合国家宪法的精神①。

从上述言论我们可以看到，在这个时期，华人教育人士已逐渐将捍卫母语教育提升到争取民主人权的高度，从而使华文教育运动在实质及舆论上都向前跨越了一大步。

2.“宏愿小学”与国家教育最终目标

华人针对小学综合学校计划展开的各种广泛抗议行动，最后取得了成效，当局最终接受了华人教育界的要求，把相关计划暂时搁置下来。然而，事情并没有结束。1995年12月，教育部教育政策规划和研究组向教育部提呈了一个《宏愿学校概念与执行》的计划书，再度提出小学教学媒介语问题。计划书明确指出：“在达致国家团结目标方面，教育扮演着非常重要的角色。以1956年拉萨报告书为骨干的国家教育政策，明确地强调教育政策的目的，是作为团结国民的工具，特别是在小学方面。因此,国语作为各源流学校一致媒介语，是最重要的一环，而且必须逐步全面实行。”②紧接着国会通过了翌年起实施《1996年教育法令》的决定，也就是说，政府正在将马来文作为小学教学媒介语这一最终目标逐步变成现行目标。“宏愿小学计划”则是教育部针对小型华小在生源、经费、师资和设备等方面存在的问题，通过实施《1996年教育法令》进而合并华文小学的一项具体措施。

1997年6月，教育部部长在哥大丁宜南亚学校为宏愿小学举行推介礼，并宣布以南亚学校作为宏愿小学的模式，开始正式推行实施小学的“宏愿学校计划”，这引起了华人社会尤其是华人教育界的高度警惕。正如一些华人

---

① 陈亚才:《尊重各族教育权利》,《新明日报》,1989年11月12日。

② 李万千:《“开放”声中的马来西亚华人教育问题与前景》,戴小华主编《当代马华文存》第8卷,马来西亚华人文化协会,2001年,第516页。

教育界人士所言，“‘综合学校’是寿终正寝了，不过，‘宏愿小学’是借尸还魂的厉鬼,还是完全脱胎换骨的先锋，目前还言之过早”。[①]在这一问题上，教育部是用心良苦，还是另有居心，华人社会一时难以断言。毕竟华文小学面临经费短缺、师资匮乏的问题，而且几十年来全国华文小学数量没有增加，华人人口却增长很快，尤其是在华人人口密集的地方，华文小学远远不能完全接纳本地学生。如果如报道所言，“宏愿小学”将在全国兴建，华人社会可以增加10多所归属在“宏愿小学”中的华文小学，这对华人社会而言是福还是祸？华人心存疑虑。增加华文小学是华人社会心愿，但是，保留母语更是华人心结。《从综合小学计划到宏愿小学》一文表达出华人的希望，即华小应该在学生最纯的时期，用学生最容易了解的语言——母语来灌输团结、爱国等思想，提高社会意识。对此，华小领导组织应该认真地思考、策划并付诸行动，真正地进行一些有助各族互相了解、促进亲善团结的活动[②]。

在对待这件事情上，华人教育界人士的态度是一如既往地坚决反对。最令他们担心的还是有关国语成为教学媒介语的问题。在1996年3月的“挑战与革新——全国华人教育工作研讨会”上，华人教育界人士对这个问题展开了热烈讨论。会上，董教总在总结报告上明确表明了态度，认为政府提出“宏愿小学”的概念，基本上是“综合小学”的翻版，也许在具体做法上和“综合小学”不完全一样，但其理论依据还是接触论，认为只要把学生放在一起，接触多了就可以相互自然了解。华人教育界则认为，如果民族矛盾不消除，冲突只会加剧。

在报告中，董教总还指出真的设立宏愿小学将会带来的后果，即学生家长基于国民宏愿小学有一科华文的前提下，把孩子送到国小去；华小在籍学生见到国小学校设备好，将产生妒嫉之心，对团结更为不利；华小增添设备，要与隔邻学校竞争，又得向华人社会筹款，增加华人社会负担；等等。基于上述分析，董教总提醒华人社会必须关注教育部可能实施的宏愿小学计划，确保华小不会变质[③]。

对于宏愿小学问题，华文报刊的反应则相对平淡。1996年6月16日，教育部长在南华小学举行宏愿小学的推介礼，《星洲日报》对此事并没有进行报道。笔者查阅了此后半个月的《星洲日报》，尽管该报依然关心华人教育

① 吕辉学:《从综合学校计划到宏愿小学》，戴小华主编《当代马华文存》第8卷，马来西亚华人文化协会出版，2001年，第269页。

② 《南洋商报》社论，1987年10月28日。

③ 马来西亚华人教育董事联合会总会:《1996年马来西亚华人教育工作研讨会总结报告》，转引自戴小华主编《当代马华文存6》第8卷，马来西亚华人文化协会，2001年，第490页。

问题，比如，关于华小建设或是华文学习的报道言论有20篇，但没有看到一篇关于宏愿小学的直接报道和评论。在这半个月的《星洲日报》中，6月17日“言路”专栏袁悦昌的《勿对华人教育前途掉以轻心》，主要是批评民政党支持华人教育不力，致使华人教育前途依然令人担忧。6月24日的社论《同心协力提升华语水平》，是对当时马华文化界和媒体界联合举办的“讲好华语”一系列活动所作的评价。6月29 日《国内》栏目发表了董教总的一篇题为《最终目标已变现行目标》的文章。文章是针对民政党对华人教育支持不力而发。对于民政党人士认为“1996 年教育法……具有承先启后的意义”[①]的说法，董教总在此予以反驳，指出1996年的新教育法令实行把各族儿童集合于一个以国语为主要教学媒介的教育制度，把大马教育制度的最终目标变成了现行目标，这个新教育法令比以往的各项法令更严峻。文章认为华人教育今后如能继续存在和发展，绝不是托1996年教育法令之福，而只能是由于华人社会维护华人教育的坚定决心和艰苦奋斗的结果。

从报刊发表的报道言论来看，在对待宏愿小学事件上，华文报刊的态度相比华人教育界显得谨慎小心。报刊并没有就这一事件发表直接针对政府的相关报道和言论，而是以华人社会之间对华人教育问题的争议来表现华人对此问题的关注，既表现出对华人教育的一向关怀，也体现出鉴于华小高职事件中“茅草行动”对报社的查封，避免采取过激反应而导致与政府直接冲突的冷静态度。

对于报社的做法，华人教育界人士颇有异议。《我国华人教育工作的当前任务》一文就指出华人教育的发展有一股逆流，使华人教育在社会动员上力有未逮。其中一个因素，就是尽管媒体资讯发达，但由于受到一定的限制，有时并未充分反映事实。华人社会对新教育法令的看法，以及董教总之前与政党的对话，媒介在讯息传达上，并未反映华人教育工作者普遍的心声，甚至未突显其中的“不协调”，以致社会仍然存在一些“开放”的假象[②]。

不管是“ 综合小学计划”还是“宏愿小学”的兴建，甚或是后来新颁布的《1996 年教育法令》，华人社会在华小以母语为教学媒介语进行分流教学问题上，看法基本是一致的。华人社会始终坚持认为“认同和效忠”是教育的目的，而“课程内容”是手段，“语文”只是一种工具。只要手段正确，就

① 郭洙镇:《法令阐明教长无权改制华小》,《星洲日报》1997年6月18日。

② 郭全强:《我国华人教育工作者当前的任务》,《挑战与革新——1996 年全国华人教育工作研讨会资料汇编》，载戴小华主编《当代马华文存》第8卷，马来西亚华人文化协会，2001年。

必然可以达到目标，和工具无涉。维护华人教育发展,华文报刊也一向如此,只是殊途同归，在具体做法上各自不同，意见分歧也在所难免。

三、结语

20世纪90年代，随着国际国内形势的变化,马来西亚华文教育环境压力有所舒缓。1996年底,马来西亚首相马哈迪在接受《时代周刊》的访问时曾发表了较为开明的言论，"以前的观念是人民应该100%马来化才可以成为马来西亚人。我们现在接受这是一个多元民族的国家。我们应该在把我们分隔开来的各种隔阂之间建立起桥梁，而不是试图将这些隔阂完全去除。我们不想使所有的华人改信回教，我们告诉我们的回教同胞，不应该强迫别人改信回教"。[①]文化生态环境的改变，显示了大马华文教育处在一个大转变时期。在这个时期,马来政府在教育方面的确实施了一些开放措施。比如，在1997年允许华人社会开办新纪元学院，允许南方学院设立中文系等。在新形势下，华人在坚持母语教育的同时，也更加注重华文教育的改革，从华文报刊的一些言论文章中，可以看到华人在新形势下华文教育观念的改变和发展。

首先是超越族群观念，提倡加强国语——马来语的学习。随着时代的变化发展，一些华人也积极提倡现实主义的教育观点。《星洲日报》刊载的文章认为教育不能脱离客观现实，华文独中在不妨碍母语教育的原则下，应加强对英文和马来文的教学。以母语之外的其他语文来学习，也同样能有效地掌握有关的学科知识[②]。《南洋商报》也刊发文章，对华小国语程度低落的情况进行了分析，并提出了一些教学改进建议[③]。这些文章的观点，表现了华人教育观念的多元化发展。

其次是强调以冷静的态度对待教育问题。在马来西亚，华文教育问题高度政治化由来已久，在20世纪90年代末国家政治形势发生变化的时期,华人社会希望政府当局完全从教育的角度来处理和解决华人教育所面临的各种问题，将教育问题政治化的现象减到最低限度。《星洲日报》社论文章《从政策层面解决华人教育问题》就表达了华人社会这样的意愿，认为要一劳永逸地解决华人教育问题，最重要的是要把华人教育列为国家教育的一环，制定一

---

① 李万千:《"开放"声中的马来西亚华人教育问题与前景》,戴小华主编《当代马华文存》第8卷,马来西亚华人文化协会,2001年,第512页。

② 张灿泉:《教育不能脱离现实》,《星洲日报》1985年3月31日。

③ 李宽容:《华小生国语程度低落问题》,《南洋商报》1992年8月28日。

贯性的制度化政策，并且在推行的时候注重延续性，不因人事的变动而有所更易，这样才能避免由于个别官员的行政偏差而激化种族情绪[①]。此外，华团在争取教育权益时，也应该以冷静的方式进行。1999年12月21日的《星洲日报》社论就提到，华教问题经常受到政治的干扰，以致历尽波折。在华文教育面临新发展的时机，董教总和华人社会必须继续努力，争取以说理的方式促使政府改变以单元文化为最终目标的教育法令和政策，让马来西亚的教育真正迈向多元和开放。

① 《从政策层面解决华人教育问题》,《星洲日报》社论，1999年12月13日。